깐깐하게 배우는 파이썬 3
Learn Python 3 the Hard Way

LEARN PYTHON 3 THE HARD WAY
by Zed A. Shaw

깐깐하게 배우는 파이썬 3: 기본기를 다져주는 단계별 학습법

초판 1쇄 발행 2019년 1월 22일 지은이 제드 쇼 옮긴이 정윤원 펴낸이 한기성 펴낸곳 인사이트 편집 정수진 제작·관리 박미경 용지 월드페이
퍼 출력 소다미디어 인쇄 에스제이피앤비 후가공 에이스코팅 제본 서정바인텍 등록번호 제10-2313호 등록일자 2002년 2월 19일 주소 서울시 마
포구 잔다리로 119 석우빌딩 3층 전화 02-322-5143 팩스 02-3143-5579 블로그 http://www.insightbook.co.kr 이메일 insight@insightbook.co.kr
ISBN 978-89-6626-231-1 책값은 뒤표지에 있습니다. 잘못 만들어진 책은 바꾸어 드립니다. 이 책의 정오표는 http://www.insightbook.co.kr에서
확인하실 수 있습니다. 이 도서의 국립중앙도서관 출판예정도서목록(CIP)은 서지정보유통지원시스템 홈페이지(http://seoji.nl.go.kr)와 국가자료공
동목록시스템(http://www.nl.go.kr/kolisnet)에서 이용하실 수 있습니다.(CIP제어번호: CIP2018032737)

Learn Python **3** the
HARD
WAY

깐깐하게 배우는 파이썬 3
기본기를 다져주는 단계별 학습법

제드 쇼 지음 | 정윤원 옮김

인사이트
insight

옮긴이의 글

프로그래밍 언어를 책으로 배워 본 사람이라면 누구나 헬로 월드에서 시작해 자료형과 제어구조를 다루고 함수와 객체지향 프로그래밍으로 넘어가는 구조에 익숙할 것입니다. 이런 구조가 나쁘다는 이야기는 아닙니다. 만약 제가 지금 다른 언어를 책으로 배운다면, 이런 책을 사양하지 않겠습니다. 저는 이미 프로그래밍 언어의 구조에 익숙하고, 이런 방법은 한 언어를 체계적으로 정리해 전달하는 효과적인 방법 가운데 하나이니까요.

저도 처음 프로그래밍을 배울 때 이런 전형적인 언어 교재를 사용했습니다. 책 한 권을 들고 단박에 끝까지 읽은 다음 "이제 다 알았다!"라고 외치고는 코드를 짜기 시작했어요. 물론 컴파일조차 되지 않는 수많은 코드와 알 수 없는 런타임 에러에 무수히 많은 시간을 들여가며 자료형과 제어구조와 함수 사이의 어딘가를 오랫동안 헤매고 있었지요.

이 책은 꽤 다릅니다. 왜 모두들 좋은 책으로 꼽는지 의심에 찬 눈으로 고개를 갸웃거리며 인터넷판을 훑어 내리다 "아하!"하고는 첫 장부터 다시 살폈던 순간이 기억납니다. 이 책은 다른 책들과 달리 소위 잘 정리된 절차로 파이썬을 설명하지는 않습니다. 그보다는 프로그래밍 언어를 처음 배우는 사람이 마땅히 겪어야 할 고생길로 한발 한발 이끌어줍니다.

첫째로 새로운 내용을 배울 때마다 한 가지 기술이나 한 가지 개념에 집중해 관련된 문제와 싸워나갈 수 있습니다. 이전에는 아무 코드나 짜다가 곤란한 상황을 맞닥뜨린 경우 '잘 정리된' 책을 보면서도 이해가 쉽지 않아 이리저리 헤매고 다녔다면, 이 책에서는 한 가지를 가르쳐줄 때마다 순서대로 고민스러울 상황을 만들어주고 스스로 헤쳐 나가며 충분히 익힐 수 있도록 안내해줄 것입니다.

둘째로 스스로 문제를 만들고 풀어나가는 방법을 알려줍니다. 프로그래밍 언어를 배우는 방법에 관해서는 사람마다 다양한 견해가 있지만, 대부분이 공감하는 하나의 조건은 예제 코드를 베껴 쓰는 것 말고도 스스로 무언가 만들어 보아야 한다는 것입니다. 머릿속이 만들어보고 싶은 프로그램으로 가득 차 있다면 여러분은 어떤 방법으로든 프로그래밍을 배우는 데 성공할 것입니다. 혹시 그렇지 않더라도 다행입니다. 이 책은 틈날 때마다 여러분이 스스로 문제를 설정하고 풀어 보도록 도와주고 있거든요.

번역서에는 한국어 독자들을 위해 일부 내용을 빼거나 더하거나 정정하였습니다. 그 가운데 가장 큰 변화는 코드도 함께 번역했다는 점입니다. 이 책에서 대부분의 변수와 함수 이름은 영어가 아닌 한국어로 되어있습니다. 영어에 익숙하지 않은 독자라면 영어와 파이썬을 함께 배우기보다는 파이썬에 더 집중할 수 있는 셈입니다. 저자인 제드와 저는 이 변경이 책의 의도에 더 부합한다는 데 동의하였습니다. 영어 독자들은 언제나 파이썬에만 온전히 집중할 수 있습니다. 한국어 독자에게도 드디어 비슷한 경험을 드릴 수 있게 된 것이지요.

이 책으로 프로그래밍을 시작하려는 여러분을 환영합니다. 여러분이 책 말미에서 "이제 나는 프로그래밍을 할 수 있어!"라거나, "이제 기초는 잘 알았어. 더 많은 내용을 배울 수 있는 새로운 책을 찾아야겠어." 라는 생각이 든다면 대성공일 것입니다. 번역이라는 방법을 통해 프로그래머로 가는 첫 걸음을 도와드릴 수 있어서 기쁩니다.

정윤원

차례

들어가는 글

이 책은 여러분이 프로그래밍을 시작하려 할 때 볼 수 있는 간단한 책입니다. 제목은 『깐깐하게 배우는 파이썬』이지만, 그렇다고 해서 까다롭다는(hard) 뜻은 아닙니다. 이 책이 '깐깐하게' 배우기인 유일한 이유는 교습(instruction) 이라는 기법이 쓰였기 때문이에요. 교습이란 일련의 통제된 훈련 순서를 반복함으로써 기술을 익힐 수 있도록 설계한 기법입니다. 지금은 아무것도 모르지만 나중에는 더 어려운 주제를 이해할 수 있도록 미리 기본 기술을 익혀야 하는 초보자에게 아주 잘 먹히는 기법입니다. 무술에서 음악, 심지어 기초 수학과 독해 능력을 키우는 데까지 모두 사용되지요.

이 책은 여러분에게 파이썬을 교습합니다. 연습과 암기 같은 기법으로 천천히 기술을 쌓으며 다져 나가고 점점 더 어려운 문제를 풀기 위해 기술을 적용해요. 책의 말미에 다다르면 여러분은 더 어려운 프로그래밍 주제를 배우는 데 필요한 도구를 갖추게 됩니다. 저는 제 책이 '프로그래밍 검은 띠'를 주는 책이라 말하고 싶습니다. 프로그래밍을 배우기 시작할 수 있을 정도로 기초를 충분히 잘 알려준다는 것이죠.

열심히 하고, 시간을 쏟고, 기술을 쌓는다면 프로그래밍을 배울 수 있습니다.

이번 판에서 달라진 점

이 책에서는 파이썬 3.6을 씁니다. 이 버전을 기준으로 삼은 이유는 새롭게 개선된 문자열 포맷 체계가 그 이전의 4가지(3가지였나, 많아서 기억이 안나요) 방법보다 훨씬 쓰기 쉽기 때문이에요. 초보자들이 쓰기에 문제가 조금 있기는 하지만, 책을 통해 잘 안내해 드리도록 하겠습니다. 특히나 반갑지 않은 문제를 하나 꼽자면 일부 핵심 영역에서 꽤나 빈약한 오류 메시지를 낸다는 점이 있지요.

또 이번 판은 처음부터 끝까지 마이크로소프트 윈도우 10을 완벽히 지원합니다. 이전 판에서는 맥OS와 리눅스 같은 유닉스 계열에 초점을 맞추고 다음으로 윈도우를 고려했지요. 필자가 파이썬 3을 쓰기 시작할 무렵 마이크로소프트는 드디어 오픈소스 도구와 개발자를 진지하게 여기기 시작했습니다. 더 이상은 파이썬 개발 플랫폼으로써 윈도우를 무시하기가 어려워졌지요.

각 운영체제마다 알아둘 주의점이나 설치 방법 등 어떤 도움이든 드릴 수 있는만큼 드리도록 하겠습니다.

정도가 왕도입니다

이 책은 여러분에게 모든 프로그래머가 프로그래밍을 배울 때 하는, 믿을 수 없을 정도로 단순한 일을 하도록 안내합니다.

1. 각 장을 따라 한다.
2. 모든 파일을 정확히 입력한다.
3. 실행되게 만든다.

이게 전부입니다. 처음에는 아주 어렵겠지만 계속하세요. 이 책을 밤마다 한두 시간씩 따라 하다 보면 더 높은 단계의 다른 파이썬 책을 보며 공부할 수 있는 토대를 다질 수 있습니다. 이 책만으로 하룻밤 사이에 프로그래머로 변신할 수는 없습니다. 하지만 코드 짜는 법을 배우는 여정에 오를 수는 있어요.

이 책의 역할은 프로그래밍 입문자가 알아야 할 세 가지 필수 기술을 가르치는 것입니다. 읽기와 쓰기, 세부에 집중하기, 다른 점 찾아내기죠.

읽기와 쓰기

타자를 치는 데 문제가 있다면 코딩을 배우는 데도 문제가 생깁니다. 특히 소스 코드에 들어가는 꽤나 특이한 문자를 입력하는 데 문제가 있다면요. 간단한 기술이지만 소프트웨어를 동작하게 만드는 가장 기본적인 기술입니다.

코드 예제를 입력하고 동작하게 만드는 것은 기호 이름을 익히고, 입력에

친숙해지고, 언어를 읽을 수 있도록 하는 데 도움이 됩니다.

세부 사항에 집중하기

세부 사항에 집중하는 일은 좋은 프로그래머와 나쁜 프로그래머를 구분하는
기술 가운데 하나입니다. 사실 어떤 전문 분야에서도 마찬가지예요. 가장 작
은 세부 사항에 집중하며 작업하지 않는다면 여러분은 어떤 일을 하든 핵심
요소를 놓치고 말 것입니다. 프로그래밍에서는 결국 버그와 쓰기 어려운 구
조가 생기게 됩니다.

책을 따라 매 예제를 정확히 써가며, 무엇을 어떻게 하는지 그 세부에 집중
할 수 있는 능력을 기릅시다.

다른 점 알아내기

대부분의 프로그래머들이 오랜 시간 단련해 나가는 가장 중요한 기술은 눈으
로 보고 다른 점을 알아내는 것입니다. 숙련된 프로그래머는 약간 다른 두 개
의 코드를 보고 즉시 차이를 짚어낼 수 있어요. 프로그래머들은 코드에서 다
른 점을 더 쉽게 찾는 도구도 만들어냈지만, 책에서는 어떤 것도 쓰지 않겠습
니다. 직접 판단하는 능력부터 먼저 제대로 기르고, 도구는 그 다음에 써야
합니다.

과제를 해나가는 동안 코드를 하나씩 입력하다 보면 실수도 하게 됩니다.
실수는 어쩔 수 없어요. 원숙한 프로그래머조차 가끔 실수를 합니다. 대신 여
러분이 할 일은 쓴 내용을 원본과 비교하고, 다른 부분이 있다면 모두 고치는
것입니다. 그 과정 동안 실수나 버그, 다른 문제를 알아챌 수 있도록 스스로
훈련해 나가게 됩니다.

쳐다만 보지 말기

코드를 짜다 보면 버그도 만듭니다. '버그(bug, 벌레)'는 코드에 있는 결함이
나 오류나 문제 같은 걸 뜻하지요. 전설에 따르면 컴퓨터가 처음 생겼을 무렵
진짜 나방 한 마리가 그 안으로 날아들어가 오동작을 일으켰다고 합니다. 고
치려면 '디버그(de-bug, 벌레 없애기)'를 해야 했지요. 소프트웨어의 세계에

는 버그가 정말로 많습니다. 엄청나게요.

여러분이 만들 버그도 태초의 나방 마냥 코드 어딘가에 숨어 있어서 찾아내야만 합니다. 모니터 앞에 앉아서 코드를 쳐다만 보면서 올바른 답이 뿅 튀어나오길 바랄 수는 없거든요. 버그를 찾는 데 충분한 정보가 없다면, 여러분이 찾아 나서야 합니다. 자리를 털고 일어나 나방을 찾으러 가야지요.

코드를 심문하면서 대체 무슨 일이 일어나고 있는지 알아내거나 다른 시각에서 문제를 바라봅시다. 책에서 틈만 나면 '그만 쳐다보고 뭔가 알아내 보세요' 라고 할거에요. 뭐가 어떻게 돌아가고 있는지, 그걸로 어떻게 답을 만들어 내는지에 대해 코드가 알고 있는 걸 모조리 실토하게 만드는 법을 보여드리겠습니다. 더 많은 정보를 얻어내고 통찰력도 가질 수 있도록 다양한 방법으로 코드를 바라보는 법도 보여드릴 거에요.

복사-붙여넣기 금지

매 장마다 예제는 손으로 직접 입력하세요. 복사해 붙여넣는다면 차라리 안 하느니만 못합니다. 손과 머리, 정신을 코드를 읽고 쓰고 보는 데 단련시키는 것이 이 연습의 핵심입니다. 복사-붙여넣기를 한다면 스스로 그 효과를 날려버리는 셈이에요.

연습과 꾸준함에 대한 한마디

여러분이 프로그래밍을 배우는 동안 저는 기타를 배웁니다. 매일 최소한 두 시간씩 연습해요. 음계, 코드, 아르페지오를 한 시간씩 연주한 다음 음악 이론, 청각 훈련, 노래, 그 밖에 할 수 있는 것은 뭐든 공부합니다. 어떤 날은 그렇게 하고 싶기도 하고 재미도 있기 때문에 여덟 시간 동안 기타와 음악을 연습하기도 해요. 반복적인 연습이란 저에게는 자연스러운, 무언가 배우는 방법일 뿐입니다. 마찬가지로 여러분도 무언가 잘 하려면 매일 연습해야만 합니다. 아주 안 되는 날이거나(자주 그래요) 어렵더라도요. 꾸준히 하다 보면 결국 쉽고 재미있어질 것입니다.

『깐깐하게 배우는 파이썬』과 『Learn Ruby The Hard Way』를 쓰는 기간 사이에 그림에 도전해 보았습니다. 39살의 나이에 시각예술에 푹 **빠져버렸**

고 기타, 음악, 프로그래밍을 공부했을 때와 똑같은 방법으로 매일매일 연습했어요. 연습 교재를 모으고, 책에서 시키는 대로 해보고, 매일 그림을 그리고, 배우는 과정을 즐기는 데 집중했습니다. 절대로 '예술가'가 되지는 않았고 그만큼 잘 하지도 못하지만, 이제 그림을 그릴 줄 안다고 말할 수는 있어요. 예술에 도전하는 동안 이 책에서 여러분을 가르치며 사용한 방법을 그대로 적용했습니다. 문제를 작은 과제와 연습으로 잘게 쪼개서 매일 하기만 한다면 여러분은 거의 뭐든지 배울 수 있습니다. 천천히 발전해 나가고 배우는 과정을 즐긴다면 얼마나 잘 하는지에 관계없이 여러분에게는 이득이 될 것입니다.

이 책으로 공부할 동안, 그리고 프로그래밍을 계속할 동안, 할 만한 가치가 있는 일은 처음에는 어렵다는 점을 잊지 마세요. 실패를 두려워해서 어렵다는 표가 나기 시작하면 포기하는 사람도 있습니다. 스스로 공부하는 법을 배우지 못해 '지겨운' 일은 못하는 사람도 있습니다. '재능 있는' 사람이라는 말을 들어와서 바보 같아 보이거나 영재로 보이지 않을 만한 일은 절대 해보지도 않는 사람도 있습니다. 스스로 프로그래밍 경력이 20년차 이상인 사람과 경쟁을 하고, 불공평한 비교를 하는 사람도 있습니다. 그리고 여러분이 그 가운데 하나일 수도 있습니다.

그만두고 싶게 하는 이유가 무엇이든 간에 계속 하세요. 스스로 밀어붙이세요. 할 수 없는 '더 해보기' 절이나 이해할 수 없는 내용을 맞닥뜨리면 건너뛰고 나중에 돌아오세요. 그냥 계속하세요. 프로그래밍에서는 이런 이상한 일이 흔하게 일어나거든요. 처음에는 아무것도 이해하지 못할 거예요.

다른 외국어 배우기와 마찬가지로 이상하겠지요. 말도 어렵고 어떤 기호가 무엇인지도 모르고 모든 것이 헷갈릴 겁니다. 그러다 어느 날 '빵'하고 머리가 트이며 갑자기 '알게 됩니다'. 계속 따라나가며 이해하려 노력하다 보면 알게 됩니다. 코드의 달인이 되지는 못할 수도 있지만, 최소한 프로그래밍이 어떻게 돌아가는지는 이해할 수 있습니다.

포기한다면 이 수준에도 올라서지 못합니다. 처음으로 헷갈리는 내용을 보면 (처음에는 모든 것이 그렇죠) 그만 두겠죠. 계속 해보고, 계속 코드를 입력하고, 이해하려 하면서 읽어본다면 결국 이해할 수 있습니다.

책 전부를 따라 하고 마쳤는데도 여전히 어떻게 코드를 짜는지 이해하지 못할 수도 있지만, 그래도 최소한 한 번 해보긴 한 거예요. 최선을 다했고 그보다 조금 더 해보았는데도 잘 되지 않았지만, 최소한 해보았다고는 말할 수 있어요. 그건 자랑스러워 해도 됩니다.

일러두기

 팁과 제안, 그리고 주석

 주의할 점

 옮긴이의 팁

감사의 글

이 책의 첫 1판, 2판을 내는 데 도와준 안젤라(Angela)에게 감사의 말을 전하고 싶습니다. 안젤라 덕분에 이 책을 마감할 때까지 신경 써서 작업할 수 있었습니다. 안젤라는 초고를 교열해 주고 책을 쓰는 내내 엄청난 지원을 해주었습니다.

영문판의 표지를 작업해 준 그렉 뉴먼(Greg Newman)과 초기 웹사이트 디자인을 도와준 브리이언 슈메이트(Brian Shumate), 책을 읽고 시간을 내 의견과 교정할 사항을 보내 준 모든 사람들에게도 감사의 말을 전합니다.

감사합니다.

0
–

설정

이 장에는 코드가 없어요. 그저 여러분의 컴퓨터에서 파이썬을 실행할 준비를 마치면 됩니다. 지금부터 하는 설명은 가능한 한 정확하게 따르세요.

> **!** 윈도우 파워셸이나 맥OS의 터미널, 리눅스의 '배시'를 쓸 줄 모른다면, 먼저 사용 방법을 배워야 합니다. 제 책 『명령줄(Command line) 완전 정복』 요약판을 부록에 넣어 뒀습니다(285쪽). 이 장을 시작하기 전에 이 부록을 꼭 먼저 보고 돌아오세요.

0.1 맥OS

다음 작업을 모두 마치세요.

1. *https://www.python.org/downloads/release/python-360/*으로 가서 macOS 64-bit/32-bit installer 버전을 받아 다른 프로그램을 설치하는 것처럼 설치하세요.
2. *https://atom.io*로 가서 Atom(텍스트 편집기)을 받아 설치하세요. Atom이 손에 맞지 않는다면 이 장 마지막 절 '다른 텍스트 편집기'를 참고하세요.
3. Atom을 독(dock)에 두세요. 이제 쉽게 실행할 수 있습니다.
4. 터미널 프로그램을 찾으세요. 검색해 보면 찾을 수 있습니다.
5. 터미널도 독에 두세요.
6. 터미널을 실행하세요.
7. 터미널에서 `python3.6`을 실행하세요. 터미널에서 무언가를 실행하려면 그 이름을 쓰고 리턴 키를 누르면 됩니다.
8. `quit()`을 입력하고, 리턴 키를 눌러 파이썬에서 빠져 나오세요.

9. python3.6이라고 입력하기 전과 비슷한 상태로 돌아와야 합니다. 아니라면 이유를 찾아보세요.

10. 터미널에서 디렉터리 만드는 법을 배우세요.

11. 터미널에서 디렉터리를 바꿔 들어가는 법을 배우세요.

12. 편집기를 이용해 그 디렉터리에 파일을 하나 만드세요. 파일을 만들고 메뉴에서 [Save]나 [Save As ....]를 선택한 다음 그 디렉터리를 고르세요.

13. 키보드만 써서 창을 바꿔 터미널로 돌아오세요.

14. 터미널로 돌아와서 새로 만든 파일을 볼 수 있도록 디렉터리 내용을 출력해보세요.

0.1.1 맥OS: 실행 결과

제 컴퓨터로 터미널에서 실행한 결과를 보여드리겠습니다. 결과는 다를 수 있으니, 책에 실린 결과와 직접 실행한 결과 사이에 무엇이 다른지 모두 찾아내보세요.

```
$ python3.6
Python3.6.0 (default, Feb 2 2017, 12:48:29)
[GCC 4.2.1 Compatible Apple LLVM 7.0.2 (clang-700.1.81)] on darwin Type "help",
"copyright", "credits" or "license" for more information. >>>
~ $ mkdir lpthw
~ $ cd lpthw
lpthw $ ls
# ... 여기서 텍스트 편집기로 test.txt 파일을 편집합니다 ....
lpthw $ ls
test.txt
lpthw $
```

0.2 윈도우

1. *https://atom.io*로 가서 Atom을 받아 설치하세요. 관리자 권한이 없어도 됩니다.

2. Atom을 바탕화면이나 빠른 실행에 두고 쉽게 실행할 수 있도록 하세요. 두 가지 모두 설치할 때 고를 수 있는 선택사항입니다. 컴퓨터가 느려서 Atom을 쓸 수 없으면 이 장 마지막 절 '다른 텍스트 편집기'를 참고하세요.

3. 시작 메뉴에서 파워셸(PowerShell)을 실행하세요. 검색하고 엔터 키를 누르면 실행할 수 있습니다.

4. 편리하게 쓰려면 꼭 바탕화면이나 빠른 실행에 바로가기를 만드세요.

5. 파워셸을 실행하세요(나중에는 터미널이라고 부를 거에요).

6. *https://www.python.org/downloads/release/python-360/*으로 가서 파이썬을 설치하세요. "Add Python 3.6 to PATH" 박스에 꼭 체크하세요.

7. 파워셸(터미널) 프로그램에서 파이썬을 실행해보세요. 터미널에서 무언가를 실행하려면 그 이름을 쓰고 엔터 키를 누르면 됩니다. python이라고 입력했는데도 실행이 안 되면 파이썬을 다시 설치해야 합니다. 꼭 "Add Python 3.6 to PATH." 박스에 체크하세요. 작으니까 꼼꼼히 살펴야 합니다.

8. quit()을 입력하고 엔터 키를 눌러 파이썬을 종료합니다.

9. python을 입력하기 전에 보던 것과 비슷한 프롬프트로 되돌아와야 합니다. 아니라면 이유를 찾아보세요.

10. 파워셸(터미널)에서 디렉터리를 만드는 법을 배우세요.

11. 파워셸(터미널)에서 디렉터리를 바꿔 들어가는 법을 배우세요.

12. 편집기를 이용해 그 디렉터리에 파일을 하나 만드세요. 파일을 만들고 메뉴에서 [Save]나 [Save As ....]를 선택한 다음 그 디렉터리를 고르세요.

13. 키보드만 써서 창을 바꿔 파워셸(터미널)로 돌아오세요. 할 줄 모르면 찾아보세요.

14. 파워셸(터미널)로 돌아와서 새로 만든 파일을 볼 수 있도록 디렉터리 내용을 출력해보세요.

이후에 "터미널"이나 "셸"이라고 하면 파워셸이라는 뜻이고 여러분은 파워셸을 쓰면 됩니다. 윈도우에서 작업한다면 이 책에서 python3.6을 입력해 실행할 때 여러분은 python만 입력해야 합니다.

0.2.1 윈도우: 실행 결과

```
> python
>>> quit()
> mkdir lpthw
> cd lpthw
... 여기서 텍스트 편집기로 test.txt 파일을 편집합니다 ....
>
> dir

 Volume in drive C is
 Volume Serial Number is 085C-7E02

Directory of C:\Documents and Settings\you\lpthw

04.05.2010  23:32 <DIR>        .
04.05.2010
04.05.2010  23:32 <DIR>        ..

            23:32            6 test.txt

         1 File(s)           6 bytes

         2 Dir(s) 14 804 623 360 bytes free

>
```

이 화면과 다르게 보여도 잘 되고 있는 것이지만, 비슷하기는 해야 합니다.

0.3 리눅스

리눅스는 다양한 배포판이 있어서 소프트웨어 설치법도 다양합니다. 여러분이 리눅스를 쓰고 있다면 소프트웨어 패키지를 설치할 줄은 알고 있다고 생각할게요.

1. 패키지 관리자로 python3.6을 설치하세요. 불가능한 경우 *https://www. python.org/downloads/release/python-360/*에서 소스코드를 받아 빌드하세요.

2. 패키지 관리자로 Atom 텍스트 편집기를 설치하세요. Atom이 손에 맞지 않는다면 이 장 마지막 절 '다른 텍스트 편집기'를 참고하세요.

3. Atom 편집기를 쉽게 쓸 수 있도록 창 관리자의 메뉴에 두세요.

4. 터미널 프로그램을 찾으세요. GNOME 터미널, Konsole, xterm 같은 이름 가운데 하나일 수도 있습니다.

5. 독(dock)에 터미널을 두세요.

6. 터미널을 실행하세요.

7. 터미널에서 python3.6을 실행하세요. 터미널에서 무언가를 실행하려면 그 이름을 쓰고 엔터 키를 누르면 됩니다. python3.6을 실행할 수 없으면 그냥 python을 실행해보세요.

8. quit()을 입력하고 엔터 키를 눌러 파이썬을 종료합니다.

9. python이라고 입력하기 전과 비슷한 상태로 돌아와야 합니다. 아니라면 이유를 찾아보세요.

10. 터미널에서 디렉터리를 만드는 법을 배우세요.

11. 터미널에서 디렉터리를 바꿔 들어가는 법을 배우세요.

12. 편집기를 이용해 그 디렉터리에 파일을 하나 만드세요. 파일을 만들고 메뉴에서 [Save]나 [Save As ....]를 선택한 다음 그 디렉터리를 고르세요.

13. 키보드만 써서 창을 바꿔 터미널로 돌아오세요.

14. 터미널로 돌아와서 새로 만든 파일을 볼 수 있도록 디렉터리 내용을 출력해보세요.

0.3.1 리눅스: 실행 결과

```
$ python
>>> quit()
$ mkdir lpthw
$ cd lpthw
# ... 여기서 텍스트 편집기로 test.txt 파일을 편집합니다 ...
$ ls
test.txt
$
```

이 화면과 다르게 보여도 잘 되고 있는 것이지만, 비슷하기는 해야 합니다.

0.4 인터넷에서 찾아보기

이 책에서 배우는 주요한 내용 가운데 하나는 프로그래밍에 관한 내용을 인터넷에서 찾아보고 공부하는 방법입니다. '이 내용을 인터넷에서 찾아보세요.'라는 부분이 보이면 검색 엔진으로 답을 찾아봐야 하는 거에요. 답을 그냥 알려주는 대신 인터넷에서 찾아보게 하는 이유는 여러분이 이 책을 마쳤을 즈음엔 더 이상 책이 필요하지 않은, 자립해서 공부할 수 있는 사람이 되기를 바라기 때문입니다. 인터넷에서 답을 찾아낼 수 있게 되면 제 도움이 필요하지 않은 수준에 한 발짝 더 다가가게 되고, 그게 바로 제 목표랍니다.

구글과 같은 검색 엔진에 힘입어 여러분은 제가 요구하는 어떤 것도 쉽게 찾을 수 있습니다. 책에 '인터넷에서 파이썬(python) 리스트(list) 함수(function)에 대해 찾아보세요.'라고 적혀 있으면 다음과 같이 하세요.

1 *http://google.com*에 접속한다.
2. '파이썬 리스트 함수'나 'python list functions'라고 검색한다.
3. 검색 결과에서 가장 좋은 답을 찾아본다.

0.5 초보자 주의사항

이번 장이 끝났습니다. 컴퓨터에 얼마나 익숙하냐에 따라 어려웠을지도 몰라요. 어려웠다면 시간을 내서 읽고 알아보고 따라 해보세요. 이런 기본적인 일을 해낼 수 없다면 프로그래밍을 아주 잘 하기는 어려울 수도 있어요.

책에서 어떤 장까지만 보라거나, 어디는 건너뛰라고 얘기하는 사람이 있으면 듣지 말아야 합니다. 지식을 감추려 들거나, 더 나쁜 경우 여러분이 스스로의 노력으로 배우는 대신 그들의 지식에 의존하도록 만드는 사람들의 이야기를 들으면, 여러분의 능력은 그 정도 수준으로 한정되고 맙니다. 스스로 공부하는 법을 배울 수 있도록 그런 데 귀 기울이지 말고 모두 해보세요.

맥이나 리눅스를 쓰라는 사람도 있을지도 몰라요. 글꼴이나 타이포그래피를 좋아한다면 맥을, 통제권과 풍성한 턱수염을 좋아한다면 리눅스를 권하겠죠. 다시 한번 말하지만, 어떤 컴퓨터든 당장 갖고 있고 사용할 수 있는 것을 쓰세요. 필요한 것은 편집기와 터미널과 파이썬뿐입니다.

마지막으로 지금까지 한 준비는 앞으로 책을 보는 동안 다음 네 가지를 확실히 할 수 있도록 만들기 위해서입니다.

1. Atom으로 예제 코드를 입력할 수 있다.
2. 직접 쓴 예제를 실행할 수 있다.
3. 코드가 망가졌을 때는 수정할 수 있다.
4. 반복한다.

다른 모든 것은 헷갈리기만 할 뿐이니 신경 쓰지 말고, 계획대로 따라오세요.

0.6 다른 텍스트 편집기

프로그래머에게 텍스트 편집기란 대단히 중요하지만, 초보자인 여러분에게는 단순한 프로그래머용 편집기만 있으면 됩니다. 이런 편집기는 소설이나 책을 쓸 때와 달리 컴퓨터 코드에 필요한 특별한 기능을 갖고 있어요. 책에서는 무료이고 거의 어디서든 돌아가는 Atom을 권하고 있습니다. 하지만 여러분이 가진 컴퓨터에서 Atom이 잘 동작하지 않는다면, 다음의 다른 편집기도 써보세요.

편집기	지원 환경	다운로드
Visual Studio Code	윈도우, 맥, 리눅스	*https://code.visualstudio.com*
Notepad++	윈도우	*https://notepad-plus-plus.org*
gEdit	리눅스, 맥, 윈도우	*https://github.com/GNOME/gedit*
Textmate	맥	*https://github.com/textmate/textmate*
SciTE	윈도우, 리눅스	*http://www.scintilla.org/SciTE.html*
jEdit	리눅스, 맥, 윈도우	*http://www.jedit.org*

편집기의 순서는 잘 동작할 것 같은 순서입니다. 어떤 프로젝트는 버려지거나 죽거나 여러분 컴퓨터에서 더 이상 돌아가지 않을지도 모른다는 점을 명심하세요. 하나를 해 보고 잘 안 되면 다른 걸 해보세요. '지원 환경'도 마찬가

지로 잘 동작하는 순서대로입니다. 윈도우에서 사용할 편집기를 찾고 있다면 '지원 환경' 열에서 윈도우가 처음으로 나오는 편집기를 찾아보세요.

Vim이나 Emacs를 이미 쓸 줄 안다면 마음껏 쓰세요. 하지만 아직 한번도 써 본 적이 없다면 쓰지 마세요. Vim이나 Emacs를 써야 한다고 설득하려 드는 프로그래머들이 있을지도 모르는데, 그저 갈 길에서 멀어질 뿐입니다. 여러분의 목표는 파이썬을 배우는 거에요. Vim이나 Emacs를 배우는 게 아니고요. Vim을 써보려다가 끄지도 못하게 되었으면 키보드로 :q! 나 ZZ를 입력하세요. 여러분에게 Vim을 써보라던 사람이 이것조차도 알려주지 않았다면, 왜 그 사람들 말을 들으면 안 되는지 알겠죠?

이 책으로 공부하는 동안은 통합 개발 환경(IDE, Integrated Development Environment)은 쓰지 마세요. 통합 개발 환경에 의존한다는 얘기는, 앞으로 새 언어를 배우려면 그 언어에 맞는 통합 개발 환경을 만들어주는 회사가 나타날 때까지는 그 언어로는 프로그래밍할 수 없다는 말입니다. 새 언어가 나오면 탄탄한 수익을 낼 수 있는 고객층이 생길 만큼 커지기 전까지는 써보지도 못한다는 얘기지요. 프로그래머용 텍스트 편집기(Vim, Emacs, Atom 등)만 갖고도 프로그래밍할 수 있다는 자신이 있으면 다른 개발도구를 기다릴 필요가 없습니다. (거대한 코드 기반 위에서 작업하는 경우처럼) 통합 개발 환경이 유리한 상황도 있지만, 거기에만 얽매이면 여러분의 가능성도 거기에 얽매입니다.

IDLE도 역시 쓰지 말아야 합니다. 심각한 제약 아래에서 동작하고, 그다지 잘 만들어진 소프트웨어도 아닙니다. 여러분에게 필요한 건 간단한 텍스트 편집기와 셸과 파이썬뿐입니다.

연습 1
———

첫 번째 프로그램

잊지 마세요. 여러분은 앞에서 텍스트 편집기를 설치해서 실행해 보고, 터미 널을 실행하고, 두 가지를 함께 쓰는 법을 배우느라 상당한 시간을 써야 했답 니다. 아직 그 과정을 마치지 못했다면 여기서 멈추세요. 앞 부분을 마쳐야 지만 다음을 즐겁게 해 나갈 수 있습니다. 이번 장에서만 건너뛰거나 앞서 나가지 말라는 경고를 하고 이제 시작하겠습니다.

파일을 하나 만들어 이름을 ex1.py로 짓고 다음 내용을 써넣으세요. 중요한 내용입니다. 파이썬은 파일 이름이 .py로 끝나야 잘 동작하거든요.

 0장을 건너뛰면 이 책을 제대로 공부하는 게 아닙니다. IDLE이나 IDE로 하려구요? 0장에서 쓰지 말라고 얘기했으니 쓰지 말아야 합니다. 0장을 건너뛰었으면 꼭 되돌아가서 읽어보세요.

ex1.py

```
1    print("Hello World!")
2    print("한번 더 안녕")
3    print("이거 쓰는거 좋아.")
4    print("재밌네.")
5    print('Yay! Printing.')
6    print("안 '그랬으면' 좋겠네.")
7    print('여기 "손대지마" 라고 했는데.')
```

어떤 환경에서든 Atom 편집기는 다음과 같이 보여야 합니다.

편집기가 정확히 똑같이 보이지 않는다고 걱정하지는 마세요. 하지만 비슷하기는 해야 합니다. 창머리나 색깔이 조금 다를 수 있습니다. 창 왼쪽에도 'zedshaw'라고 보이는 대신 여러분이 파일을 저장한 디렉터리가 보이겠지요. 이런 차이점은 모두 괜찮습니다.

　파일을 만들 때 중요한 점은 다음 내용입니다.

1　왼쪽에 있는 줄 번호는 입력한 게 아닙니다. '5행을 보세요'처럼, 줄을 정확하게 가리키기 위해 책에만 출력한 것입니다. 파이썬 스크립트에는 쓰지 말아야 합니다.

2　모든 행은 print로 시작하며, 위에서 보여드린 예제와 정확히 똑같습니다. '정확히'라는 말은 글자 하나도 틀리지 않고 모두 똑같다는 뜻이에요. 완전히 똑같아야만 동작합니다. 하지만 색은 모두 달라도 됩니다. 색은 상관없어요. 입력한 글자만 중요합니다.

맥OS 터미널이나 (아마도) 리눅스에서는 파일을 이렇게 실행합니다.

```
python3.6 ex1.py
```

윈도우에서는 python3.6 대신 python이라고 입력한다는 걸 꼭 기억해 둡시다.

```
python ex1.py
```

올바르게 따라 했다면 다음의 실행 결과와 똑같은 결과가 나옵니다. 아니라면 무엇인가 잘못한 것입니다. 아니요. 컴퓨터가 잘못된 것은 아니에요.

1.1 실행 결과

맥OS 터미널에서는 이렇게 보입니다.

```
터미널 — -zsh — 80×25
$ python3.6 ex1.py
Hello World!
한 번 더 안녕
이거 쓰는거 좋아.
재밌네.
Yay! Printing.
안 '그랬으면' 좋겠네.
여기 "손대지마" 라고 했는데.
$
```

윈도우 파워셸에서는 이렇게 보입니다.

```
Windows PowerShell
PS C:\Users\zedshaw> python ex1.py
Hello World!
한번 더 안녕
이거 쓰는거 좋아.
재밌네.
Yay! Printing.
안 '그랬으면' 좋겠네.
여기 "손대지마" 라고 했는데.
PS C:\Users\zedshaw>
```

python ex1.py 이전 부분의 컴퓨터 이름이나 나머지 내용은 다를 수도 있습니다. 하지만 중요한 부분은 여러분이 명령어를 입력하자 앞의 화면과 똑같은 결과가 나왔다는 것입니다.

오류(error)가 있다면 이런 식일 것입니다.

```
$ python ex/ex1.py
    File "ex/ex1.py", line 3
        print "I like typing this.
                                  ^
    SyntaxError: EOL while scanning string literal
```

이 오류는 읽을 수 있어야 합니다. 이런 실수는 자주 할 테니까요. 저조차도 이런 실수를 자주 합니다. 한 줄씩 읽어봅시다.

1. 터미널에서 ex1.py 스크립트를 실행하도록 명령했습니다.
2. 파이썬이 ex1.py 파일의 셋째 줄에 오류가 있다고 알려줍니다.
3. 그 줄을 볼 수 있게 출력해 줍니다.
4. ^(캐럿, caret) 문자로 문제가 생긴 지점을 표시해줍니다. "(큰따옴표, double quote) 문자가 빠져있네요. 확인해보세요.
5. 마지막으로 'SyntaxError'를 출력하고 무엇 때문에 오류가 생겼을 수 있는지 알려줍니다. 몹시 아리송할 때가 많겠지만 검색 엔진에 복사해 넣으면 같은 오류를 겪은 다른 사람을 찾을 수 있습니다. 대부분은 고치는 방법까지 알아낼 수 있습니다.

1.2 더 해보기

각 장에는 '더 해보기' 절이 있습니다. '더 해보기'에는 여러분이 도전해 볼 만한 과제들이 있습니다. 모르겠으면 건너뛰었다 나중에 다시 보세요.
　이번 장에서는 이런 것을 더 해보세요.

1. 한 줄 더 출력하도록 스크립트를 고쳐보세요.
2. 여러 줄 가운데 한 줄만 출력하도록 스크립트를 고쳐보세요.
3. #(해시) 문자를 줄 앞에 넣어보세요. 어떤 일이 일어났나요? 이 문자가 무슨 일을 하는지 알아내보세요.

지금부터는 특별히 다른 구성이 없는 한 각 장이 어떤 식으로 구성되어 있는지 설명하지 않겠습니다.

1.3 자주 묻는 질문

이 책의 온라인 페이지에서 댓글란에 학생들이 실제로 남긴 질문입니다. 여러분도 같은 문제를 겪을 수 있으니 자주 묻는 질문을 골라서 답해뒀습니다.

Q. IDLE을 써도 되나요?

A. 아니요. 책에 나온 대로 맥OS에서는 터미널을 쓰고 윈도우에서는 파워셸을 쓰세요. 어떻게 쓰는지 모른다면 부록 '명령줄 완전 정복'을 보세요.

Q. 편집기에 색은 어떻게 입히나요?

A. 먼저 ex1.py 같이 파일을 .py 파일로 저장하세요. 다음부터는 입력할 때마다 색이 입혀집니다.

Q. ex1.py를 실행하면 SyntaxError: invalid syntax가 나와요.

A. 파이썬을 한 번 실행하고 나서 그 안에서 다시 파이썬을 실행하려고 한 것입니다. 터미널을 닫고 다시 실행하자마자 python ex1.py라고만 입력하세요.

Q. can't open file 'ex1.py': [Errno 2] No such file or directory.가 나와요.

A. 파일을 만든 디렉터리에 들어가 있어야 합니다. cd 명령을 써서 해당 디렉터리로 가세요. 예를 들어 파일을 lpthw/ex1.py에 저장했다면 python3.6 ex1.py를 실행하기 전에 cd lpthw/부터 하세요. 무슨 뜻인지 모르겠으면 부록 '명령줄 완전 정복'을 보세요.

연습 2

——

주석과 해시 문자

프로그래밍에서 주석(comment)은 아주 중요합니다. 사람이 읽어야 할 내용을 사람이 쓰는 언어로 쓰는 것이 주석입니다. 프로그램 일부를 임시로 지워야 할 때 코드를 비활성화(disable)하기 위해서도 쓰입니다. 파이썬에는 주석을 다음과 같이 씁니다.

ex2.py

```
1    # 주석, 나중에 프로그램을 읽을 수 있게 도와줍니다.
2    # 파이썬에서  # 뒤에 쓰인 것은 무엇이든 무시됩니다.
3
4    print("이렇게 코드를 쓸 수 있습니다.")  # 그리고 주석 뒤는 무시됩니다.
5
6    # 주석은 코드 일부를 주석 처리해 '비활성화'할 때도 사용할 수 있습니다.
7    # print("실행되지 않습니다.")
8
9    print("실행됩니다.")
```

지금부터는 이런 식으로 코드를 쓰겠습니다. 모든 것이 보이는 그대로일 필요는 없다는 점을 이해해야 해요. 화면과 프로그램이 눈에는 다르게 보일 수도 있지만, 중요한 내용은 여러분이 텍스트 편집기에서 파일에 입력하는 텍스트입니다. 다른 텍스트 편집기를 쓰더라도 결과는 똑같이 나와요.

2.1 실행 결과

Exercise 2 Session

```
$ python3.6 ex2.py
이렇게 코드를 쓸 수 있습니다.
실행됩니다.
```

다시 한번 말하지만, 책에서는 환경에 따라 다른 모든 터미널의 스크린샷을 보여주지 않겠습니다. 이 내용은 실행 결과를 눈에 보이는 그대로 보여주는 것이 아니라는 점을 명심하세요. 대신 첫 줄의 `$ python3.6`과 마지막 줄 `$` 사이의 내용에 주목하세요.

 책과 달리 내 터미널에서는 각 줄이 $로 시작하지 않나요? $ 앞부분은 복잡하고 컴퓨터마다 다르기 때문에 간단하게 표시하고 있습니다. 부록 '명령줄 완전 정복'을 먼저 보고 돌아오세요.

2.2 더 해보기

1. # 기호의 기능에 대해 추측했던 내용이 맞았나 확인하고 어떻게 부르는지 알아두세요.
2. ex2.py 파일을 거꾸로 한 줄씩 다시 보세요. 마지막 줄에서 시작해 한 단어씩 입력했던 순서와 반대로 확인하세요.
3. 실수한 게 더 있나요? 마저 고치세요.
4. 입력한 내용을 크게 읽으세요. 기호는 각각 그 이름으로 읽으세요. 실수한 게 더 있나요? 마저 고치세요.

2.3 자주 묻는 질문

Q. 왜 print("안녕 # 여러분.")의 #는 무시되지 않나요?
A. 그 #는 문자열 안에 있습니다. 따라서 문장 끝의 " 문자가 나타나기 전까지는 문자열의 일부입니다. 이 # 문자는 그냥 문자로 취급하고, 주석으로 처리하지 않습니다.

Q. 여러 줄은 어떻게 주석 처리하나요?
A. 매 줄마다 앞에 #를 붙이세요.

Q. 왜 코드를 거꾸로 읽어야 하죠?
A. 코드의 의미에 매달리지 않고 정말 코드를 한 부분씩 처리할 수 있도록 생각하게 도와주는 기법입니다. 이 방법으로 코드를 정확히 한 부분씩 비교해 오류를 찾을 수 있습니다. 간편한 오류 점검 기법이기도 합니다.

연습 3

수와 계산

모든 프로그래밍 언어에는 수(number)와 계산(math)을 다루는 방법이 있습니다. 걱정하지 마세요. 프로그래머들이란 사실은 그렇지도 않으면서 수학 천재인 척 굴며 거짓말하곤 합니다. 진짜 수학 천재였다면 버그 덩어리 웹 프레임워크를 만드는 대신 진짜 수학을 하고 있겠지요.

이번 장에서는 많은 수학 기호(symbol)를 다룹니다. 기호에 붙은 올바른 이름을 알아봅시다. 하나씩 입력하며 이름을 말해보세요. 지겹게 느껴지면 소리내기는 그만해도 됩니다. 기호 이름을 살펴봅시다.

- + 덧셈(plus)
- - 뺄셈(minus)
- / 나눗셈(slash)
- * 곱셈(asterisk)
- % 나머지(percent)
- 〈 작다 (less-than)
- 〉 크다 (greater-than)
- 〈= 작거나 같다(less-than-equal)
- 〉= 크거나 같다(greater-than-equal)

어떤 연산을 하는지가 빠졌죠? 이번 장에서 코드에 써본 다음, 돌아와서 각각 어떤 역할인지 찾아내 표를 완성하세요. 예를 들어 +는 덧셈 연산자입니다.

ex3.py

```
1    print("닭을 세어봅시다.")
2
3    print("암탉", 25 + 30 / 6)
4    print("수탉", 100 - 25 * 3 % 4)
5
6    print("이제 달걀도 세어봅시다.")
7
8    print(3 + 2 + 1 - 5 + 4 % 2 - 1 / 4 + 6)
9
10   print("3 + 2 < 5 - 7 는 참인가요?")
11
12   print(3 + 2 < 5 - 7)
13
14   print("3 + 2 는 얼마죠?", 3 + 2)
15   print("5 - 7 은 얼마죠?", 5 - 7)
16
17   print("아하 이게 False인 이유네요.")
18
19   print("더 해볼까요.")
20
21   print("더 큰가요?", 5 > -2)
22   print("더 크거나 같나요?", 5 >= -2)
23   print("더 작거나 같나요?", 5 <= -2)
```

3.1 실행 결과

Exercise 3 Session

```
$ python3.6 ex3.py
닭을 세어봅시다.
암탉 30.0
수탉 97
이제 달걀도 세어봅시다.
6.75
3 + 2 < 5 - 7 는 참인가요?
False
3 + 2 는 얼마죠? 5
5 - 7 은 얼마죠? -2
아하 이게 False인 이유네요.
더 해볼까요.
더 큰가요? True
더 크거나 같나요? True
더 작거나 같나요? False
```

3.2 더 해보기

1. 줄마다 그 줄이 뭘 하는지 주석으로 써서 스스로에게 설명해보세요. 주석은 #를 이용해 쓸 수 있습니다.
2. '0. 설정' 장에서 파이썬을 처음 시작했을 때가 기억나세요? 그때처럼 파이썬을 다시 실행해 보고, 위에서 쓴 기호와 아는 내용을 이용해 파이썬을 계산기처럼 써보세요.
3. 계산할 거리를 찾아보고 그 계산을 하는 .py 파일을 만들어보세요.
4. ex3.py를 부동소수점을 이용해 더 정확하게 새로 만들어주세요. 20.0이 부동소수점입니다.

3.3 자주 묻는 질문

Q. 왜 % 문자는 '퍼센트'가 아니라 '나머지(modulus)'인가요?

A. 가장 큰 이유는 파이썬을 설계한 사람들이 그 기호를 그렇게 쓰기로 결정했기 때문이에요. 일반적인 글에서는 %를 '퍼센트'로 읽는 게 옳습니다. 프로그래밍에서 퍼센트는 보통 단순히 / 연산자로 나눠서 계산합니다. %는 퍼센트와는 상관없이 그냥 나머지 연산의 기호를 %로 정한 것일 뿐입니다.

Q. %는 어떻게 동작하나요?

A. 다르게 말하자면, "X를 Y로 나누면 나머지는 J이다."라고 할 수 있습니다. 예를 들어, "100을 16으로 나누면 나머지는 4이다." 같이요. %의 결과는 나머지 부분이라고 부르는 J입니다.

Q. 연산의 우선순위는 어떻게 되죠?

A. 수학에서 쓰는 순서는 괄호, 지수, 곱셈과 나눗셈, 덧셈과 뺄셈입니다. 파이썬도 이 순서를 따릅니다.

연습 4

변수와 이름

이제 여러분은 print로 출력(print)도 할 수 있고 계산도 할 수 있습니다. 다음 단계로 변수(variable)에 대해 배워봅시다. 프로그래밍에서 변수란 어떤 내용을 쓴 코드를 가리키는 이름일 뿐입니다. '제드 쇼'라는 제 이름이 '이 책을 쓴 사람'을 가리키는 이름인 것처럼요. 프로그래머의 기억이란 형편없기 때문에, 사람이 읽기 쉽도록 변수를 이용해 코드에 이름을 붙입니다. 좋은 변수 이름을 붙여가며 소프트웨어를 만들어야 코드를 다시 읽을 때 헤매지 않습니다.

이번 장을 하는 동안 막히는 부분이 있다면, 앞에서 배운, 차이를 찾고 세부에 집중하게 해주는 비법을 기억하세요.

1. 매 줄마다 그 줄이 무엇을 하는지 스스로에게 설명하는 주석을 글로 써보세요.
2. .py 파일을 거꾸로 읽어보세요.
3. .py 파일을 큰 소리로 읽어보세요. 기호까지도요.

ex4.py

```
1    자동차 = 100
2    차_안_공간 = 4.0
3    운전사 = 30
4    승객 = 90
5    운행_안하는_차 = 자동차 - 운전사
6    운행하는_차 = 운전사
7    총_정원 = 운행하는_차 * 차_안_공간
8    차당_평균_승객 = 승객 / 운행하는_차
9
10
11   print("자동차", 자동차, "대가 있습니다.")
12   print("운전자는", 운전사, "명뿐입니다.")
13   print("오늘은 빈 차가", 운행_안하는_차, "대일 것입니다.")
```

```
14    print("오늘은", 총_정원, "명을 태울 수 있습니다.")
15    print("함께 탈 사람은", 승객, "명 있습니다.")
16    print("차마다", 차당_평균_승객, "명 정도씩 타야 합니다.")¹
```

 차_안_공간 사이의 _는 밑줄(underscore) 문자라 불립니다. 어떻게 입력하는지 모르면 찾아보세요. 변수 이름에서 낱말 사이에 가상으로 띄어쓰기를 넣을 때 많이 쓰는 문자입니다.

4.1 실행 결과

Exercise 4 Session

```
$ python3.6 ex4.py
자동차 100 대가 있습니다.
운전자는 30 명 뿐입니다.
오늘은 빈 차가 70 대일 것입니다.
오늘은 120.0 명을 태울 수 있습니다.
함께 탈 사람은 90 명 있습니다.
차마다 3.0 명 정도씩 타야 합니다.
```

4.2 더 해보기

처음에 이 프로그램을 짜다가 실수했더니 파이썬이 이렇게 알려줬습니다.

```
Traceback (most recent call last):
  File "ex4.py", line 8, in <module>
    차당_평균_승객 = 총정원 / 승객
NameError: name '총정원' is not defined
```

이 오류를 직접 설명해보세요. 반드시 행 번호를 쓰며 이유를 설명하세요. 더 해봐야 하는 숙제도 많이 드리겠습니다.

1. **차_안_공간**의 값으로 **4.0**을 썼는데, 꼭 그래야 하나요? 그냥 **4**면 어떻게 되죠?

2. **4.0**이 '부동소수점(floating point)'이라는 것을 기억하세요. 그냥 소수점 달린 숫자인데, 부동소수점이기 때문에 4 대신 **4.0**이라고 써야 해요.

---

1 (옮긴이) 책에서 변수 이름 등은 특별한 관례가 없는 한 한국어로 썼습니다. 영어로 된 예제로 공부하고 싶으면 다음 주소에서 저자의 원래 코드를 참고할 수 있습니다. *https://github.com/zedshaw/learn-python3-thw-code*

3. 모든 변수 대입 위에 주석을 달아보세요.

4. =(등호)의 이름과 용도를 확실히 알아두세요. 다른 값(숫자, 문자열 등)에 이름(운행하는_차, 승객)을 붙일 때 씁니다

5. _는 밑줄 문자입니다. 잊지 마세요.

6. 앞에서처럼 터미널에서 python3.6을 실행해 계산기처럼 써보고, 계산에 변수 이름도 써보세요. 널리 쓰이는 변수 이름으로는 i, x, j가 있습니다.

4.3 자주 묻는 질문

Q. =(홑등호)와 ==(겹등호)는 무엇이 다른가요?

A. =(홑등호)는 오른쪽의 값을 왼쪽의 변수에 대입합니다. ==(겹등호)는 양쪽의 값이 같은지 비교합니다. 27장에서 배우겠습니다.

Q. x = 100 대신 x=100으로 쓸 수 있나요?

A. 네. 하지만 나쁜 형태입니다. 쉽게 읽을 수 있도록 연산자 주위는 띄어 써야 합니다.

Q. '파일을 거꾸로 읽어보세요'가 무슨 뜻인가요?

A. 아주 간단합니다. 16행짜리 코드가 있다고 생각해보세요. 16행부터 시작합니다. 그리고 예제 파일의 16행과 비교합니다. 15행에서도, 그 앞에서도 반복하고, 파일 전체를 다 읽을 때까지 계속합니다.

Q. 왜 차_안_공간 값에 4.0을 썼나요?

A. 가장 큰 이유는 여러분이 부동소수점 수가 무엇인지 찾아내고 이 질문을 하도록 하기 위해서였죠. '4.2 더 해보기'를 보세요.

이 책에서는 코드에서 대부분의 변수나 함수(나중에 배웁니다) 이름을 한글로 썼습니다. 영어에 익숙하지 않은 독자들이 영어와 파이썬에 모두 신경 쓰기보다는 익숙한 한국어로 보다 빠르게 파이썬을 배우기를 바라는 마음이기 때문이지요. 여러분이 프로그래밍의 세계에 본격적으로 발을 들이게 된다면, 실제로 프로그래밍은 대부분 영어로 하게 됩니다. 한국에서만 쓰는, 한국어 사용자를 위한 코드도 (아직은) 그렇습니다. 코드를 짜는 데는 사소해 보이지만 중요한 관습이 있습니다. 이를테면 프로그래밍 언어를 막론하고 대부분의 프로그래머는 단수와 복수 표현에 민감합니다. 똑같은 의미의 변수를 쓰더라도 변수 이름이 단수인지 복수인지에 따라 변수가 어떤 자료를 가리키고 있는지 의미가 달라지거든요. 파이썬 프로그래머들은 대소문자의 구분도 중요하게 생각합니다. 대소문자의 구분으로 코드를 더 읽기 쉽도록 하는 기법이 사용되기 때문이지요. 아쉽지만 코드를 한글로 옮기는 과정에서 한국어다움을 지키면서 온전히 옮길 수 있는 방법은 없었습니다. 단수와 복수의 구분은, 꼭 복수형으로 표시해야 하는 경우에 모두 복수 접미사 '들'을 써서 표현했습니다. 한글로 쓴 코드에 굳이 '들'이 들어가 있다면 의도적으로 구분한 부분이니 왜 들어갔는지 생각해보세요. 대소문자를 이용한 구분은 살릴 수 없었습니다. 책을 모두 마친 뒤에 영어로 된 예제 코드를 다시 살펴보고 파이썬 코드의 포맷에 대하여 더 알아보면 더욱 파이썬다운 코드를 짜는 데 도움이 될 것입니다.

연습 5

변수와 출력

이제 변수를 더 많이 입력하고 출력해봅시다. 이번에는 '포맷 문자열(format string)'이라는 것을 써 볼게요. 텍스트 토막 앞뒤로 "(큰따옴표)를 쓸 때마다 문자열(string)을 만들어 쓴 것입니다. 문자열이란 프로그램에서 사람에게 보여줄 텍스트를 만드는 방식이에요. 출력하거나, 파일로 저장하거나, 웹 서버로 보내거나 그 밖에도 아주 많은 일을 할 수 있습니다.

문자열은 정말로 간편합니다. 이번 장에서는 변수가 담긴 문자열을 만드는 법을 배워봅시다. 특별한 문법인 {}를 이용해 문자열에 변수를 넣을 수 있습니다. 이 문자열은 f"안녕 {변수}"처럼 꼭 소문자 f로 시작해야 하는데, '포맷(format)'이라는 뜻이에요. 큰따옴표 앞에 소문자 f가 붙은 문자열 안에 있는 {} 문자는 파이썬3에 "이봐, 이건 포맷에 쓸 문자열이야. 이 변수를 그 자리에 넣어."라고 알려줍니다.

늘 그렇듯이, 무슨 내용인지 모르겠더라도 예제를 그대로 입력하고, 정확하게 똑같이 만드세요.

example ex5.py

```
1    내_이름 = '제드 쇼'
2    내_나이 = 35 # 거짓말 아닙니다.
3    내_키 = 188 # cm
4    내_몸무게 = 82 # kg
5    내_눈 = '파랑'
6    내_이 = '하양'
7    내_머리 = '갈색'
8
9    print(f"{내_이름}에 대해 이야기해 보죠.")
10   print(f"키는 {내_키} 센티미터구요.")
11   print(f"몸무게는 {내_몸무게} 킬로그램이에요.")
12   print("사실 아주 많이 나가는 건 아니죠.")
13   print(f"눈은 {내_눈}이고 머리는 {내_머리}이에요.")
14   print(f"이는 보통 {내_이}인데 커피에 따라 달라요.")
```

```
15
16    # 이 줄은 까다롭지만 정확히 따라 하세요
17    합 = 내_나이 + 내_키 + 내_몸무게
18    print(f"{내_나이}, {내_키}, {내_몸무게}를 모두 더하면 {합}랍니다.")
```

5.1 실행 결과

Exercise 5 Session

```
$ python3.6 ex5.py
제드 쇼에 대해 이야기해 보죠.
키는 188 센티미터구요.
몸무게는 82 킬로그램이에요.
사실 아주 많이 나가는 건 아니죠.
눈은 파랑이고 머리는 갈색이에요.
이는 보통 하양인데 커피에 따라 달라요.
35, 188, 82를 모두 더하면 305랍니다.
```

5.2 더 해보기

1. 내_로 시작하지 않도록 변수 이름을 모두 바꾸어 보세요. 반드시 변수를 쓴 곳 모두에서 이름을 바꿔야 합니다. =를 써서 대입한 부분만 바꾸면 안 되고요.

2. 센티미터와 킬로그램을 인치와 파운드로 바꾸는 변수를 써보세요. 재보 고 적지 마세요. 파이썬의 계산 기능으로 해보세요.[1]

5.3 자주 묻는 질문

Q. 변수를 1 = '제드 쇼'처럼 만들어도 되나요?

A. 아니요. 1은 올바른 변수 이름이 아니에요. 변수는 문자로만 시작해야 합니다. 그래서 a1은 되지만 1은 안 됩니다.

Q. 부동소수점을 어떻게 반올림하죠?

A. round() 함수를 쓸 수 있습니다(예: round(1.7333)).

---

1 (옮긴이) 1인치는 2.54센티미터이고 1파운드는 0.4536킬로그램입니다.

Q. 왜 저는 이해가 되지 않을까요?

A. 스크립트에 나오는 모든 수를 여러분과 관련 있는 값으로 바꿔보세요. 이
상하게 들리겠지만, 자신에 대해 다루면 조금 더 현실적으로 느껴집니다.
더불어 여러분은 이제 막 배우기 시작했습니다. 아직은 어려울 수 있지만
계속해나가다 보면 좀 더 잘 이해할 수 있을 거에요.

연습 6

문자열과 텍스트

문자열을 벌써 써보기는 했지만, 여전히 뭘 하는지는 잘 모르겠죠. 이번 장에서는 문자열이 어떤 일을 할 때 쓰이는지 이해할 수 있도록, 복잡한 문자열 변수를 잔뜩 만들어보겠습니다. 먼저 문자열에 대해 설명할게요.

문자열은 보통 누군가에게 보여주거나 여러분이 짜고 있는 프로그램 밖으로 내보낼(export) 수 있는 텍스트 토막입니다. 텍스트 주위를 "(큰따옴표)나 '(작은따옴표)로 둘러싸면 문자열로 만들겠다는 뜻입니다. 문자열 만들기는 print를 쓸 때 문자열로 만들고 싶은 텍스트를 print 뒤의 "나 ' 안에 두는 것으로 여러 번 해보았어요. 그러면 파이썬은 따옴표 안의 내용을 출력합니다.

문자열에는 여러분이 작성한 파이썬 스크립트에 있는 변수라면 몇 개든지 포함시킬 수 있습니다. 변수는 이름에 =(등호, 같음) 기호를 써서 값을 정하는 코드에서 쓰는 말이었어요. 기억나지요? 이 장의 코드에서는 **사람의_종류 = 10** 이라는 코드에서 '**사람의_종류**'라는 이름의 변수를 만들면서 10과 =(같다)라고 정하고 있습니다. 어떤 문자열에든 {**사람의_종류**} 같은 형태로 넣을 수 있지요. '포맷'을 하려면 특별한 형태의 문자열을 써야 하는 걸 보았을 텐데요. 'f문자열'(f-string)이라고 부릅니다. 다음과 같이 생겼지요.

```
f"이렇게 저렇게 쓰면서 {변수_하나}"
f"이렇게 다르게도 쓰면서 {변수_둘}"
```

파이썬은 .format() 문법 같은 다른 포맷 방식도 있습니다. 17행에서 볼 수 있지요. 미리 만들어둔 문자열에 포맷을 하고 싶을 때 가끔 쓰게 될 거예요. 이를테면 순환문 안에서라든지요. 이 방법에 대해서는 나중에 더 알아보도록 하겠습니다.

이제 모든 문자열과 변수와 포맷을 다 입력한 다음 출력해봅시다. 변수 이름을 짧은 축약어로 만드는 연습도 해봅시다. 프로그래머들은 짜증날 정도로 짧고 암호같은 변수 이름을 써서 자기네 시간을 아끼는 대신 여러분들이 시간을 쓰게 만들거든요. 우리도 미리 미리 읽고 쓰는 연습을 해봅시다.

ex6.py

```
1    사람의_종류 = 10
2    x = f"세상에는 {사람의_종류} 종류의 사람이 있어요."
3
4    이진수 = "'이진수'"
5    모르는 = "모르는"
6    y = f"{이진수}를 아는 사람과 {모르는} 사람."
7
8    print(x)
9    print(y)
10
11   print(f"'{x}'라고 했어요.")
12   print(f"'{y}'이라고도 했죠.")
13
14   웃김 = False
15   농담_평가 = "웃기는 농담 아니에요?! {}"
16
17   print(농담_평가.format(웃김))
18
19   w = "이 문자열의 왼쪽 ->"
20   e = "<- 이 문자열의 오른쪽"
21
22   print(w + e)
```

6.1 실행 결과

Exercise 6 Session

```
$ python3.6 ex6.py
세상에는 10 종류의 사람이 있어요.
'이진수'를 아는 사람과 모르는 사람.
'세상에는 10 종류의 사람이 있어요.'라고 했어요.
''이진수'를 아는 사람과 모르는 사람.'이라고도 했죠.
웃기는 농담 아니에요?! False
이 문자열의 왼쪽 -><- 이 문자열의 오른쪽
```

6.2 더 해보기

1. 예제 프로그램을 실행해 보고 매 줄마다 주석으로 설명을 달아보세요.
2. 문자열 안에 다른 문자열을 넣는 위치를 모두 찾아보세요. 다섯 군데 있습니다.
3. 다섯 군데뿐인 게 확실해요? 어떻게 알죠? 제가 거짓말했을 수도 있어요.
4. 두 문자열 w와 e를 +로 더하면 더 긴 문자열이 만들어지는 이유를 설명해보세요.

6.3 망가뜨리기

이제 코드를 망가뜨려보고 무슨 일이 일어나는지 지켜볼 때입니다. 정말로 기발한 방법으로 코드를 망가뜨려보는 놀이라고 생각해보세요. 아주 단순한 방법으로도 해보고요.

코드를 망가뜨리고 난 다음에는 고쳐보세요. 친구가 있다면 서로의 코드를 망가뜨리고 고쳐봅시다. 친구에게 ex6.py 파일을 보내고 망가뜨려 달라고 하고, 돌려받아서 고쳐보세요. 한 번 만든 코드는 언제든 다시 만들 수도 있다고 생각하면서 합시다. 도저히 고칠 수 없을 만큼 엉망진창으로 만들어버렸더라도, 다른 연습을 하기 전에 처음부터 새로 만들면 그만이니까요.

6.4 자주 묻는 질문

Q. 왜 어떤 문자열에는 '(작은따옴표)를 쓰고 다른 데는 그러지 않나요?

A. 큰따옴표로 둘러싸인 문자열 안에 작은따옴표를 쓰긴 했는데, 대개 보기 좋게 하려고 그렇게 쓴 거에요. 어떤 식인지 4, 11, 12행을 보세요.

Q. 이 농담이 재미있다면 웃김 = True라고 쓸 수 있나요?

A. 네. 27장에서 불(boolean) 값에 대해 더 배울 예정이에요.

연습 7

더 출력하기

이제 코드를 따라 쓰고 실행해 보는 연습을 잔뜩 해봅시다. 똑같은 식으로 진행할 테니 계속 설명하지는 않을게요. 숙달되는 것이 목적입니다. 몇 장 더 해보고 다시 만나요. 건너뛰지 마세요! 붙여넣기도 하지 마세요!

ex7.py

```
1    print("영희에겐 꼬마 양이 있지.")
2    print("양털은 {}처럼 새하얗네.".format('눈'))
3    print("그리고 영희가 가는 곳마다.")
4    print("." * 10) # 어떻게 될까요?
5
6    end1 = "맛"
7    end2 = "있"
8    end3 = "는"
9    end4 = "치"
10   end5 = "즈"
11   end6 = "버"
12   end7 = "거"
13
14   # 마지막에 있는 end 매개변수를 살펴보세요. (end=' ')
15   # 지워보고 무슨 일이 일어나는지도 보세요
16   print(end1 + end2 + end3, end=' ')
17   print(end4 + end5 + end6 + end7)
```

7.1 실행 결과

Execise 7 Sesstion

```
$ python3.6 ex7.py
영희에겐 꼬마 양이 있지.
양털은 눈처럼 새하얗네.
그리고 영희가 가는 곳마다.
..........
맛있는 치즈버거
```

7.2 더 해보기

이후에도 아래와 같은 과정을 통해 내용을 점검해보세요.

1. 돌아가서 각 줄마다 어떤 일을 하는지 주석으로 써보세요.
2. 오류를 찾아내기 위해 거꾸로 읽거나 소리 내서 읽어보세요.
3. 지금부터는 실수할 때마다 어떤 실수를 했는지 공책에 적으세요.
4. 다음 장으로 넘어갈 때 방금 한 실수를 살펴보고 같은 실수를 또 하지 않도록 노력해보세요.
5. 누구나 실수한다는 점을 기억하세요. 프로그래머들은 마치 완벽하고 절대 실수하지 않는 것처럼 보이는 마술사와 비슷합니다. 하지만 모조리 연기일 뿐이지요. 그 사람들도 항상 실수한답니다.

7.3 망가뜨리기

6장에서 해본 코드 망가뜨리기는 재미있었나요? 지금부터는 여러분이나 친구가 쓴 코드는 모조리 망가뜨려보세요. 모든 장마다 '망가뜨리기' 절이 들어 있지는 않지만, 언제나 지겨워질 때까지 가능한 한 모든 방법으로 코드를 망가뜨려보는 것이 여러분의 목표입니다. 가끔은 사람들이 예제 코드에서 자주 실수하는 부분을 특별히 알려드릴 수도 있어요. 하지만 그렇지 않더라도 언제나 빼먹지 말고 해야 하는 일로 여겨주세요.

7.4 자주 묻는 질문

Q. 왜 '눈'이라는 이름의 변수를 쓰고 있나요?

A. 그건 사실 변수가 아니에요. 그냥 눈이라는 낱말이 든 문자열이에요. 변수는 앞뒤에 작은따옴표를 붙이지 않습니다.

Q. '더 해보기' 1번처럼 코드 각 줄마다 주석을 쓰는 것이 일반적인가요?

A. 아니요. 보통은 이해하기 어려운 코드를 설명하거나 왜 그렇게 했는지 설명하기 위해서만 써요. 대개는 코드를 그렇게 만든 이유(또는 동기)를 쓰

는 게 가장 중요하고, 코드 자체가 어떤 일을 하는지 설명할 수 있도록 코드를 짜야 합니다. 하지만 가끔은 문제를 풀려면 매 줄마다 주석이 필요한 형편없는 코드도 짜야만 합니다. 여기서는 순전히 코드를 말로 더 잘 옮기도록 연습하려는 것뿐이지만요.

Q. 문자열을 만들 때 큰따옴표나 작은따옴표 중 아무거나 써도 되나요? 아니면 서로 다른가요?

A. 둘 다 파이썬에서 문자열을 만드는 올바른 방법이에요. 하지만 일반적으로 'a'나 '눈' 같이 짧은 문자열에는 작은따옴표를 씁니다.

연습 8

―――

출력하고 또 출력하기

문자열 포맷을 더 복잡하게 쓰는 법을 살펴봅시다. 복잡해 보이는 코드지만 줄마다 주석을 달고 부분 부분 나누어 보다 보면 이해하게 될 거예요.

ex8.py

```
1    formatter = "{} {} {} {}"
2
3    print(formatter.format(1, 2, 3, 4))
4    print(formatter.format("하나", "둘", "셋", "넷"))
5    print(formatter.format(True, False, False, True))
6    print(formatter.format(formatter, formatter, formatter, formatter))
7    print(formatter.format(
8        "난 이게 있죠.",
9        "지금 막 써 주신 그것.",
10       "하지만 '노래'하진 않아요.",
11       "그러니까 잘 자요."
12   ))
```

8.1 실행결과

Exercise 8 Session

```
$ python3.6 ex8.py
1 2 3 4
하나 둘 셋 넷
True False False True
{} {} {} {} {} {} {} {} {} {} {} {} {} {} {} {}
난 이게 있죠. 지금 막 써 주신 그것. 하지만 '노래'하진 않아요. 그러니까 잘 자요.
```

이번 장에서는 formatter 변수를 문자열로 바꾸는, 함수(function)라는 것을 사용했습니다.

코드에서 formatter.format(...)이라고 쓰인 부분은 파이썬에서 다음과 같이 실행됩니다.

1. 1행에서 정의한 formatter 문자열을 가져옵니다.

2. 문자열에서 format이라는 함수를 호출(call)합니다. 명령줄에서 'format' 이라는 이름의 명령을 실행하는 것과 비슷한 개념이에요.

3. format 함수에 실행인자(argument) 4개를 넘겨줍니다. 각각 formatter 변수의 {} 네 개와 대응합니다.

4. formatter에서 format 함수를 호출한 결과는 문자열에서 {} 부분이 변수 네 개로 치환된 새로운 문자열입니다. print가 출력하고 있는 값이지요.

8장의 대부분을 차지하는 코드인데, 어려운 퍼즐인 셈 치면 좋겠습니다. 설령 어떻게 돌아가는 코드인지 제대로 이해하지 못했더라도 괜찮습니다. 책의 뒷 부분을 배워나가면서 설명할 테니까요. 지금은 이해하려고 노력하면서 어떻게 돌아가는지 살펴봅시다. 다 보았으면 다음 장으로 넘어갑시다.

8.2 더 해보기

이번 장을 점검해 보고 실수한 내용을 적어둔 다음 다음 장에서는 반복하지 않도록 노력해보세요. 다른 말로 하면, 7장의 '더 해보기'를 다시 해보세요.

8.3 자주 묻는 질문

Q. 왜 "하나" 주위에는 따옴표를 써야 하고, True나 False 주위에는 쓰지 않 나요?

A. True나 False는 파이썬에서 참이나 거짓 개념을 표현하는 예약어 (keyword)로 받아들이기 때문입니다. 주위에 따옴표를 쓰면 "True"나 "False"라는 문자열로 바뀌고, 그럼 올바르게 동작하지 않아요. 이 동작 에 대해서는 27장에서 더 배우겠습니다.

Q. IDLE로 해봐도 되나요?

A. 아니요. 명령줄(command line)을 쓰는 데 익숙해져야 합니다. 명령줄은 프로그래밍을 배우는 데 필수적이고, 프로그래밍에 대해 배우고 싶다면 이게 더 좋은 출발점이에요. 책을 더 따라 하다 보면 IDLE로는 더 이상 못 하는 부분이 나옵니다.

연습 9

출력하고, 출력하고, 또 출력하기

지금쯤이면 이 책은 새로운 것 하나를 배우기 위해 여러 장을 할애하는 구성이라는 걸 알아챘겠지요? 먼저 이해하기 어려운 코드로 시작하고, 다음 장에서는 개념을 설명합니다. 당장은 이해하지 못하는 게 있더라도 다음 내용을 따라 하다 보면 나중에는 이해하게 될 거예요. 이해하지 못한 부분이 있으면 적어두고 계속 따라갑시다.

ex9.py

```
1    # 처음 보는 낯선 내용이 있으니, 정확히 입력하도록 주의하세요.
2
3    요일 = "월 화 수 목 금 토 일"
4    달 = "1월\n2월\n3월\n4월\n5월\n6월\n7월\n8월"
5
6    print("요일 목록: ", 요일)
7    print("달 목록: ", 달)
8
9    print("""
10   여기 무언가가 있어요.
11   세 개의 큰 따옴표 안에요.
12   쓰고 싶은 만큼 쓸 수 있어요.
13   4줄이든, 5줄이든, 6줄이든 원하는 만큼.
14   """)
```

> 운영체제, 언어, 편집기, 글꼴 등 설정에 따라 텍스트 편집기나 출력 결과에서 \(역슬래시) 기호가 ₩(한국 통화 기호)로 보일 수도 있습니다. 키보드에 인쇄된 기호 역시 생산처나 수입처에 따라 \나 ₩중에 하나가 표시되어 있습니다. 판별하는 법을 알려드릴게요.
>
> **키보드 확인**
>
> 1. 엔터 키 또는 리턴 키가 좌우가 뒤집힌 ㄴ모양(⏎)인지 가로로 긴(⬭) 모양인지 확인하세요.
> 2-1. ⏎자 엔터/리턴 키라면, =/+ 키 오른쪽, 백스페이스(편집기에서 커서 앞의 한 글자를 삭제할 때 쓰는 키, 애플 키보드라면 delete 키) 왼쪽에 있습니다. 숫자가 인쇄된 줄과 같은 줄입니다.

2-2. ⬜자 엔터/리턴 키라면 엔터/리턴 키 위에 있습니다. 숫자가 인쇄된 줄 바로 아랫줄입니다.

3. |(파이프, 숫자 1이나 로마자 l이 아닙니다) 키와 함께 인쇄되어 있다면 올바른 글쇠입니다. |(파이프) 아래에 있는 문자는 각인이 \든 ₩든 관계없이 \(역슬래시)라는 이름으로 알아두세요. 앞으로 이 책에서는 그 글쇠를 항상 \(역슬래시)라고 부르겠습니다.

글꼴 확인

1. 키보드 확인으로 알아낸 글쇠를 눌러보세요.

2-1. 화면에 나타난 글자가 \(역슬래시)라면 그대로 사용하면 됩니다.

2-2. 화면에 나타난 글자가 ₩(한국 통화 기호)라면, 그 기호가 책에 나오는 \(역슬래시)와 같은 기호라는 점을 명심하세요. 앞으로 이 책에서는 여러분의 글꼴에서 이 기호가 어떻게 보이든 \(역슬래시)라고 부르겠습니다.

> 책에 나온 문자와 생김새가 다르다고 해서 특수문자 중 비슷해보이는 문자를 찾아 쓰면 안 됩니다. 프로그래밍에서 글자는 생김새보다 컴퓨터가 인식하는 글자의 값이 더 중요합니다. 반드시 \(역슬래시)로 사용하세요. 맥을 쓴다면 오른쪽에는 |,\ 키가 있고 왼쪽에 ~,₩ 키가 따로 있습니다. 왼쪽의 ₩가 들어간 키가 아닌 오른쪽의 \가 있는 키를 사용해야 합니다.

9.1 실행 결과

Exercise 9 Session

```
$ python3.6 ex9.py
요일 목록: 월 화 수 목 금 토 일
월 목록: 1월
2월
3월
4월
5월
6월
7월
8월
여기 무언가가 있어요.
세 개의 큰따옴표 안에요.
쓰고 싶은 만큼 쓸 수 있어요.
4줄이든, 5줄이든, 6줄이든 원하는 만큼.
```

9.2 더 해보기

1. 작업을 점검해 보고 실수한 내용을 적어둔 다음 다음 장에서는 반복하지 않도록 노력해보세요. 코드를 망가뜨렸다 고쳐보고 있나요? 다른 말로 하면, 7장의 '더 해보기'를 다시 하세요.

9.3 자주 묻는 질문

Q. 큰따옴표 세 개 사이에 빈 칸을 넣으면 오류가 나요.

A. 큰따옴표 세 개는 """로만 입력해야 합니다. " " "는 안돼요. 각 따옴표 사이에는 빈 칸을 넣으면 안 된다는 뜻이지요.

Q. 월 목록을 새 줄에서 시작하고 싶으면 어떻게 하나요?

A. 문자열을 \n으로 시작하세요.

Q. 저는 항상 철자 실수로 오류를 내는데 잘못된 것인가요?

A. 초보자가 (심지어 이후에도) 하는 프로그래밍 오류 대부분은 단순한 철자 실수나 오타를 포함한 간단한 규칙 위반입니다.

연습 10

___

그거 뭐였죠?

9장에서는 여러분이 긴장을 늦추지 않도록 새로운 문법을 선보였습니다. 여러 줄에 걸쳐서 쓸 수 있는 문자열은 두 가지 방법으로 만들 수 있습니다. 첫번째로는 월 사이에 \n을 넣었습니다. 문자열 사이에 줄바꿈 문자를 넣으려면 이 두 글자를 이용합니다.

\(역슬래시) 문자로는 입력하기 어려운 문자를 문자열에 넣을 수 있습니다. 다양한 '탈출 문자열(escape sequence)'로 여러 가지 문자를 입력할 수 있지요. 몇 가지를 써 보고 무슨 뜻인지 알아봅시다.

중요한 탈출 문자열 중에는 '(작은따옴표)나 "(큰따옴표)를 쓰기 위한 것도 있습니다. 큰따옴표로 만든 문자열이 있는데 큰따옴표를 출력도 하고 싶다고 생각해보세요. "나는 "종수"를 이해해"라고 쓴다면, 파이썬은 "종수" 앞뒤의 큰따옴표를 문자열의 양끝이라고 착각할 테지요. 파이썬에 문자열 안에 든 큰따옴표가 문자열을 나타내는 큰따옴표가 아니라고 알려줄 방법이 필요합니다.

문자열에 포함해야 하는 큰따옴표와 작은따옴표를 파이썬에 알려주고 싶을 때는 탈출 문자열을 써서 해결할 수 있습니다. 예제를 봅시다.

```
"제 오래달리기 기록은 6'2\"입니다." # 큰따옴표를 탈출 문자열로 씁니다.
'제 오래달리기 기록은 6\'2"입니다.' # 작은따옴표를 탈출 문자열로 씁니다.
```

두 번째 방법은 삼중 따옴표(triple-quotes)입니다. 삼중 따옴표는 """로 시작할 수 있는 문자열입니다. 보통 문자열처럼 쓸 수 있지만 """를 한 번 더 쓰기 전까지는 몇 줄이든 쓸 수 있습니다. 이것도 써봅시다.

ex10.py

```
1    탭_냥이 = "\t난 탭이 됨."
2    줄_냥이 = "나는\n분리됨."
3    역슬래시_냥이 = "나는 \\ 고 \\ 양이."
4
5    뚱뚱_냥이 = """
6    할 일 목록:
7    \t* 고양이 밥
8    \t* 물고기
9    \t* 개박하\n\t* 오리새
10   """
11
12   print(탭_냥이)
13   print(줄_냥이)
14   print(역슬래시_냥이)
15   print(뚱뚱_냥이)
```

10.1 실행 결과

여러분이 출력한 탭 문자를 찾아보세요. 이번 장을 바르게 하려면 공백이 중요합니다.

Exercise 10 Session

```
$ python3.6 ex10.py
        난 탭이 됨.
나는
분리됨.
나는 \ 고 \ 양이.

할 일 목록:
        * 고양이 밥
        * 물고기
        * 개박하
        * 오리새
```

10.2 탈출 문자열

파이썬이 지원하는 모든 탈출 문자열의 목록입니다. 이 가운데 많은 것은 쓰지 않을 수도 있지만, 그 형식과 하는 일은 외워두세요. 문자열에 직접 써보고 잘 되는지도 확인하세요.

탈출 문자열	하는 일
\\	역슬래시 (\)
\'	작은따옴표 (')
\"	큰따옴표 (")
\a	ASCII 벨소리 (BEL)
\b	ASCII 백스페이스 (BS)
\f	ASCII 폼 피드(formfeed) (FF)
\n	ASCII 줄바꿈(linefeed) (LF)
\N{name}	유니코드(unicode) 데이터베이스에서 name이라는 이름이 붙은 문자 (유니코드 전용)
\r	캐리지 리턴(carriage return) (CR)
\t	수평 탭 (TAB)
\uxxxx	16비트 16진수 xxxx에 해당하는 문자 (유니코드 전용)
\Uxxxxxxxx	32비트 16진수 xxxxxxxx에 해당하는 문자 (유니코드 전용)
\v	ASCII 수직 탭 (VT)
\ooo	8진수 값 ooo에 해당하는 문자
\xhh	16진수 값 hh에 해당하는 문자

10.3 더 해보기

1. 모든 탈출 문자열을 암기 카드에 쓰고 외우세요.
2. '''(삼중 작은따옴표)도 써보세요. """" 대신 쓰는 이유는 무엇일까요?
3. 탈출 문자열과 포맷 문자열을 섞어 복잡한 포맷을 만드세요.

10.4 자주 묻는 질문

Q. 월 목록의 줄을 바꿔서 시작하려면 어떻게 해야 하나요?

A. 간단해요. 다음과 같이 문자열 첫머리를 \n으로 시작하세요.

    "\n1월\n2월\n3월\n4월\n5월\n6월\n7월\n8월"

Q. 이번 장을 아직 완전하게 이해하지 못했어요. 계속해도 될까요?

A. 네. 계속하세요. 이해하기 어려울 때는 멈추기보다는 모르는 내용을 정리

한 메모를 만드세요. 다음 장을 계속 해나가는 동안 주기적으로 메모를 보면서 더 많이 이해하게 되었는지 확인하세요. 가끔은 몇 장씩 돌아가면서 다시 보아야 할 수도 있습니다.

Q. //나 /n를 썼는데 안 돼요.

A. 역슬래시 \ 대신 슬래시 /를 쓰고 있기 때문입니다. 서로 다른 문자이고 아주 다르게 동작합니다(역슬래시는 ₩로 보일 수도 있습니다).

Q. '더 해보기' 3번을 모르겠어요. 탈출 문자열과 포맷 문자열을 '섞어' 써보라는 게 무슨 뜻이죠?

A. 여러분에게 바라는 것 중 하나는 문제를 풀려면 여러 장의 내용을 결합해 쓸 수 있다는 점을 이해하는 것입니다. 포맷 문자열에 대해 아는 내용과 여기 나온 탈출 문자열을 모두 이용해 새 코드를 조금 써보세요.

Q. '''와 """ 중 뭐가 더 낫죠?

A. 눈에 보이는 형식의 차이일 뿐입니다. 지금은 '''(삼중 작은따옴표)를 쓰되, 둘 다 쓸 수 있게 연습하세요. 그리고 더 나은 것처럼 보이거나 모두가 쓰는 방식에 따라 쓰도록 하세요.

연습 11

___

질문하기

이제 속도를 올릴 시간입니다. 간단한 내용을 입력하는 데 익숙해지도록 아주 많은 출력을 해왔지만, 단순한 내용만 하면 상당히 지루하거든요. 이제는 프로그램에 자료(data)를 넣으려고 합니다. 조금은 어려울 수 있는 두 가지 내용을 배워야 하지만 믿고 따라 하세요. 몇 장 더 진행해 보면 이해할 거예요.

대부분의 소프트웨어는 아래와 같은 식으로 동작합니다.

1. 사용자에게 입력을 받습니다.
2. 값을 바꿉니다.
3. 값이 어떻게 바뀌었나 보여주기 위해 출력합니다.

지금까지는 문자열을 출력만 해왔고, 사람이 입력할 수는 없었습니다. 어쩌면 여러분은 아직 '입력(input)'이 무슨 뜻인지 모를 수도 있어요. 그러니까 설명 대신 예제를 해보고 이해되는지 봅시다. 다음 장에서 조금 더 알아보겠습니다

ex11.py

```
1  print("몇 살이죠?", end=' ')
2  나이 = input()
3  print("키는 몇이죠?", end=' ')
4  키 = input()
5  print("몸무게는 얼마죠?", end=' ')
6  몸무게 = input()
7
8  print(f"네, 나이는 {나이}살, 키는 {키}, 몸무게는 {몸무게}이네요.")
```

매 print마다 마지막에 end=' ' 를 넣었습니다. 이렇게 하면 print로 출력할 때 줄바꿈문자로 끝나지 않아서 다음 줄로 넘어가지 않습니다.

11.1 실행 결과

Exercise 11 Session

```
$ python3.6 ex11.py
몇 살이죠? 38
키는 얼마죠? 188cm
몸무게는 얼마죠? 82kg
네, 나이는 '38' 살, 키는 '188cm', 몸무게는 '82kg'이네요.
```

11.2 더 해보기

1. 파이썬에서 input이 무슨 일을 하는지 인터넷에서 알아보세요.
2. input을 쓰는 다른 방법을 찾을 수 있나요? 예제를 찾아 시도해보세요.
3. 이 형식에 맞춰서 다른 질문을 더 만들어보세요.

11.3 자주 묻는 질문

Q. 계산할 수 있는 숫자를 받으려면 어떻게 해야 하죠?

A. 조금 어려운데, x = int(input())을 해보세요. 이렇게 하면 input()으로 숫자를 문자열로 받고, int()을 사용해서 문자열을 정수(integer)로 변환합니다.

Q. input('188cm')처럼 제 키를 input에 직접 넣었는데, 동작하지 않아요.

A. 거기 넣으면 안 돼요. 터미널에 직접 입력하세요. 먼저 되돌아가서 코드를 예제와 똑같이 만드세요. 다음으로 스크립트를 실행하고, 멈추면 키보드로 키를 입력하세요. 이대로만 하면 됩니다.

연습 12

프롬프트와 사용자

input()이라고 입력할 때는 소괄호(parenthesis)라고 부르는 '('와 ')' 문자도 함께 입력합니다. f"{x} {y}"처럼 포맷에 여분의 변수를 쓰려고 사용할 때와 비슷하게요. input에도 사용자에게 프롬프트(prompt)에 무엇을 입력해야 할지 알려주는 문자열을 넣을 수 있습니다. 프롬프트에 보여줄 문자열을 () 안에 넣어봅시다.

y = input("이름? ")

이 코드는 사용자에게 "이름?"이라고 물어보고, 그 답을 변수 y에 넣습니다. 이런 식으로 사용자에게 질문하고 답을 받을 수 있습니다.

다시 말하면 11장 예제의 질문을 input만 사용하도록 싹 고쳐쓸 수 있다는 뜻입니다.

ex12.py

```
1    나이 = input("몇 살이죠? ")
2    키 = input("키는 얼마죠? ")
3    몸무게 = input("몸무게는 얼마죠? ")
4
5    print(f"네, 나이는 {나이}살, 키는 {키}, 몸무게는 {몸무게}이네요.")
```

12.1 실행 결과

Exercise 12 Session

```
$ python3.6 ex12.py
몇 살이죠? 38
키는 얼마죠? 188cm
몸무게는 얼마죠? 82kg
네, 나이는 '38' 살, 키는 '188cm', 몸무게는 '82kg'이네요.
```

12.2 더 해보기

1. 평소에 파이썬으로 스크립트를 실행하던 터미널에서 pydoc input이라고 입력해보세요. 그리고 내용을 읽어보세요. 윈도우라면 pydoc 대신 python -m pydoc input을 실행해보세요.[1]

2. q를 눌러 pydoc을 종료(quit)하세요.

3. 인터넷에서 pydoc이 어떤 명령인지 찾아보세요.

4. pydoc으로 open, file, os, sys도 찾아 읽어보세요. 이해하지 못해도 괜찮습니다. 그래도 읽어보고 흥미로운 내용이 있다면 메모해두세요.

12.3 자주 묻는 질문

Q. pydoc을 실행할 때마다 'SyntaxError: invalid syntax'라고만 나오면 어떻게 하죠?

A. pydoc을 명령줄에서 실행하지 않고, 파이썬 안에서 실행하려 했네요. 먼저 파이썬 밖으로 나가세요.

Q. 왜 저는 pydoc이 정지하지 않죠?

A. 한 화면에 다 들어갈 만큼 문서가 짧을 때는 그냥 출력만 합니다.

Q. pydoc을 실행하면 'more은(는) 내부 또는 외부 명령...'이라고 나와요.

A. 어떤 버전의 윈도우는 이 명령이 없기도 합니다. pydoc을 쓸 수 없다는 뜻이고요. 이번 '더 해보기'는 건너뛰고 필요할 때마다 파이썬 문서를 인터넷에서 찾아보세요.

---

1 (옮긴이) 결과가 영어로 나올 수 있습니다.

Q. **왜 print("몇 살이죠?" , input())과 같이 쓸 수는 없는거죠?**

A. 할 수 있습니다. 하지만 input()을 호출한 결과가 변수에 저장되지 않을 것이고, 이상하게 동작하게 됩니다. 이렇게 한 번 해보고, 입력한 값을 저장해서 출력해 보려고도 해보세요. 왜 안 되는지 디버그도 해보세요.

연습 13

매개변수, 풀기(Unpack), 변수

이번 장에서는 변수를 스크립트(.py 파일을 가리키는 다른 말)에 전달할 때 사용할 수 있는 입력 방식을 한 가지 더 다루겠습니다. python ex13.py라고 입력하면 ex13.py 파일이 실행되죠? 명령문의 ex13.py 부분을 '실행인자(argument)'라고 부릅니다. 이제 실행인자를 받는 스크립트도 만들어봅시다.

먼저 예제 코드 ex13.py를 입력하세요. 지금부터 이 프로그램에 대해 자세히 설명하겠습니다.

ex13.py

```
1    from sys import argv
2    # 실행하는 방법은 '실행 결과'를 참고하세요
3    스크립트, 첫_번째, 두_번째, 세_번째 = argv
4
5    print("스크립트 이름:", 스크립트)
6    print("첫_번째 변수:", 첫_번째)
7    print("두_번째 변수:", 두_번째)
8    print("세_번째 변수:", 세_번째)
```

1행에는 'import'라는 게 있습니다. import는 파이썬의 기능 가운데 스크립트에서 필요한 기능을 가져다 쓰는 방법이에요. 파이썬에서는 모든 기능을 한 번에 쓸 수 있게 꺼내두는 대신, 쓰려는 기능을 미리 적도록 합니다. 프로그램을 작게 유지하는 방법이기도 하고, 나중에 코드를 읽는 프로그래머를 위한 문서 역할도 합니다.

argv는 '실행인자 변수(argument variable)'입니다. 이 이름은 다른 프로그래밍 언어에서도 많이 쓰이는 아주 표준적인 이름이에요. 스크립트를 실행할 때 전달한 실행인자가 담겨 있습니다. 이번 장에서는 이 기능을 더 다루어보며 무슨 일이 일어나는지 봅시다.

3행은 argv를 풀어(unpack) 놓는데, 실행인자 전체를 한 변수에 담는 대신

코드로 다루기 편하도록 **스크립트, 첫_번째, 두_번째, 세_번째**라는 네 개 변수에 나누어 대입합니다. 이상하게 들릴 수도 있지만, '풀기'는 이런 일을 가리키는 가장 좋은 단어인 것 같아요. 무슨 말이냐면, "argv에 있는 실행인자를 모두 꺼내 풀어서(unpack), 왼쪽에 있는 모든 변수에 순서대로 대입한다."라는 뜻입니다.

그 다음엔 그냥 평범하게 출력합니다.

13.1 잠깐! '기능'의 다른 이름

여기서는 '기능'이라 부르지만(파이썬 프로그램이 뭔가 더 할 수 있도록 가져오는(import) 조그만 것들이요), 다른 데서는 아무도 그렇게 부르지 않습니다. 그냥 전문 용어 없이도 배울 수 있도록 잠깐 쓴 이름입니다. 더 나아가기 전에 진짜 이름을 배워야 해요. 바로 모듈(module)이라고 합니다.

지금부터는 이 임포트(import)한 '기능'을 '모듈'이라고 부르겠습니다. "sys 모듈을 임포트하려 합니다."처럼요. '라이브러리'라고 부르기도 하지만, 이 책에서는 그냥 모듈이라고 할게요.

13.2 실행 결과

> ❗ 집중해서 따라 하세요. 지금까지는 파이썬 스크립트를 명령줄 실행인자 없이 실행해 왔습니다. 13장 예제를 실행하려고 python3.6 ex13.py라고만 입력했으면 잘못한 것입니다. 책에서 어떻게 실행하는지 주의를 기울이세요. argv를 사용할 때는 언제나 적용되는 얘기입니다.

다음과 같이 프로그램을 실행해봅시다(명령줄 실행인자 세 개를 꼭 넣어야 합니다).

Exercise 13 Session

```
$ python3.6 ex13.py 첫번째 2번 3번
스크립트 이름: ex13.py
첫 번째 변수: 첫번째
두 번째 변수: 2번
세 번째 변수: 3번
```

다른 실행인자로 몇 번 더 실행하면 이렇게 보입니다.

Exercise 13 Session

```
$ python3.6 ex13.py 이것 저것 그것
스크립트 이름: ex13.py
첫 번째 변수: 이것
두 번째 변수: 저것
세 번째 변수: 그것
$
$ python3.6 ex13.py 사과 귤 포도
스크립트 이름: ex13.py
첫 번째 변수: 사과
두 번째 변수: 귤
세 번째 변수: 포도
```

앞에서 보듯이 예제에서 쓴 값 외에도 **첫_번째**, 2번, 3번 변수 자리에는 어떤 값이든지 마음대로 넣을 수 있습니다.

그런데 잘못 실행한다면 이런 오류가 일어납니다.

Exercise 13 Session

```
Traceback (most recent call last):
  File "ex13.py", line 3, in <module>
    스크립트, 첫번째, 두번째, 세번째 = argv
ValueError: not enough values to unpack (expected 4, got 3)
```

실행할 때 실행인자를 충분히 넣지 않으면 이렇게 됩니다. 예제에서 '첫_번째 2번'이라고만 입력하고 실행했더니 not enough values to unpack (expected 4, got 3)[1]이라는 오류가 일어나 매개변수를 충분히 넣지 않았다고 알려주고 있습니다.

13.3 더 해보기

1. 스크립트에 실행인자를 세 개보다 적게 넣어보세요. 오류가 보이나요? 이 오류를 스스로 설명할 수 있나요?

---

1 (옮긴이) 풀기에 필요한 값이 충분하지 않습니다(4개 필요, 3개 받음)

2. 더 적거나 더 많은 실행인자를 받는 스크립트를 짜보세요. 풀어낸 변수에
   는 꼭 좋은 이름을 지어주세요.

3. input을 argv와 결합해서 사용자에게 입력을 받는 스크립트를 더 짜보세
   요. 너무 어렵게 생각하지 마세요. argv로도 무언가 입력받고 input으로
   도 사용자에게 또 무언가 입력받으세요.

4. 잊지 마세요. 모듈이 기능을 쓰게 해줍니다. 모듈. 모듈. 나중에 필요할
   테니 기억해두세요.

13.4 자주 묻는 질문

**Q. 실행하면 'ValueError: need more than 1 value to unpack'이라는 오류가
   나요.**

A. 세부 사항에 집중하는 것이 중요한 기술이라는 점을 기억하세요. '13.2 실
   행 결과' 절을 자세히 보면 명령줄에서 매개변수(parameter)를 넣고 스크
   립트를 실행했다는 것을 알 수 있습니다. 책에 나온 그대로 정확하게 따라
   하세요.

Q. argv와 input()은 무엇이 다른가요?

A. 사용자가 어디에 입력을 하는지가 다릅니다. 사용자가 명령줄에서 입력
   한다면 argv를 쓰세요. 스크립트를 실행하는 동안 키보드로 입력받으려
   면 input()을 쓰세요.

Q. 명령줄 실행인자는 문자열인가요?

A. 네, 명령줄에 숫자를 넣더라도 문자열로 들어옵니다. int()를 이용해
   int(input())과 같이 바꿔 쓰세요.

Q. 명령줄은 어떻게 쓰나요?

A. 지금쯤이면 이미 어떻게 쓰는지 알고 있어야 하지만, 이 시점에서 배워야
   만 한다면 부록 '명령줄 완전 정복'을 보세요.

Q. argv와 input()을 같이 못 쓰겠어요.

A. 어렵게 생각하지 마세요. 이 스크립트 맨 뒤에 input()을 써서 자료를 받고 출력하는 두 줄을 갖다 붙이세요. 이 상태에서 시작해 같은 스크립트에서 두 가지 모두 쓰는 다양한 방법을 시도해보세요.

Q. 왜 input('? ') = x로는 안 되죠?

A. 거꾸로 되었으니까요. 제가 하는 대로 하면 잘될 거에요.

연습 14

프롬프트와 넘기기

구체적인 질문을 하는 코드를 짜서 argv와 input를 함께 쓰는 연습을 해봅시다. 파일을 읽고 쓰는 법을 배우는 다음 장에서도 필요합니다. 이번 장에서는 단순하게 > 프롬프트를 출력하는 식으로 input을 조금 다르게 쓰겠습니다. Zork나 Adventure 같은 게임과 비슷하게요.

ex14.py

```
1    from sys import argv
2
3    스크립트, 사용자_이름 = argv
4    프롬프트 = '> '
5
6    print(f"안녕 {사용자_이름}, 나는 {스크립트} 스크립트야.")
7    print("몇 가지 질문을 할게.")
8    print(f"{사용자_이름}, 나를 좋아해?")
9    좋아 = input(프롬프트)
10
11   print(f"{사용자_이름}, 어디에 살아?")
12   살아 = input(프롬프트)
13
14   print("무슨 컴퓨터를 갖고 있어?")
15   컴퓨터 = input(프롬프트)
16
17   print(f"""
18   좋아, 나를 좋아하냐는 질문에는 {좋아}.
19   {살아}에 살아.   어딘지는 모르겠지만.
20   그리고 {컴퓨터} 컴퓨터를 가졌어.   근사한걸.
21   """)
```

쓰려는 프롬프트를 input에 반복해서 직접 입력하는 대신 **프롬프트**라는 변수를 만들어 쓰고 있지요? 이제 프롬프트를 바꾸고 싶다면 한 부분만 고쳐서 스크립트를 다시 실행하면 됩니다. 아주 간편하죠.

14.1 실행 결과

스크립트를 실행할 때 잊지 말고 argv 실행인자로 여러분의 이름을 넘기
세요.

Exercise 14 Session

```
$ python3.6 ex14.py 제드
안녕 제드, 나는 ex14.py 스크립트야.
몇 가지 질문을 할게.
제드, 나를 좋아해?
> 네
제드, 어디에 살아?
> 샌프란시스코
무슨 컴퓨터를 갖고 있어?
> Tandy 1000

좋아, 나를 좋아하냐는 질문에는 네.
샌프란시스코에 살아.   어딘지는 모르겠지만.
그리고 Tandy 1000 컴퓨터를 가졌어.   근사한걸.
```

14.2 더 해보기

1. Zork와 Adventure라는 게임을 찾아보세요. 한번 받아서 해보세요.

2. **프롬프트** 변수를 완전히 다른 내용으로 바꾸어보세요.

3. 다른 실행인자를 추가하고 스크립트에서 써보세요. 13장에서 한 대로 **첫번째,
    두번째** = argv처럼 추가할 수 있습니다.

4. 마지막 출력에서 """ 형식의 여러 줄 문자열과 f 문자열(f"{ }")을 어떻게
    함께 썼나 확실히 이해해두세요.

14.3 자주 묻는 질문

Q. 스크립트를 실행하면 SyntaxError: invalid syntax라고 나와요.

A. 다시 한번 얘기하지만, 스크립트는 파이썬 안이 아닌 명령줄에서 실행해
    야 합니다. python3.6이라고 입력하고 나서 다시 python3.6 ex14.py 제드라
    고 입력한다면 파이썬 안에서 파이썬을 실행하려 한 꼴이므로 실패합니
    다. 새 터미널 창에서 python3.6 ex14.py 제드라고만 입력하세요.

Q. 프롬프트를 바꾸라는 게 무슨 뜻인지 모르겠어요

A. **프롬프트 = '> '**라는 변수를 보세요. 변수가 다른 값을 갖도록 고쳐보세요. 이미 배운 내용입니다. 그냥 문자열일 뿐이고 13장에서 만들어보기도 했어요. 시간이 걸려도 알아내보세요.

Q. 'ValueError: need more than 1 value to unpack'이라는 오류가 나와요.

A. '14.1 실행 결과' 절을 보고 그대로 따라 해야 한다고 했는데, 기억나세요? 여기서도 똑같이 해야 합니다. 책에서 어떻게 명령을 썼는지, 왜 명령줄 실행인자가 있는지에 주목하세요.

Q. 프롬프트 변수에 큰따옴표를 쓸 수 있나요?

A. 물론입니다. 한번 해보세요.

Q. Tandy를 갖고 있어요?

A. 어렸을 때는요.

Q. 실행하면 NameError: name '프롬프트' is not defined나 'undefined local variable or method '프롬프트'라고 나와요.

A. **프롬프트** 변수 이름을 잘못 썼거나 그 줄을 빠뜨린 경우입니다. 돌아가서 책의 코드와 한 줄씩 비교해보세요. 스크립트 맨 아래부터 맨 위까지 거꾸로도 해보세요. 언제든 이런 오류가 보인다면, 어딘가 철자가 틀렸거나 변수 만들기를 잊었다는 뜻입니다.

Q. IDLE에서는 어떻게 실행하죠?

A. IDLE은 쓰지 마세요.

연습 15

파일 읽기

input과 argv에 대해 배웠으니 파일(file) 읽기를 시작해봅시다. 이번에는 무슨 일이 일어나는지 이해하려면 아주 오랫동안 도전해 보아야 할지도 모릅니다. 그러므로 신중히 해보고 점검도 잊지 마세요. 부주의하게 파일을 다루다가는 작업한 내용을 순식간에 모두 지워버리기 딱 좋아요.

 이번에는 파일 두 개를 만듭니다. 하나는 늘 만들던 실행용 ex15.py 파일이지만, 다른 하나는 ex15_sample.txt에요. 두 번째 파일은 스크립트가 아니고 스크립트에서 읽을 평문(plain text) 파일입니다. 파일 내용은 이렇게 하세요.

파일에 쓴 내용입니다.
이건 정말로 멋져요.
재미있는 내용으로 가득 차 있죠.

스크립트에서는 파일을 '열고(open)' 출력해보겠습니다. 하지만 스크립트에 'ex15_sample.txt'라고 '하드코딩(hard code)'하고 싶지는 않아요. '하드코딩'이란 사용자에게 문자열로 받아야 할 정보를 프로그램에 직접 넣는다는 뜻입니다. 나중에는 다른 파일을 불러오고 싶을 수도 있으니 나쁜 방법이에요. 파일 이름을 '하드코딩'하는 대신 argv와 input으로 어떤 파일을 열지 사용자에게 물어보는 것이 해법입니다.

ex15.py

```
1    from sys import argv
2
3    스크립트, 파일_이름 = argv
4
5    텍스트 = open(파일_이름, encoding='utf-8')
6
7    print(f"파일 {파일_이름}의 내용:")
```

```
8    print(텍스트.read())
9
10   print("파일이름을 다시 입력해 주세요.")
11   파일_한번더 = input("> ")
12
13   텍스트_한번더 = open(파일_한번더, encoding='utf-8')
14
15   print(텍스트_한번더.read())
```

> 💡 이 파일을 저장할 때도 잊지 말고 utf-8로 저장해주세요. 이 책에서는 소스코드가 아닌 파일도 꼭 utf-8로 저장되어야 합니다.

이 파일에는 복잡한 내용이 몇 가지 있으니 빠르게 살펴봅시다.

1~3행은 argv로 파일 이름을 받는 코드입니다. 그 다음 5행에는 새 명령 open이 있습니다. 지금 바로 pydoc open을 실행하고 설명을 읽어보세요. 스크립트의 이 부분과 input은 아주 비슷합니다. 매개변수를 하나 받고 변수에 넣을 수 있는 값을 하나 반환해요. 파일이 지금 막 열렸습니다.

7행에서는 한 줄만 출력했지만, 8행에는 아주 새롭고 흥미로운 내용이 있어요. 텍스트에서 read라는 함수를 호출합니다. open에서 받아온 것은 바로 파일이고, 이 파일에는 파일 관련 명령을 내릴 수 있습니다. 파일에 명령을 하려면 .(점)을 쓰고 명령 이름과 매개변수를 쓰세요. open과 input처럼요. 다른 점은 텍스트.read()라고 할 때는 "이봐 텍스트 매개변수 없이 네 read 명령을 실행하라구!"라는 뜻이라는 것이죠.

파일의 다른 부분도 거의 동일하지만, '15.2 더 해보기' 절에서 분석하도록 남겨 두겠습니다.

15.1 실행 결과

> ❗ 집중하세요! 다시 한번, 집중하세요! 지금까지는 스크립트 이름만으로 스크립트를 실행하고 있었습니다. 하지만 이제 argv를 쓰고 있으니 실행인자를 함께 써야만 합니다. 다음 예제의 맨 첫 줄을 잘 보면, 스크립트를 실행하려고 python3.6 ex15.py ex15_sample.txt라고 썼습니다. 스크립트 이름 ex15.py 뒤에 ex15_sample.txt라는 실행인자가 덧붙어 있는 것을 확인하세요. 빼먹으면 오류가 날 테니 꼭 잘 따라 하세요.

'ex15_sample.txt'라는 파일을 만들고 스크립트를 실행했습니다.

Exercise 15 Session

```
$ python3.6 ex15.py ex15_sample.txt
파일 ex15_sample.txt의 내용:
파일에 쓴 내용입니다.
이건 정말로 멋져요.
재미있는 내용으로 가득 차 있죠.

파일이름을 다시 입력해 주세요.
>  ex15_sample.txt
파일에 쓴 내용입니다.
이건 정말로 멋져요.
재미있는 내용으로 가득 차 있죠.
```

15.2 더 해보기

이번에는 새로운 내용이 많으니, 다음으로 넘어가기 전에 할 수 있는 한 최선을 다하세요.

1   각 줄마다 그 위에 무엇을 하는지 쓰세요.

2. 잘 모르겠으면 다른 사람에게 도와 달라고 하거나 인터넷에서 검색해 보세요. 'python3.6 내용'으로 여러 번 검색하다 보면 그 '내용'이 무엇인지 찾을 수 있습니다. 'python3.6 open'으로 검색해보세요.[1]

3. 앞에서는 '명령'이라는 말을 썼지만 '함수(function)'나 '메서드(method)'라고도 부릅니다. 이 책의 뒷부분에서 배울 내용입니다.

4. input을 쓰는 10~15행 부분을 지우고 다시 실행해보세요.

5. 같은 방식으로 input만 쓰고 다시 실행해보세요. 둘 중 하나의 방식이 다른 방식보다 더 낫다면 왜 그런지 생각해보세요.

6. 파이썬을 다시 실행해 프롬프트에서 open을 써보세요. 바로 파일을 열고 read를 실행하는 방법도 알아보세요.

7. **텍스트**와 **텍스트_한번**더 변수에서 close()도 해보세요. 파일을 다 쓰고 나면 닫는(close) 것도 중요합니다.

---

1   (옮긴이) 한국어로 검색해 결과가 나오지 않을 경우 영어로 검색하면 더 많은 결과를 찾을 수 있습니다.

15.3 자주 묻는 질문

Q. **텍스트 = open(파일_이름)**은 파일 내용을 반환하나요?

A. 아니요. 사실은 '파일 객체(file object)'라는 것을 만듭니다. 파일 객체는 1950년대 메인프레임 컴퓨터에서 보던 옛날 테이프 드라이브나 오늘날의 DVD 재생기와 비슷하게 생각할 수 있습니다. 그 안에서 움직이거나 내용을 '읽을(read)' 수는 있지만, 파일 객체 자체는 그 내용이 아닙니다.

Q. **터미널/파워셸에서 '더 해보기' 절의 6번처럼 코드를 쓸 수 없어요.**

A. 먼저 명령줄에서 python3.6이라고 쓰고 엔터 키를 누르세요. 몇 번 해본 것처럼 이제 파이썬 안에 있습니다. 이렇게 하면 코드를 바로 입력할 때마다 파이썬이 조금씩 실행합니다. 이것저것 해보세요. 빠져나오려면 quit()이라고 입력하고 엔터 키를 누르세요.

Q. **파일을 두 번 열었는데 왜 오류가 안 생기나요?**

A. 파이썬은 파일을 한 번 이상으로 열어도 막지 않습니다. 가끔 필요한 기능이기도 하고요.

Q. **from sys import argv**는 무슨 뜻이죠?

A. 지금은 그냥 sys가 하나의 꾸러미이고 거기서 argv 기능을 꺼내 오는 구문이라고만 생각하세요. 나중에 더 배우겠습니다.

Q. **파일 이름을 '스크립트, ex15_sample.txt = argv'라고 넣었는데 동작하지 않아요.**

A. 그렇게 하는 게 아니에요. 책의 코드와 정확히 똑같이 쓰고, 책에 나온 대로 명령줄에서 정확히 실행하세요. argv에 파일 이름을 직접 넣는 대신 파이썬이 이름을 넣도록 하세요.

Q. **5행에서 encoding='utf-8'**은 무슨 뜻인가요? 꼭 필요한가요?

A. 파일 내용을 utf-8로 저장해야 한다는 점과 연관 지어 생각해보세요. 23장에서 더 자세히 설명합니다.

연습 16

파일 읽고 쓰기

15장에서 '더 해보기'를 했으면 파일에 관한 명령(함수/메서드)을 모두 찾았을 수도 있습니다.

- close - 파일을 닫습니다. 편집기의 [파일]-[저장...]과 비슷합니다.
- read - 파일 내용을 읽습니다. 결과를 변수에 대입할 수 있습니다.
- readline - 텍스트 파일에서 한 줄을 읽습니다.
- truncate - 파일 내용을 비웁니다. 중요한 파일이라면 조심하세요.
- write('내용') - 파일에 '내용'을 씁니다.
- seek(0) - 읽거나 쓰는 위치를 파일 맨 처음으로 이동합니다.

각각의 명령이 어떤 일을 하는지 잘 기억하는 방법 가운데 하나는 축음기 레코드나 카세트, 비디오 테이프나 DVD, CD 재생기에 대해 생각하는 것입니다. 컴퓨터의 초창기에는 이런 종류의 매체에 자료를 저장했기 때문에, 파일 연산은 아직도 선형(linear) 저장장치의 체계와 닮았습니다. 테이프나 DVD 드라이브는 특정한 장소를 '찾아야'(seek) 거기부터 읽거나 쓸 수 있습니다. 오늘날에는 임의 접근 기억장치(Random Access Memory, RAM)와 디스크 드라이브의 경계를 흐리는 운영체제와 저장매체를 쓰고 있지만, 아직도 파일을 다룰 때는 읽기/쓰기 헤드가 움직여야만 하는 테이프의 개념을 쓰고 있는 것이지요.

지금 알아두어야 하는 중요한 명령은 이 정도입니다. 매개변수를 받는 명령도 몇 가지 있지만 크게 신경쓰지는 마세요. 딱 하나, write는 파일에 쓸 문자열을 매개변수로 받는다는 점만 기억하세요.

이 명령 중에 몇 개를 사용해서 간단하고 작은 텍스트 편집기를 만들어봅시다.

ex16.py

```
1    from sys import argv
2
3    스크립트, 파일_이름 = argv
4
5    print(f"{파일_이름} 파일을 지우려 합니다.")
6    print("취소하려면 CTRL-C (^C) 를 누르세요.")
7    print("진행하려면 리턴 키를 누르세요.")
8
9    input("?")
10
11   print("파일 여는 중...")
12   목적지 = open(파일_이름, 'w', encoding='utf-8')
13
14   print("파일 내용을 지웁니다.   안녕히!")
15   목적지.truncate()
16
17   print("이제 세 줄에 들어갈 내용을 부탁드릴게요.")
18
19   줄1 = input("1줄: ")
20   줄2 = input("2줄: ")
21   줄3 = input("3줄: ")
22
23   print("이 내용을 파일에 씁니다.")
24
25   목적지.write(줄1)
26   목적지.write("\n")
27   목적지.write(줄2)
28   목적지.write("\n")
29   목적지.write(줄3)
30   목적지.write("\n")
31
32   print("마지막으로 닫습니다.")
33   목적지.close()
```

이번에는 아주 큰 파일이고, 아마도 여러분이 입력해본 파일 중에 가장 클 거에요. 그러니 천천히 하고, 점검하고, 돌아가게 만드세요. 비법은 한번에 조금씩 하는 것입니다. 1~8행을 먼저 돌아가게 만들고, 다섯 줄 더 해보고, 또 조금 더 해보는 식으로 모두 마치고, 돌아갈 때까지 해보세요.

16.1 실행 결과

확인해야 할 내용이 두 가지 있습니다. 먼저 스크립트를 출력한 내용입니다.

Exercise 16 Session

```
$ python3.6 ex16.py test.txt
test.txt 파일을 지우려 합니다.
취소하려면 CTRL-C (^C) 를 누르세요.
진행하려면 리턴 키를 누르세요.
?
파일 여는 중...
파일 내용을 지웁니다.   안녕히!
이제 세 줄에 들어갈 내용을 부탁드릴게요.
1줄:   메리에겐 꼬마 양이 한 마리
2줄:   털은 눈처럼 하얗네
3줄:   게다가 맛있기까지
이 내용을 파일에 씁니다.
마지막으로 닫습니다.
```

이제 여러분이 만든 파일(제 경우에는 test.txt)을 텍스트 편집기로 열어 확인 해보세요. 멋지지 않아요?

16.2 더 해보기

1. 이해하지 못했으면 되돌아가서 다시 살펴보고, 주석을 쓰면서 생각을 정 리해보세요. 매 줄마다 주석을 달면 내용을 이해하거나 최소한 무엇을 더 알아볼 것인지 파악하는 데 도움이 됩니다.

2. 지난 장과 비슷하게 read와 argv를 써서 방금 만든 파일을 읽는 스크립트 를 써보세요.

3. 이 파일에는 반복되는 부분이 너무 많습니다. 문자열, 포맷, 탈출 문자열 을 사용해 **목적지**.write()를 여섯 번 쓰는 대신 한 번만으로 줄1, 줄2, 줄3 세 줄을 모두 출력해보세요.

4. open에 'w'를 추가 매개변수로 써야 했던 이유를 찾아보세요(도움말: 파일 을 안전하게 이용하기 위해 open 함수는 파일을 쓰고 싶을 때 명시적으로 알리도록 합니다).

5. 파일을 'w' 모드로 연(open) 다음 **목적지**.truncate()를 꼭 해야 할까요? 파 이썬 open 함수의 문서를 보고 어떤지 알아보세요.

16.3 자주 묻는 질문

Q. truncate()를 사용하려면 'w' 매개변수가 꼭 필요한가요?

A. '더 해보기' 5번을 보세요.

Q. 'w'는 무슨 뜻이죠?

A. 말 그대로 그냥 문자 하나가 든 문자열이고 파일 모드의 일종입니다. 'w'
를 쓴다면 "이 파일을 쓰기(write) 모드로 열어."라고 하는 셈입니다. 읽기
(read)의 'r'과 붙이기(append)의 'a'도 있고, 변경자(modifier)를 붙일
수도 있습니다.

Q. 파일 모드에는 어떤 변경자를 쓸 수 있나요?

A. 지금 알아둘 가장 중요한 변경자는 +이고, 'w+', 'r+', 'a+'를 쓸 수 있습
니다. 이 모드들은 모두 파일을 읽기와 쓰기 모드로 열지만, 파일을 읽고
쓰는 위치는 다릅니다.

Q. open(파일 이름)이라고만 하면 'r'(읽기) 모드로 열리나요?

A. 네. open() 함수의 기본 동작입니다.

연습 17

파일 더 다뤄보기

이제 파일로 몇 가지 일을 더 해봅시다. 한 파일을 다른 파일로 복사하는 파이썬 스크립트를 짜려 해요. 이 스크립트는 아주 짧지만 파일로 어떤 다른 일을 할 수 있는지 떠올리는 데 도움이 됩니다.

ex17.py

```
1    from sys import argv
2    from os.path import exists
3
4    스크립트, 원본_파일, 복사_파일 = argv
5
6    print(f"{원본_파일} 에서 {복사_파일} 로 복사합니다")
7
8    # 이 두 줄은 한 줄로도 쓸 수 있습니다. 어떻게 할까요?
9    입력_파일 = open(원본_파일, encoding='utf-8')
10   입력_자료 = 입력_파일.read()
11
12   print(f"입력 파일은 {len(입력_자료)}바이트입니다")
13
14   print(f"출력 파일이 존재하나요? {exists(복사_파일)}")
15   print("준비되었습니다. 계속하려면 리턴을, 취소하려면 CTRL-C를 누르세요.")
16   input()
17
18   출력_파일 = open(복사_파일, 'w', encoding='utf-8')
19   출력_파일.write(입력_자료)
20
21   print("좋습니다. 모두 완료되었습니다.")
22
23   출력_파일.close()
24   입력_파일.close()
```

먼저 눈에 띄는 것은 exists를 임포트(import)하는 것입니다.

이 명령은 실행인자로 받은 문자열을 바탕으로 파일이 있으면 True를 반환하고, 없으면 False를 반환합니다. 이 책 후반부에서 아주 많은 일에 쓰일 테지만, 당장은 어떻게 임포트하는지만 봐두세요.

임포트를 사용하면 더 나은(보통은요) 프로그래머가 만든 수많은 공짜 코드를 쓸 수 있어 직접 짤 필요가 없습니다.

17.1 실행 결과

다른 스크립트와 마찬가지로 실행인자 2개에 각각 복사해올 파일과 복사해갈 파일을 넣어 실행하세요. 이번에도 test.txt라는 간단한 시험용 파일을 쓰겠습니다. "테스트 파일입니다."라는 내용으로 test.txt 파일을 만들어주세요.

Exercise 17 Session

```
$ python3.6 ex17.py test.txt new_file.txt
test.txt에서 new_file.txt로 복사합니다

입력 파일은 21바이트입니다

출력 파일이 존재하나요? False
준비되었습니다. 계속하려면 리턴 키를, 취소하려면 CTRL-C를 누르세요.

좋습니다. 모두 완료되었습니다.
```

이 스크립트는 무슨 파일이든 복사할 수 있습니다. 여러 번 더 해보고 어떻게 되나 확인하세요. 중요한 파일을 날려버리지 않게만 조심하세요.

17.2 더 해보기

1. 이 스크립트는 정말 쓰기 번거로워요. 파일을 복사하기 전에 물어볼 필요도 없는데다, 화면에도 너무 많은 것을 출력합니다. 일부 기능을 제거해 이 스크립트를 더 쓰기 친숙하게 만들어보세요.
2. 스크립트를 얼마나 짧게 만들 수 있는지 확인하세요. 저는 한 줄로 만들 수 있답니다.
3. 코드에서 **출력_파일**.close()를 해야 했던 이유를 찾아보세요.
4. 파이썬의 임포트(import) 구문에 대해 읽어보고 파이썬을 켜서 실험해보세요. 몇 번 시도해보고 잘 이해할 수 있나 확인하세요. 이해하기 어려워도 괜찮습니다.

17.3 자주 묻는 질문

Q. 왜 'w'는 따옴표 안에 있나요?

A. 문자열이기 때문입니다. 문자열은 지금까지 꽤 써왔으니 무엇인지 확실히 알아두세요.

Q. 한 줄로 만들 방법이 없어요!

A. 한; 줄을; 어떻게; 정의하냐에; 따라; 다르답니다.

Q. len() 함수는 무슨 일을 하나요?

A. 넘겨준 문자열의 길이를 받아와서 숫자로 반환합니다. 이리저리 써보세요.

Q. 스크립트를 짧게 만들려고 하면, 마지막에 파일을 닫으려 할 때 오류가 나요.

A. 아마 **입력_자료 = open(원본_파일).read()** 같은 식으로 코드를 줄인 것 같네요. 이렇게 열면 스크립트 끝에서 **입력_자료.close()**를 할 필요가 없어요. 그 줄을 실행하고 나면 파일은 이미 닫혔습니다.

Q. 이번 장은 정말 어렵게 느껴지는데, 정상인가요?

A. 네. 완전히 정상입니다. 36장을 볼 때까지, 심지어 책을 마치고 파이썬으로 무엇인가 만들어볼 때까지도 어리둥절할 수 있습니다. 사람마다 달라요. 그러니 꾸준히 공부하고, 잘 이해할 때까지 문제가 있을 때마다 꾸준히 복습하세요. 조급해 하지 마세요.

Q. Syntax: EOL while scanning string literal error.라는 오류가 나요.

A. 문자열을 따옴표로 올바르게 마치지 않았기 때문입니다. 그 줄을 다시 보세요.

연습 18

이름, 변수, 코드, 함수

제목에 단어가 많죠? 함수를 소개하겠습니다! 두둥! 모든 프로그래머가 함수에 대해, 함수란 어떻게 돌아가고 무얼 하는지에 대해 완전히 다른 이야기를 끊임없이 하겠지만, 여기서는 당장 쓸 수 있는 가장 간단한 설명을 하겠습니다.

함수는 세 가지 일을 합니다.

1. 변수 이름을 문자열과 숫자로 만들듯 코드 조각에 이름을 붙입니다.
2. 스크립트가 argv를 받듯이 실행 인자를 받습니다.
3. 1번과 2번을 이용해 '작은 스크립트'나 '작은 명령'을 만듭니다.

파이썬에서는 def를 이용해 함수를 만들 수 있습니다. 스크립트처럼 동작하는 서로 다른 함수 네 개를 만들어보고 각각 어떻게 연관되었나 살펴봅시다.

ex18.py

```
1    # argv를 쓴 스크립트와 비슷한 함수
2    def 둘_출력(*args):
3        실행인자1, 실행인자2 = args
4        print(f"실행인자1: {실행인자1}, 실행인자2: {실행인자2}")
5
6    # 좋아요. 사실 *args는 필요가 없습니다. 그냥 이렇게 하죠.
7    def 둘_출력_다르게(실행인자1, 실행인자2):
8        print(f"실행인자1: {실행인자1}, 실행인자2: {실행인자2}")
9
10   # 이 함수는 실행인자를 하나만 받습니다
11   def 하나_출력(실행인자1):
12       print(f"실행인자1: {실행인자1}")
13
14   # 이 함수는 실행인자를 하나도 받지 않습니다
15   def 영_출력():
16       print("아무것도 받지 않음")
17
```

```
18
19    둘_출력('제드', '쇼')
20    둘_출력_다르게('제드', '쇼')
21    하나_출력('하나!')
22    영_출력()
```

첫 함수 둘_출력을 먼저 해석해봅시다. 이 함수는 argv를 쓰는 스크립트 파일과 가장 비슷한 함수입니다.

1. 먼저 파이썬에 함수를 만들겠다는 것을 알리기 위해 정의(define)라는 뜻의 def를 씁니다(함수를 정의합니다).

2. def를 쓴 다음 함수의 이름을 짓습니다. 이 경우 그냥 둘_출력이라고 붙였지만 둘리라고 지을 수도 있습니다. 무엇을 하는지 알려주는 짧은 이름을 지어야 한다는 점만 지키면 무엇이든 상관없습니다.

3. 다음에는 *args가 필요하다고 표시합니다. *args는 argv 매개변수와 비슷하지만 함수에서 쓰입니다. 소괄호 안에 써야 합니다.

4. 그리고 이 줄을 :(쌍점)으로 마치고 다음 줄부터 들여쓰기를 시작합니다.

5. 쌍점 다음에는 모든 줄을 공백(space) 네 개로 들여씁니다. 들여쓴 줄은 모두 둘_출력이라는 이름에 속하게 됩니다. 들여쓴 코드의 첫 줄은 스크립트에서 했듯이 실행인자를 푸는(unpack) 코드입니다.

6. 스크립트에서 했던 것과 같이 실행인자를 출력해 어떻게 동작하는지 보여 줍니다.

지금 둘_출력의 문제는 이 방법이 함수를 만드는 가장 쉬운 방법이 아니라는 것입니다. 파이썬에서는 args를 푸는 과정 전체를 건너뛰고 () 안에 원하는 이름을 바로 쓸 수 있습니다. 둘_출력_다르게가 그렇게 동작합니다.

그 다음 예제 하나_출력은 하나의 실행인자를 받는 함수를 만드는 방법을 보여줍니다.

마지막으로 어떤 실행인자도 받지 않는 함수 영_출력이 있습니다.

> ❗ 아주 중요한 이야기입니다. 내용이 정말 이해되지 않더라도 바로 낙담하지는 마세요. 함수를 스크립트와 연결하고 어떻게 만드는지 보여주는 연습을 몇 번 더 할 것입니다. 지금은 책에 '함수'라고 나오면 '작은 스크립트'라고 생각하며 계속 써보세요.

18.1 실행 결과

ex18.py 스크립트를 실행하면 이런 결과가 나옵니다.

Exercise 18 Session

```
$ python3.6 ex18.py
실행인자1: 제드, 실행인자2: 쇼
실행인자1: 제드, 실행인자2: 쇼
실행인자1: 하나!
아무것도 받지 않음
```

함수가 어떻게 동작하는지 바로 알 수 있습니다. 여러분이 만든 함수도 exists나 open, 그리고 기타 다른 '명령'과 똑같은 방식으로 쓸 수 있지요? 파이썬의 이 '명령'은 사실 그냥 함수일 뿐인데 그동안 쉽게 설명하려고 명령이라는 표현을 썼습니다. 즉 여러분만의 명령을 직접 만들고 스크립트에서 그대로 쓸 수 있다는 뜻입니다.

18.2 더 해보기

책의 뒷부분을 진행하며 사용할 함수 점검 목록을 만들어봅시다. 다음 내용을 암기 카드에 쓰고 책을 끝까지 마치거나 암기 카드가 더 이상 필요 없을 때까지 책과 함께 보세요.

1. 함수 정의는 def로 시작했는가?
2. 함수 이름은 한글 혹은 로마자와 _(밑줄) 문자로만 지었는가?
3. 여는 괄호 '('를 함수 이름 바로 오른쪽에 썼는가?
4. 실행인자는 함수 이름 바로 오른쪽 괄호 '(' 다음에 쉼표로 분리해 적었는가?
5. 모든 실행인자는 유일한 이름(서로 겹치지 않는 이름)을 가졌는가?
6. 닫는 괄호와 쌍점 '):'을 마지막 실행인자 다음에 썼는가?
7. 함수 안에 쓰고 싶은 내용을 모두 공백 네 개로 들여쓰기해서 썼는가? 더 해도 안 되고 덜 해도 안 된다.
8. 들여쓰기 없이 쓰기 시작하는 것으로 함수를 '끝'냈나? (내어쓰기)

함수를 실행('사용', '호출')할 때는 다음을 확인하세요.

1. 함수 이름을 사용해서 호출, 사용, 실행했는가?
2. 실행하기 위해 이름 뒤에 '(' 문자를 붙였는가?
3. 원하는 값을 괄호 안에 쉼표로 분리해 넣었는가?
4. 함수 호출을 ')' 문자로 마쳤는가?

책의 나머지 부분을 보는 동안 이 두 가지 점검 목록이 필요하다면 얼마든지 쓰며 연습하세요. 마지막으로 이 말을 되새기세요.

"함수를 '실행'/'호출'/'사용'한다는 것은 모두 같은 뜻이다."

18.3 자주 묻는 질문

Q. 어떤 함수 이름이 허용되나요?

A. 변수 이름처럼 로마자와 한글을 포함한 일반문자, 숫자, 밑줄로만 이루어 졌고 첫 글자가 숫자가 아니라면 어떤 이름이든 좋습니다.

Q. *args에서 *은 무슨 뜻이죠?

A. 함수가 받은 모든 실행인자를 args에 리스트로 넣는다는 뜻입니다. 지금 까지 사용해온 argv와 비슷하지만 함수용입니다. 특별히 필요할 때가 아니면 보통은 자주 쓰이지 않습니다.

Q. 너무 지루하고 단조롭네요.

A. 좋습니다. 그 말은 여러분이 코드를 따라 입력하고 무슨 뜻인지 이해하는데 익숙해져 간다는 뜻입니다. 덜 지루하게 하려면 코드를 모두 입력한 다음에 일부러 망가뜨려보세요.

연습 19

함수와 변수

함수는 충격적인 분량의 정보였을지도 모르겠지만, 걱정하지 마세요. 앞에서 만든 점검 목록을 보며 계속 진행하다 보면 결국 이해할 수 있습니다.

　아직 알아채지 못했을 수 있는 사소한 내용이 있는데, 지금 확실히 해둘게 요. 함수 안에서 정의한 변수는 스크립트의 변수와 관련이 없습니다. 이번 장 에서는 이 내용에 대해 생각해봅시다.

ex19.py

```
1    def 치즈와_크래커(치즈_수, 크래커_상자):
2        print(f"치즈가 {치즈_수}개 있어요!")
3        print(f"크래커가 {크래커_상자} 상자 있어요!")
4        print("파티 벌이기에 충분하네요!")
5        print("담요 한 장 가져오세요.\n")
6
7
8    print("함수에 숫자를 바로 넣어줄 수 있습니다.")
9    치즈와_크래커(20, 30)
10
11
12   print("스크립트의 변수를 쓸 수도 있구요.")
13   치즈의_양 = 10
14   크래커의_양 = 50
15
16   치즈와_크래커(치즈의_양, 크래커의_양)
17
18
19   print("안에서 계산을 해도 됩니다.")
20   치즈와_크래커(10 + 20, 5 + 6)
21
22
23   print("합쳐서 변수도 쓰고 계산도 할 수도 있습니다.")
24   치즈와_크래커(치즈의_양 + 100, 크래커의_양 + 1000)
```

함수 **치즈와_크래커**에 출력할 값을 전달하는 여러 가지 다른 방법을 보았습니다. 숫자를 바로 넣을 수 있고, 변수로 줄 수도 있습니다. 계산해서 줄 수도 있으며, 계산과 변수를 섞어 쓸 수도 있습니다.

어떤 면에서 함수의 실행인자는 변수를 만들 때 쓰는 =와 비슷합니다. =로 이름을 붙일 수 있는 것이면 무엇이든 함수에 실행인자로도 넘길 수 있습니다.

19.1 실행 결과

스크립트의 결과를 살펴보고, 각 경우마다 예상한 결과와 비교해보세요.

Exercise 19 Session

```
$ python3.6 ex19.py
함수에 숫자를 바로 넣어줄 수 있습니다.
치즈가 20개 있어요!
크래커가 30 상자 있어요!
파티 벌이기에 충분하네요!
담요 한 장 가져오세요.

스크립트의 변수를 쓸 수도 있구요.
치즈가 10개 있어요!
크래커가 50 상자 있어요!
파티 벌이기에 충분하네요!
담요 한 장 가져오세요.

안에서 계산을 해도 됩니다.
치즈가 30개 있어요!
크래커가 11 상자 있어요!
파티 벌이기에 충분하네요!
담요 한 장 가져오세요.

합쳐서 변수도 쓰고 계산도 할 수도 있습니다.
치즈가 110개 있어요!
크래커가 1050 상자 있어요!
파티 벌이기에 충분하네요!
담요 한 장 가져오세요.
```

19.2 더 해보기

1. 스크립트로 돌아가 각 행마다 어떤 일을 하는지 주석으로 설명을 쓰세요.

2. 맨 아래부터 거꾸로 한 줄씩 읽어보세요. 중요한 기호는 소리내어 읽어보세요.

3. 스스로 설계한 함수를 하나 이상 만들어보고 10가지 다른 방식으로 실행해보세요.

19.3 자주 묻는 질문

Q. 어떻게 함수를 10가지 방식으로 실행하죠?

A. 믿거나 말거나, 어떤 함수든 이론적으로 무한히 많은 방식으로 호출할 수 있습니다. 함수, 변수, 사용자 입력을 얼마나 창의적으로 쓸 수 있는지 도전해보세요.

Q. 함수가 무엇을 하는지 더 잘 이해할 수 있도록 분석하는 방법이 있나요?

A. 여러 가지 방법이 있지만 각 줄 위에 무슨 일을 하는지 주석으로 설명을 써보세요. 다른 방법은 코드를 소리 내 읽어보는 것입니다. 또 다른 방법은 코드를 종이에 출력해 어떻게 동작하는지 설명하는 그림을 그리고 주석을 쓰는 것입니다.

Q. 사용자에게 치즈와 크래커의 수를 묻고 싶으면 어떻게 하나요?

A. input()으로 받은 문자열을 숫자로 바꾸려면 int()를 쓰세요.

Q. 치즈의_양 변수를 만들면 함수 안의 치즈_수 변수가 바뀌나요?

A. 아니요, 그 변수는 분리되어 있고 함수 밖에서 살아요. 그리고 함수로 넘어가면 함수 실행에 쓰일 임시 변수가 생겨요. 함수가 끝나면 이 임시 변수는 사라지고 모든 것이 이전과 마찬가지로 동작합니다. 책을 계속 보다 보면 명확하게 이해할 것입니다.

Q. 함수 변수와 전역 변수에 같은 이름을 지으면 (치즈의_양처럼) 안 좋은가요?

A. 네. 그러면 어느 변수를 다루고 있는지 확신하기 어려워집니다. 하지만 가끔은 그럴 수밖에 없을 때도 있고, 어쩌다 보니 그렇게 쓸 수도 있습니다. 되도록 피해보세요.

Q. 함수에 넘길 수 있는 실행인자의 수에 제한이 있나요?

A. 파이썬 버전이나 사용하는 컴퓨터에 따라 다르지만 충분히 큽니다. 하지만 만든 함수를 사용할 때 짜증나지 않을 정도의 실용적인 개수는 최대 5개 정도입니다.

Q. 함수 안에서 함수를 실행할 수 있나요?

A. 네. 책 뒷부분에서 그런 식으로 함수를 쓰는 게임을 만들 예정입니다.

연습 20

함수와 파일

함수 점검 목록을 잊지 마세요. 함수와 파일을 같이 사용해 어떻게 유용한 것을 만들어내는지 그 과정에 집중하며 이번 장을 따라해보세요.

ex20.py

```python
1    from sys import argv
2
3    스크립트, 입력_파일 = argv
4
5    def 모두_출력(파일):
6        print(파일.read())
7
8    def 되감기(파일):
9        파일.seek(0)
10
11   def 한_줄_출력(줄_수, 파일):
12       print(줄_수, 파일.readline())
13
14   현재_파일 = open(입력_파일, encoding='utf-8')
15
16   print("파일 전체를 출력해봅시다.\n")
17
18   모두_출력(현재_파일)
19
20   print("이번에는 테이프처럼 되감아봅시다.")
21
22   되감기(현재_파일)
23
24   print("세 줄을 출력해봅시다.")
25
26   현재_줄_수 = 1
27   한_줄_출력(현재_줄_수, 현재_파일)
28
29   현재_줄_수 = 현재_줄_수 + 1
30   한_줄_출력(현재_줄_수, 현재_파일)
31
32   현재_줄_수 = 현재_줄_수 + 1
33   한_줄_출력(현재_줄_수, 현재_파일)
```

한_줄_출력을 실행할 때마다 현재의 줄 번호를 어떻게 넘기는지 주의 깊게 보세요.

20.1 실행 결과

Exercise 20 Session

```
$ python3.6 ex20.py test.txt
파일 전체를 출력해봅시다.

1번 줄입니다.
2번 줄입니다.
3번 줄입니다.
이번에는 테이프처럼 되감아 봅시다.
세 줄을 출력해봅시다.
1 1번 줄입니다.

2 2번 줄입니다.

3 3번 줄입니다.
```

20.2 더 해보기

1. 스크립트에서 무슨 일이 일어나는지 이해할 수 있도록 각 줄마다 무슨 일을 하는지 살펴보고 주석을 달아보세요.

2. 한_줄_출력을 실행할 때마다 변수 현재_줄_수를 넘깁니다. 호출할 때마다 현재_줄_수가 어떤 값인지 써 보고, 어떻게 그 값이 줄_수가 되는지 추적해 보세요.

3. 함수가 사용되는 자리를 찾고 def를 점검하여 올바른 실행인자를 넘겨주고 있는지 확인하세요.

4. 인터넷에서 file의 seek 함수가 어떤 일을 하는지 찾아보세요. pydoc file 을 해보고 거기서 찾아낼 수 있는지도 보세요. 그런 다음 pydoc file.seek 을 해보고 이동(seek)의 뜻을 알아보세요.

5. += 단축 표기(shorthand notation)에 대해 알아보고, 이 표기를 써서 스크립트를 고쳐보세요.

20.3 자주 묻는 질문

Q. 모두_출력을 포함해 다른 데서도 쓰인 파일은 무엇인가요?

A. 파일은 파일이라는 점을 제외하면 18장의 다른 함수에서도 볼 수 있는 변
수와 동일합니다. 파이썬에서 파일은 메인프레임의 오래된 테이프 드라
이브 또는 DVD 플레이어와 비슷합니다. 여기에는 '읽기 헤드'가 있고 파
일의 읽기 헤드는 원하는 위치로 '이동(seek)'시켜 작업할 수 있습니다. **파
일.seek(0)**라고 하면 파일 처음으로 이동합니다. **파일.readline()**이라고
하면 파일에서 한 줄을 읽어들이고, 읽기 헤드를 방금 읽은 줄 끝의 \n 바
로 다음으로 옮깁니다.

Q. 왜 seek(0)은 현재_줄_수를 0으로 설정하지 않죠?

A. 먼저 seek() 함수는 줄 단위가 아닌 바이트 단위를 다룹니다. 그래서
seek(0)을 실행하면 파일의 0바이트(첫 번째 바이트)로 이동해요. 둘째로
현재_줄_수는 그냥 변수일 뿐이고 파일과 어떤 관계도 없습니다. 수동으로
올리는 값입니다.

Q. +=가 무엇이죠?

A. 한국어에서 '나는'을 '난'으로 바꿔 쓰거나 '너는'을 '넌'으로 바꿔 쓸 수 있
습니다. 이런 표현을 축약(contraction)이라고 부르는데, 마찬가지로 +=도
=와 +연산 두 개를 축약한 것과 비슷합니다. x = x + y는 x += y와 같습니다.

Q. readline()은 어떻게 각 줄이 어디 있는지 알죠?

A. readline() 내부는 파일에서 바이트를 하나씩 읽다가 \n 문자를 찾으
면 멈추고, 그동안 찾은 값을 반환하는 코드로 되어 있습니다. **파일**은
readline() 함수를 호출한 다음에 바뀌는 현재 위치를 책임지고 관리하고
있으므로 다음 줄을 계속 읽을 수 있습니다.

Q. 왜 출력 결과에 빈 줄이 있나요?

A. readline() 함수는 파일에 있는 줄 끝에 붙은 \n도 반환합니다. print 끝에 이미 붙어 있는 \n 뒤에 readline()으로부터 반환된 \n이 하나 더 추가된다는 뜻이에요. 이렇게 동작하지 않도록 고치려면 print 함수 뒤에 end = ' '를 넣어 \n을 출력하지 않도록 하세요.

Q. UnicodeDecodeError라는 오류가 생겨요.

A. 파일을 utf-8로 저장했나요? 15장에서 했던 것처럼 저장해주세요.

반환하는 함수

지금까지는 변수에 이름을 지어주면서 숫자나 문자열 값으로 설정할 때 = 문자를 사용했습니다. 이번에는 =와 새로운 파이썬 용어 return을 써서, 변수를 함수에서 받을 값으로 정하는 방법을 알아볼게요. 주의할 점이 하나 더 있지만, 우선은 다음과 같이 써보세요.

ex21.py

```
1    def 더하기(a, b):
2        print(f"덧셈 {a} + {b}")
3        return a + b
4
5    def 빼기(a, b):
6        print(f"뺄셈 {a} - {b}")
7        return a - b
8
9    def 곱하기(a, b):
10       print(f"곱셈 {a} * {b}")
11       return a * b
12
13   def 나누기(a, b):
14       print(f"나눗셈 {a} / {b}")
15       return a / b
16
17
18   print("함수만으로 계산해봅시다!")
19
20   나이 = 더하기(30, 5)
21   키 = 빼기(78, 4)
22   몸무게 = 곱하기(90, 2)
23   아이큐 = 나누기(100, 2)
24
25   print(f"나이: {나이}, 키: {키}, 몸무게: {몸무게}, IQ: {아이큐}")
26
27
28   # 추가 점수 문제. 아무렇게나 쓰세요.
29   print("문제를 하나 드릴게요.")
```

```
30
31   값 = 더하기(나이, 빼기(키, 곱하기(몸무게, 나누기(아이큐, 2))))
32
33   print("결과: ", 값, "손으로 계산할 수 있나요?")
```

지금은 직접 만든 함수인 **더하기**, **빼기**, **곱하기**, **나누기**로 계산을 하고 있어요. 주목해야 할 중요한 점은 **더하기**의 마지막 줄인 return a + b입니다. 어떤 일이 일어나는지 봅시다.

1. a, b 두 실행인자를 넣고 함수를 호출합니다.
2. 함수에서 어떤 일을 하는지 출력합니다. 이 경우 '덧셈'입니다.
3. 다음으로 내부에서 'a와 b의 합을 돌려준다(return).' 같은 일을 하도록 파이썬에 요청합니다. 'a와 b를 더한 다음 그 값을 돌려준다.'라고 할 수도 있습니다.
4. 파이썬이 두 값을 더합니다. 함수 실행이 끝나면 호출한 줄에서는 a + b의 결과를 변수에 대입할 수 있습니다.

이 책의 다른 많은 부분과 마찬가지로 정말로 천천히, 잘게 나누어 받아들이고, 무슨 일이 일어나는지 따라가려고 해보세요. 문제를 풀고 멋진 내용을 배우도록 도와주는 추가 문제도 있습니다.

21.1 실행 결과

Exercise 21 Session

```
$ python3.6 ex21.py
함수만으로 계산해봅시다!
덧셈 30 + 5
뺄셈 78 - 4
곱셈 90 * 2
나눗셈 100 / 2
나이: 35, 키: 74, 몸무게: 180, IQ: 50.0
문제를 하나 드릴게요.
나눗셈 50.0 / 2
곱셈 180 * 25.0
뺄셈 74 - 4500.0
덧셈 35 + -4426.0
결과:  -4391.0 손으로 계산할 수 있나요?
```

21.2 더 해보기

1. return이 무슨 일을 하는지 잘 모르겠다면, 함수 몇 개를 직접 만들어 값을 반환하게 해보세요. =의 오른쪽에 쓸 수 있는 값은 무엇이든 반환할 수 있습니다.

2. 이 스크립트의 마지막 줄은 복잡합니다. 한 함수의 반환값을 다른 함수의 실행인자로 쓰고 있고, 이 방법을 연달아 사용해서 함수를 사용한 식을 만들었어요. 이해하기 어려울지도 모르지만, 스크립트를 실행하면 결과를 볼 수 있습니다. 이것과 똑같은 연산을 하는 일반적인 식을 만들어보세요.

3. 식을 만들었으면, 함수 일부를 고치고 무슨 일이 일어나는지 확인해보세요. 다른 값이 나오도록 일부러 바꿔보세요.

4. 거꾸로도 한번 해보세요. 간단한 식을 만들어보고, 함수를 써서 같은 방식으로 계산하도록 바꿔보세요.

이번에는 정말로 머리가 지끈지끈할지도 모르지만, 느긋하고 편안하게 간단한 놀이처럼 해보세요. 이런 문제를 풀면 프로그래밍이 재미있어지니까, 앞으로도 이런 간단한 문제를 더 드리겠습니다.

21.3 자주 묻는 질문

Q. 파이썬은 왜 식이나 함수를 '거꾸로' 출력하죠?

A. 사실 거꾸로가 아니라 '안에서 밖으로' 출력하는 것입니다. 각각의 식과 함수 호출로 함수를 잘게 나누기 시작하면 어떻게 돌아가는지 보일 거에요. '거꾸로'가 아니라 '안에서 밖으로' 출력한다는 것이 무슨 뜻인지 알아내보세요.

Q. 값을 입력받으려면 input()을 어떻게 써야 하죠?

A. int(input())을 기억하시나요? 이렇게 쓰면 부동소수점을 입력할 수 없다는 문제가 있으니, 대신 float(input())을 써보세요.

Q. '식을 만들어보는' 게 무슨 뜻인가요?

A. 24 + 34 / 100 − 1023으로 시작해보세요. 이 식을 이번 장에서 만든 함수를 쓰는 코드로 고쳐보세요. 다음에는 여러분만의 수학식을 만들고, 좀 더 수학 공식처럼 보이도록 변수도 사용해보세요.

연습 22

지금까지 배운 것

이번 장은 코드가 없어서 '실행 결과'나 '더 해보기'도 없습니다. 사실 이번 장은 큰 범위의 '더 해보기' 절 같은 거에요. 그동안 무엇을 배웠나 되짚어보려 합니다.

먼저, 되돌아가서 지금까지 각 장에서 사용한 모든 단어와 기호를 써보세요. 기호 목록은 꼭 빈틈없이 만드세요.

단어와 기호 옆에 그 이름과 역할을 쓰세요. 책에 기호 이름이 없다면 인터넷에서 찾아보세요. 무슨 일을 하는지 모르는 단어나 기호가 있으면 돌아가서 다시 읽어보고, 그 단어나 기호가 들어간 코드도 써보세요.

어떤 내용인지 찾을 수 없거나 모르는 내용이 몇 개 나올 수도 있는데, 목록에 남겨 두고 나중에 찾아내면 살펴볼 수 있도록 준비하세요.

목록을 다 만들었다면, 며칠 동안은 목록을 새로 만들고 맞는지 다시 점검하세요. 지루할 수도 있지만 끝까지, 확실하게 해내세요.

목록과 역할을 다 외우면, 다음 단계로 기억에 따라 기호, 이름, 역할을 표로 정리해보세요. 기억나지 않는 내용이 있으면 되돌아가 다시 외우세요.

> **!** 이번 장에서 가장 중요한 내용은 이것입니다. "실패는 없다, 시도만 있을 뿐."

22.1 배울 수 있는 것

이런 지겹고 단순한 암기를 할 때는 왜 하는지 아는 것이 중요합니다. 이유를 알면 목표에 집중할 수 있고 노력하는 목적도 알 수 있습니다.

이번 장에서는 코드를 더 쉽게 읽을 수 있도록 기호의 이름을 배울 수 있습니다. 외국어를 배울 때 자모와 기본 단어를 배우는 것과 비슷한데, 파이썬에서는 여러분이 모를 수도 있는 기호를 추가로 쓴다는 점만 다를 뿐입니다.

그냥 느긋하게 하고, 머리가 아플 정도로는 하지 마세요. 목록 한 번에 15분 정도를 쓰는 것이 가장 좋아요. 한 번 하고 나면 잠시 쉬세요. 머리를 식히면 더 빨리, 덜 두려워하며 배울 수 있습니다.

연습 23

문자열, 바이트, 인코딩

이번 장은 시작하기 전에 languages.txt 파일(*https://learnpythonthehardway. org/python3/languages.txt*)을 미리 **다운로드** 받으세요. 이 파일에는 사람이 쓰는 여러 가지 언어의 이름이 담겨 있습니다. 이 파일을 이용해 흥미로운 주제 몇 가지를 살펴보려 합니다.

1. 현대적인 컴퓨터가 사람이 쓰는 언어를 화면에 보여주고 처리하는 방법과 파이썬 3이 이 '문자열'을 부르는 방법
2. 파이썬 문자열을 **bytes**라는 자료형(type)으로 '인코드'(encode)하거나 '디코드'(decode)하는 방법
3. 문자열과 바이트를 다루며 오류를 처리하는 방법
4. 한번도 본 적 없는 코드를 읽고 어떤 일을 하는지 알아내는 방법

무언가의 목록을 다루려면, 파이썬 3의 if문과 리스트를 대략이나마 이해할 필요가 있습니다. 당장 코드를 완벽히 파악하거나 이해할 필요는 없어요. 책의 뒷부분에서 충분히 더 알아볼 예정이거든요. 지금 여러분이 할 일은 나중에 할 일을 맛보기 정도로 살펴보면서 앞에서 얘기한 네 가지 주제를 배우는 것입니다.

> **!** 경고! 이 장은 어려워요! 읽고 이해해야 할 내용이 무척 많고 컴퓨터에 대해 자세히 파고들기도 합니다. 파이썬의 문자열이 복잡하고 쓰기 어렵기 때문에 이번 장도 어렵습니다. 엄청나게 천천히 따라 해보세요. 모르는 말은 모두 적어 두었다가, 검색하거나 조사해보세요. 필요하다면 한 번에 한 단락씩만 보세요. 이번 장을 조금 보고 뒷부분을 조금 보는 식으로 동시에 공부해도 되니, 여기에만 매달려 있지는 마세요. 필요한만큼 천천히 한 발씩 내딛어보세요.

23.1 기초 연구

코드가 스스로 비밀을 드러내도록 하는 방법을 알아보겠습니다. 코드를 실행하려면 languages.txt 파일이 필요하니 먼저 받아두세요. languages.txt 파일은 UTF-8로 인코드(encode)된 사람이 쓰는 언어의 이름만 들어있는 목록입니다.

ex23.py

```
1    import sys
2    스크립트, 입력_인코딩, error = sys.argv
3
4
5    def main(언어_파일, 인코딩, errors):
6        줄 = 언어_파일.readline()
7
8        if 줄:
9            줄_출력(줄, 인코딩, errors)
10           return main(언어_파일, 인코딩, errors)
11
12
13   def 줄_출력(줄, 인코딩, errors):
14       다음_언어 = 줄.strip()
15       생_바이트열 = 다음_언어.encode(인코딩, errors=errors)
16       요리한_문자열 = 생_바이트열.decode(인코딩, errors=errors)
17
18       print(생_바이트열, "<===>", 요리한_문자열)
19
20
21   언어들 = open("languages.txt", encoding="utf-8")
22
23   main(언어들, 입력_인코딩, error)
```

이전에 본 적이 없는 것들은 모두 따로 적어서 목록을 만들어두세요. 꽤나 많을 수도 있으니 파일을 여러 번 훑어보세요.

다 마쳤다면 이 파이썬 스크립트를 이리저리 실행해보고 싶을 텐데요. 제가 테스트에 사용한 명령 몇 개를 알려드릴게요.

```
$ python3.6 ex23.py utf-8 strict
...
b'\xe6\x96\x87\xe8\xa8\x80' <===> 文言
b'\xe5\x90\xb4\xe8\xaf\xad' <===> 吳語
b'\xe4\xb8\xad\xe6\x96\x87' <===> 中文
```

맥OS의 터미널에서는 다음과 같이 보입니다.

```
● ● ●                    🗀 python — bash — 80×24
$ python3.6 ex23.py utf-8 strict
b'Afrikaans' <===> Afrikaans
b'\xe1\x8a\xa0\xe1\x88\x9b\xe1\x88\xad\xe1\x8a\x9b' <===> አማርኛ
b'\xd0\x90\xd2\xa7\xd1\x81\xd1\x88\xd3\x99\xd0\xb0' <===> Aҧсшәа
b'\xd8\xa7\xd9\x84\xd8\xb9\xd8\xb1\xd8\xa8\xd9\x8a\xd8\xa9' <===> العربية
b'V\xc3\xb5ro' <===> Võro
b'\xe6\x96\x87\xe8\xa8\x80' <===> 文言
b'\xe5\x90\xb4\xe8\xaf\xad' <===> 吴语
b'\xd7\x99\xd7\x99\xd6\xb4\xd7\x93\xd7\x99\xd7\xa9' <===> ייִדיש
b'\xe4\xb8\xad\xe6\x96\x87' <===> 中文
$ ▮
```

터미널이 utf-8을 사용하도록 설정되어 있지 않으면 다르게 출력될 수도 있습니다.

> **!** 경고! 실행 결과를 보여드리기 위해 그림을 사용했습니다. 오랜 시험 끝에 많은 사람들의 컴퓨터가 UTF-8을 출력할 수 없도록 설정되어 있다는 점이 밝혀졌기 때문에, 무엇이 보여야 하는지 그림으로 보여드릴 수밖에 없네요. 심지어 제가 쓰는 조판 도구(LaTeX)조차도 이 인코딩을 제대로 처리하지 못해서 그림을 쓸 수밖에 없었습니다. 여러분의 터미널에서 실행 결과가 올바르게 나오지 않는다면, 터미널에서 UTF-8을 출력할 수 없는 모양이니 고쳐보도록 하세요.

예제에서는 utf-8, utf-16, big5 인코딩을 이용한 인코딩 변환과 발생할 수 있는 오류를 볼 수 있습니다. 파이썬 3에서는 이것들을 '코덱'(codec)이라고 부르지만, 여러분은 **인코딩**이라는 매개변수를 사용할 거예요. 더 해보고 싶은 분들을 위해 이번 장의 마지막에는 가능한 인코딩(encoding)의 목록을 실어 두었습니다. 출력이 각각 무슨 뜻인지도 간략하게 다룰 예정입니다. 제 이야기를 듣기 전에 여러분은 동작 원리를 한번 생각해보세요.

몇 번 실행해보고 나서 모르는 내용 목록을 보고 무엇을 하는 코드인지 추측해보세요. 인터넷으로 검색해 보고 가설이 맞는지 확인도 해보세요. 어떻게 검색해야 할지 모르겠다고 걱정하지 마세요. 그냥 한번 해보세요.

23.2 스위치, 관습(convention), 인코딩

코드가 무엇을 의미하는지 알아보기 전에, 컴퓨터에 자료(data)를 저장하는 방법을 먼저 배워야 합니다. 현대적인 컴퓨터는 믿을 수 없을만치 복잡하지만, 그 핵심은 조명 스위치가 끝도 없이 나열되어 있는 것과 비슷합니다. 컴퓨터는 전기로 스위치를 켜거나 끈 상태로 만듭니다. 스위치는 켜져 있으면 1, 꺼져 있으면 0을 뜻하지요. 옛날에는 1이나 0이 아닌 다른 걸 더하는 이상한 컴퓨터도 있었지만, 요즘은 1과 0뿐입니다. 1은 에너지, 전기, 켜짐, 전원 공급, 존재함 등을 표현하고, 0은 꺼짐, 끝남, 전원 차단, 에너지 부족 등을 표현합니다. 이런 1과 0을 '비트'(bit)라고 부르지요.

1과 0만 쓸 수 있는 컴퓨터는 끔찍하게 비효율적일뿐더러 엄청나게 귀찮기까지 합니다. 컴퓨터는 더 큰 숫자를 0과 1로 부호화(encode)합니다. 작게는 8개의 1과 0을 이용해 256개의 숫자(0~255)를 부호화하지요. 그런데 '부호화'라는 건 대체 무엇일까요? 다름 아닌 비트열(여러 비트가 나열된 것)로 숫자를 표현하는 방법에 대해 합의한 표준을 가리킵니다. 사람들이 임의로 고르거나 우연히 그렇게 정해진 관습인데, 00000000은 0이고, 11111111은 255이고, 00001111은 15인 식이지요. 이것들은 그저 합의에 의해 만들어지는 것이기 때문에, 컴퓨터 역사의 초기에는 이 비트의 순서를 어떻게 정하느냐를 놓고 어마어마한 분쟁이 있었습니다.

오늘날에는 '바이트'(byte)가 비트(1이나 0) 8개의 순서열을 가리키는 말입니다. 옛날에는 바이트를 제각각 다른 의미로 썼기 때문에, 아직도 이 용어는 딱 떨어진 의미가 없고 9비트나 7비트나 6비트를 가리킬 수도 있다고 생각하는 사람들도 있지만, 지금은 그냥 8비트라고 해도 됩니다. 그게 우리가 쓰는 약속이고, 이 약속이 1바이트의 인코딩을 정의합니다. 큰 수를 다루기 위해 16비트, 32비트, 64비트를 쓰는 약속에 대한 인코딩도 있고, 정말로 큰 수를 다루기 위해 더 많은 비트에 대한 약속도 있습니다. 이런 약속에 대해서만 다루는 표준화 단체도 있어서, 이 약속을 어떻게 정할지 논쟁하고 인코딩으로 정하는 일만 하기도 합니다. 결국은 1과 0을 배열하는 방법을 정하는 것이지요.

바이트열만 있으면 언제든지 숫자를 문자로 바꾸는 규약을 정하고 저장하거나 텍스트를 출력할 수 있습니다. 컴퓨터의 태동기에는 8비트나 7비트(또는 더 적거나 많거나)의 비트열을 컴퓨터 안에 미리 정해놓은 문자의 목록과 짝지어 변환하는 규약이 널리 쓰였습니다. 미국정보교환표준부호(American Standard Code for Information Interchange)가 가장 널리 쓰이는 규약이 되었는데, 줄여서 아스키(ASCII)라고 부르지요. 이 표준은 숫자와 문자를 짝짓는 방법을 정의합니다. 숫자 90은 컴퓨터에 저장된 아스키 표에 따라 변환하면 Z입니다. 비트열로는 '1011010'이죠.

다음과 같이 파이썬에서 시험해볼 수 있습니다.

```
>>> 0b1011010
90
>>> ord('Z')
90
>>> chr(90)
'Z'
>>>
```

먼저 이진수(비트열)로 숫자 90을 써보았습니다. 다음으로는 문자 'Z'에 해당하는 숫자를 받아왔습니다. 그리고 그 숫자를 다시 문자 'Z'로 변환해 보았지요. 이것들을 외울 필요는 없습니다. 저는 파이썬을 쓰는 내내 두 번쯤 해본 것 같네요.

8비트(1바이트)를 문자 하나로 인코딩하는 아스키 규약에 대해 알아보았으니, 단어를 만들 수 있는 '문자열(string)'에 대해서도 알아봅시다. 제 이름인 'Zed A. Shaw'를 쓰고 싶으면 바이트열로 [90, 101, 100, 32, 65, 46, 32, 83, 104, 97, 119]라고 씁니다. 초창기에 컴퓨터에서 쓰던 텍스트는 바이트열과 다른 점이 없었습니다. 그대로 메모리에 저장하고, 사람이 읽을 수 있도록 화면에 출력했지요. 다시 한번 말하지만 이건 전부 1과 0을 배열하는 방법에 대한 규약에 따라 늘어놓은 것뿐입니다.

아스키의 문제는 영어나 영어와 아주 비슷한 언어 몇 가지밖에 인코딩할 수 없다는 점입니다. 바이트 하나에는 숫자가 256개까지(0~255 또는 00000000-11111111)만 들어가잖아요. 그런데 전 세계의 언어를 표시하려면

256보다 **훨씬** 많은 문자가 필요하거든요. 그래서 여러 나라에서는 제각기 자기 언어에 쓸 인코딩 규약을 만들었습니다. 그럭저럭 잘 돌아갔지만, 그 대부분은 오직 하나의 언어만을 다루기 위한 것이었지요. 무슨 얘기냐면 베트남어 문장 한가운데에 한국어로 된 책 제목을 넣고 싶으면 문제가 생긴다는 거에요. 베트남어 인코딩도 하나 필요하고 한국어 인코딩도 하나 필요한거죠.

이 문제를 풀기 위해 사람들은 유니코드(Unicode)라는 걸 만들었습니다. '인코드'(encode)랑 비슷하게 들리는 말인데, 사람이 쓰는 모든 말을 쓸 수 있는 '범용 인코딩'(universal encoding)이라는 뜻이지요. 유니코드의 해법은 아스키 표와 같지만, 훨씬 거대합니다. 유니코드에는 65,536(256^2)개의 문자가 들어가는 유니코드 평면이 17개나 있어서, 모두 1,114,112(=17×65536)개나 되는 문자를 저장할 수 있습니다. 사람이 쓰는 모든 언어의 모든 문자를 다 넣고도 남아서 어쩌면 외계인들이 쓰는 것까지도 넣어줄 수 있을 정도지요. 남는 공간의 일부는 똥이나 웃는 얼굴 이모지(emoji) 같은 중요한 일에 쓰고 있습니다.

이제 어떤 문자든 인코딩할 수 있게 되었지만, 1,114,112가지는 너무 많은 숫자여서 한 문자를 저장하는 데 여러 바이트를 써야만 합니다. 초기에는 4바이트를 쓰는 방법과 2바이트를 쓰는 방법이 주로 제안되었지만, 기존에 널리 쓰이던 아스키 문자를 표현하는 데는 많은 공간을 낭비하게 됩니다. 그러다 똑똑한 규약을 하나 찾아냈습니다. 처음에는 아스키에 정의된 범위에서 8비트만 쓰다가, 더 많은 문자를 표현해야 하면 점점 더 많은 바이트를 쓰는 것이지요. 마치 압축하는 것 같은 인코딩이 하나 더 생겼다는 뜻이에요. 아스키 문자는 8비트로 표현하다가 필요해지면 16비트, 24비트, 32비트로 점점 늘려서 표현하게 됩니다.

파이썬에서 이 인코딩에 관한 규약은 'utf-8'이라고 부릅니다. 유니코드 문자를 바이트열로 인코딩하는 규약이지요(바이트는 비트열로 이루어졌고요). 다른 규약(인코딩)도 쓸 수 있지만, 지금은 utf-8이 표준입니다.

23.3 출력 분석

이제 이전 명령에 대한 결과를 살펴봅시다. 먼저 첫 명령과 출력 몇 줄입니다.

```
$ python3.6 ex23.py utf-8 strict
...
b'\xe6\x96\x87\xe8\xa8\x80' <===> 文言
b'\xe5\x90\xb4\xe8\xaf\xad' <===> 吳語
b'\xe4\xb8\xad\xe6\x96\x87' <===> 中文
```

```
● ● ●                    📁 python — bash — 80×24
$ python3.6 ex23.py utf-8 strict
b'Afrikaans' <===> Afrikaans
b'\xe1\x8a\xa0\xe1\x88\x9b\xe1\x88\xad\xe1\x8a\x9b' <===> አማርኛ
b'\xd0\x90\xd2\xa7\xd1\x81\xd1\x88\xd3\x99\xd0\xb0' <===> Аҧсшәа
b'\xd8\xa7\xd9\x84\xd8\xb9\xd8\xb1\xd8\xa8\xd9\x8a\xd8\xa9' <===> العربية
b'V\xc3\xb5ro' <===> Võro
b'\xe6\x96\x87\xe8\xa8\x80' <===> 文言
b'\xe5\x90\xb4\xe8\xaf\xad' <===> 吳语
b'\xd7\x99\xd7\x99\xd6\xb4\xd7\x93\xd7\x99\xd7\xa9' <===> ייִדיש
b'\xe4\xb8\xad\xe6\x96\x87' <===> 中文
$ ▐
```

ex23.py 스크립트는 b''(바이트열) 안에 쓰인 바이트를 받아와 여러분이 지정한 UTF-8(이나 다른) 인코딩으로 변환합니다. 왼쪽은 (16진수로 표시한) utf-8의 각 바이트입니다. 오른쪽은 utf-8에 대응하는 실제 문자이지요. 화살표 〈===〉의 왼쪽은 파이썬에서 숫자로 표시한 바이트 또는 파이썬이 문자열을 저장하는 데 쓰는 '생(raw)' 바이트로 생각할 수 있습니다. b''의 표시는 파이썬에서 바이트라는 뜻입니다. 이 '생' 바이트를 '요리한' 결과가 오른편에 표시되어 여러분이 터미널에서 실제 문자를 볼 수 있게 됩니다.

23.4 코드 분석

문자열과 바이트열에 대해서는 이미 알고 있습니다. 파이썬에서 '문자열'(string)은 화면에 표시하거나 텍스트를 다루기 위해 UTF-8로 인코드된 문자를 나열한 것이지요. '바이트열(bytes)'은 바이트 하나 하나를 이어붙여 나열한 것이고, UTF-8 문자열을 저장하는 데 씁니다. b'' 표시는 파이썬에서 문자열 대신 바이트열을 쓰겠다는 의미에요. 이상이 파이썬에서 텍스트를 다루는 기초적인 관습입니다. 문자열을 인코드하고 바이트열을 디코드하는 코드 예제를 봅시다.

```
>>> 생_바이트 = b'\xed\x95\x9c\xea\xb5\xad\xec\x96\xb4'
>>> utf_문자열 = "한국어"
>>> 생_바이트.decode()
'한국어'
>>> utf_문자열.encode()
b'\xed\x95\x9c\xea\xb5\xad\xec\x96\xb4'
>>> 생_바이트 == utf_문자열.encode()
True
>>> utf_문자열 == 생_바이트.decode()
True
```

맥OS 터미널에서는 이렇게 보입니다.

여러분이 기억해야 할 것은 딱 하나입니다. '바이트열'이 있으면, .decode()를 해야 '문자열'을 얻습니다. '바이트'에는 아무 규약도 없습니다. 숫자 이상의 의미는 전혀 없는 바이트의 나열이지요. 그래서 파이썬에 "이 바이트열은 utf-8 문자열로 디코드해"라고 알려주어야 합니다. 여러분에게 '문자열'이 있고 이걸 어딘가 보내거나 저장하거나 공유하려 한다면, 보통은 그냥 동작할 겁니다. 하지만 가끔은 문자열을 어떻게 '인코드'해야 하는지 모르겠다는 오류를 냅니다. 달리 말하면 파이썬은 내장한 규약들을 이미 알고 있지만, 그중 여러분이 필요로 하는 규약이 무엇인지는 모릅니다. 그런 경우에는 .encode()를 써서 여러분에게 필요한 바이트열로 바꾸어야 합니다.

이렇게 생각해봅시다. 코드는 기계가 씁니다. 바이트는 기계가 쓰는 포맷이므로 디코드(decode, 코드를 푼다)해서 문자열로 만듭니다. 문자열은 사람이 쓰는 포맷이므로 인코드(encode, 코드로 만든다)해서 바이트로 만듭니다. 이 내용을 염두에 두고 ex23.py를 한 줄씩 살펴봅시다.

1~2행   명령줄 실행인자를 처리하는 코드입니다. 이미 공부한 내용이지요.

5행   코드의 핵심이 담긴 함수입니다. 관습적으로 main이라고 부르지요. 코드 맨 마지막에서 불립니다.

6행   이 함수는 제일 먼저 languages.txt 파일에서 한 줄을 읽어들입니다. 이미 해본 일이니까 새로운 코드는 아니지요. 앞에서처럼 텍스트 파일을 읽으려고 readline을 한 거예요.

8행   이제 **새로운** 부분입니다. 이 부분은 책 후반부에서 배울 텐데요. 앞으로 어떤 걸 배울지 곰곰이 생각해보자는 의미 정도로 여겨주세요. 이런 문법을 if 조건문이라고 부릅니다. 파이썬 코드에서 조건에 따른 결정을 쓸 수 있지요. 변수가 참인지 거짓인지를 '확인(test)'하고 그 결과에 따라 코드를 실행하거나 실행하지 않을 수 있습니다. 이 경우 **줄** 변수에 든 게 있는지 없는지 확인했습니다. 파일의 끝에 다다르면 readline 함수가 빈 문자열을 돌려줍니다. readline이 무언가 돌려주는 한 **줄**은 항상 참이고, if 조건문 **아래**의 코드(9~10행에 한 번 더 들여쓰기된 부분)가 항상 실행됩니다.

9행   다음으로 이 **줄**을 진짜로 출력하는 다른 함수를 부릅니다. 이렇게 만들면 코드가 간결해지고 스스로 이해하기도 쉽거든요. 이 함수가 무슨 일을 하는지 배우고 싶으면 이 함수로 가서 알아보면 됩니다. **줄_출력**이 무슨 함수인지 아는 한은 **줄_출력**이라는 이름만 머리에 넣어 두면 자세한 내용은 몰라도 되는 것이지요.

10행   이건 짧지만 강력한 마법의 코드입니다. main 함수를 main 함수 안에서 부르고 있어요. 사실은 프로그래밍에는 진짜 마법은 없기 때문에 이것도 마법이 아닙니다. 여러분에게 필요한 정보는 거기 다 있어요. 함수 안에서 자기 자신을 부르는 건 뭔가 잘못된 것처럼 보일지도 모릅니다. 스스로에게 질문을 던져봅시다. 왜 그러면 안 될까요? 기술적으로 저기에서 어떤 함수든 부르지 못할 이유가 없습니다. 설사 그게 main 함수더라도요. main 함수를 호출하면 그 함수의 맨 위부터 코드를 실행하게 되지요. 그리고 아래로 실행하다 보면 다시 main 함수를 실행하고, 함수의 맨 위로 이동하게 됩니다. 반복하게 되는 거죠. 이제 8행을 돌아봅시다. 'if 조건문' 덕분에 영원한 반복은 피할 수 있습니다. 정말로 중요한 개념이니 찬찬히 공부해보세요. 하지만 당장 이해가 안 되더라도 걱정할 필요는 없습니다.

13행 이제 **줄_출력** 함수를 정의하기 시작합니다. languages.txt 파일에서 각 줄을 실제로 인코딩하는 부분이지요.

14행 단순히 줄 문자열 뒤에 붙어 있는 \n 문자를 벗겨내는(strip) 코드입니다.

15행 **마침내** language.txt 파일에서 **다음_언어**를 받아와서 **생_바이트**로 '인코드'했습니다. 바이트는 디코드하고 문자열은 인코드한다고 했습니다. 문자열이니까 바이트로 만들려면 encode()를 불러야지요. 원하는 인코딩과 오류 처리 방법을 encode()에 넘겼습니다.

16행 다음으로는 일부러 15행을 거꾸로 해서 **생_바이트**를 **요리된_문자열**로 만들어보았습니다. 바이트는 디코드, 문자열은 인코드입니다. 그래서 **.decode()**를 호출해서 문자열로 만들었지요. 이 문자열은 **다음_언어** 변수와 같아야 합니다.

18행 양쪽 다 출력해서 어떻게 보이나 확인합니다.

21행 함수 정의는 끝났습니다. languages.txt 파일을 엽니다.

23행 스크립트의 마지막에서 매개변수를 바르게 채우고 main 함수를 실행합니다. 모든 게 실행되면서 순환을 시작하지요. 여기에서 5행에 정의한 main 함수로 이동해 실행을 계속하고, 10행에서 main

을 다시 호출하고, 계속 반복하는 것이죠. 8행에서 if 줄: 부분이 영원히 반복하는 걸 막아줍니다.

23.5 인코딩 더 알아보기

방금 만든 짧은 스크립트로 다른 인코딩도 알아봅시다. 어떻게 하는지 보여드릴게요. 안 돌아가는 것도요.

```
$ python3.6 ex23.py utf-16 strict
...
b'\xe6\x96\x87\xe8\xa8\x80' <===> 文言
b'\xe5\x90\xb4\xe8\xaf\xad' <===> 吳語
b'\xe4\xb8\xad\xe6\x96\x87' <===> 中文
....
$ python3.6 ex23.py big5 strict
b'\xa4\xa4\xa4\xe5' <===> 中文
Traceback (most recent call last):
  File "ex23.py", line 42, in <module>
    run(languages, encoding, errors)
  File "ex23.py", line 40, in run
    return run(language_list, encoding, errors)
  File "ex23.py", line 35, in run
    raw_bytes = next_lang.encode(encoding, errors=errors)
UnicodeEncodeError: 'big6' codec can't encode character
    '\u05d9' in position 0:
illegal multibyte sequence
....
$ python3.6 ex23.py big5 replace
b'\xa4\xa4\xa4\xe5' <===> 中文
b'??????' <===> ??????
b'??' <===> ??
.....
```

맥OS의 터미널에서는 다음과 같이 보입니다.

```
● ● ●                    python — bash — 82×34
$ python3.6 ex23.py utf-16 strict
b'\xff\xfeA\x00f\x00r\x00i\x00k\x00a\x00a\x00n\x00s\x00' <===> Afrikaans
b'\xff\xfe\xa0\x12\x1b\x12-\x12\x9b\x12' <===> h⊔☲☶
b'\xff\xfe\x10\x04\xa7\x04\x04A\x04H\x04\xd9\x040\x04' <===> Ancwaa
b''\xff\xfe'\x06D\x069\x061\x06(\x06J\x06)\x06" <===> العربية
b'\xff\xfeV\x00\xf5\x00r\x00o\x00\x00' <===> Võro
b'\xff\xfe\x87e\x00\x8a' <===> 文言
b'\xff\xfe4T\xed\x8b' <===> 吴语
b'\xff\xfe\xd9\x05\xd9\x05\xb4\x05\xd3\x05\xd9\x05\xe9\x05' <===> יידיש
b'\xff\xfe-N\x87e' <===> 中文
$ python3.6 ex23.py big5 strict
b'Afrikaans' <===> Afrikaans
Traceback (most recent call last):
  File "ex23.py", line 23, in <module>
    main(languages, encoding, error)
  File "ex23.py", line 10, in main
    return main(language_file, encoding, errors)
  File "ex23.py", line 9, in main
    print_line(line, encoding, errors)
  File "ex23.py", line 15, in print_line
    raw_bytes = next_lang.encode(encoding, errors=errors)
UnicodeEncodeError: 'big5' codec can't encode character '\u12a0' in position 0: il
legal multibyte sequence
$ python3.6 ex23.py big5 replace
b'Afrikaans' <===> Afrikaans
b'????' <===> ????
b'??\xc7\xda\xc7\xe1?\xc7\xc8' <===> ??cw?a
b'???????' <===> ???????
b'V?ro' <===> V?ro
b'\xa4\xe5\xa8\xa5' <===> 文言
b'??' <===> ??
b'??????' <===> ??????
b'\xa4\xa4\xa4\xe5' <===> 中文
$ ▮
```

먼저 UTF-16 인코딩을 해보았습니다. UTF-8과 비교해볼 수 있도록요. UTF-32도 해볼 수 있겠지요. UTF-8이 얼마나 공간을 아끼는지도 볼 수 있고요. big5를 시도하자 파이썬에서 거부반응이 일어납니다. 0 위치에 big5가 인코드할 수 없는 문자가 있다는 오류('big5' codec can't encode character at position 0, 아주 도움되는 오류입니다)를 일으키네요. 한 가지 해법은 strict 대신 replace를 사용해 big5 인코딩으로 해석할 수 없는 문자를 ?로 대체(replace)하는 것입니다. 이번 예제에서도 보면 처리할 수 없는 문자가 나올 때마다 ? 문자가 대신 나오지요.

23.6 망가뜨리기

1. 다른 인코딩으로 된 텍스트를 찾아서 ex23.py에 넣어보고 어떻게 깨지나 봅시다.

2. 존재하지 않는 인코딩을 넣으면 무슨 일이 벌어질까요?

3. 추가 도전과제: 이 스크립트와 정반대로 UTF-8 문자열 대신 b'' 바이트열

을 쓰도록 고쳐보세요.

4. 할 수 있다면 바이트열에서 몇 글자를 지워서 망가뜨려 보세요. 파이썬의
    디코드 기능은 통과하지만 출력 문자열은 깨지도록 하면서 몇 글자나 지
    울 수 있나요?

5. 4번에서 배운 내용을 이용해 파일을 망가뜨려 보세요. 어떤 오류가 나
    나요? 얼마나 많이 훼손하고도 파이썬 디코드 함수를 통과하게 할 수 있
    나요?

23.7 한글 인코딩

지금까지 open() 함수로 파일을 다룰 때 항상 encoding='utf-8' 매개변수를
사용했습니다. open() 함수로 열 파일이 utf-8로 인코딩되어 있다는 뜻이지요.
그래서 파일을 저장할 때도 utf-8로 저장해야 했습니다. 이 매개변수를 빼먹
으면 어떻게 될까요? 리눅스와 맥OS에서는 그대로 utf-8입니다. 하지만 윈도
우에서는 cp949라는 인코딩을 사용합니다. 한글과 한자 일부를 표현할 수 있
는 유니코드가 아닌 인코딩 가운데 하나이지요. 윈도우 사용자라면 파일 내
용이 utf-8이든 cp949든 항상 encoding 매개변수를 빠뜨리지 않고 쓰는 습관
을 들이세요. 파이썬의 세계에서는 소스코드는 항상 utf-8이기 때문에 지금은
그 편이 덜 헷갈릴 거예요.

내가 파일을 만들 때는 항상 utf-8로 저장할 수 있지만, 다른 사람이 만든 파
일을 열려면 어떻게 해야 할까요? 유니코드와 utf-8이 점점 더 널리 쓰이고 있
지만, 아직도 구식 한글 전용 인코딩을 쓰는 소프트웨어와 옛날에 만들어진
데이터가 남아있으니까요. 한국에서 유니코드 이전에 가장 널리 쓰이던 인코
딩은 euc-kr이라는 방식입니다. euc-kr은 유닉스와 인터넷에서 오랫동안 표
준으로 사용된 한글 인코딩이기 때문에, 지금은 유니코드가 아닌 인코딩 가
운데 가장 흔한 한글 인코딩이 되었습니다. 한편 윈도우에서는 이 euc-kr을
확장해서 euc-kr과 호환되면서도 더 많은 한글을 담을 수 있는 전용 인코딩인
cp949를 사용합니다. 그리고 이 cp949가 바로 윈도우에서 open() 함수의 기
본 인코딩이지요. 매개변수로 encoding='euc-kr'이나 encoding='cp949'를 직

접 써보세요.

   cp949 인코딩으로 된 파일을 만드는 방법 가운데 하나를 소개해 드립니다. 윈도우에서 메모장 앱으로 파일을 저장할 때 인코딩을 'ANSI'로 고르세요. 유니코드나 UTF-8 대신에요. 아마도 여러분이 파이썬 코딩에 사용하는 텍스트 편집기로도 할 수 있을 거예요. 한글 인코딩에 대해 더 많은 내용을 알고 싶으면 인터넷에서 euc-kr과 cp949에 대해 검색해보세요.

   윈도우에서도 파일을 열 때 기본 인코딩으로 utf-8을 쓰고 싶다면 'Python UTF-8 Mode'나 'PYTHONUTF8'을 인터넷에서 검색해보세요.

연습 24

더 연습하기

이제 마무리 단계에 접어들고 있습니다. 프로그래밍이 진짜로 어떻게 돌아가는지 배우려면 파이썬을 충분히 '손으로 두드려 보아야' 하지만, 연습을 조금 더 해야 합니다. 이번 장은 더 길고, 모두 체력을 길러 나가는 과정입니다. 다음 장도 비슷합니다. 해보고, 정확히 이해하고, 점검해보세요.

ex24.py

```
1    print("모든 것을 연습해봅시다.")
2    print('\\를 이용해 \n 새줄이나 \t 탭을 하는 탈출 문자열에 대해 \'알아야만\' 합니다.')
3
4    시 = """
5    \tThe lovely world
6    with logic so firmly planted
7    cannot discern \n the needs of love
8    nor comprehend passion from intuition
9    and requires an explanation
10   \n\t\twhere there is none.
11   """
12
13   print("--------------")
14   print(시)
15   print("--------------")
16
17
18   다섯 = 10 - 2 + 3 - 6
19   print(f"이 값은 다섯입니다: {다섯}")
20
21   def 비밀_공식(시작):
22       젤리알 = 시작 * 500
23       그릇 = 젤리알 / 1000
24       상자 = 그릇 / 100
25       return 젤리알, 그릇, 상자
26
27
28   시작점 = 10000
29   젤리, 그릇, 상자 = 비밀_공식(시작점)
```

```
30
31    # 문자열을 포맷하는 다른 방법이었습니다
32    print("시작점: {}".format(시작점))
33    # f"" 문자열을 쓰는것과 같지요
34    print(f"젤리 {젤리}알, {그릇}그릇, {상자}상자가 있습니다.")
35
36    시작점 = 시작점 / 10
37
38    print("이렇게 할 수도 있습니다.")
39    공식 = 비밀_공식(시작점)
40    # 리스트를 포맷 문자열에 적용하는 쉬운 방법이지요
41    print("젤리 {}알, {}그릇, {}상자가 있습니다.".format(*공식))
```

24.1 실행 결과

Exercise 24 Session

```
$ python3.6 ex24.py
모든 것을 연습해봅시다.
\를 이용해
 새줄이나    탭을 하는 탈출 문자열에 대해 '알아야만' 합니다.
——————————

      The lovely world
with logic so firmly planted
cannot discern
 the needs of love
nor comprehend passion from intuition
and requires an explanation

          where there is none.

——————————
이 값은 다섯입니다: 5
시작점: 10000
젤리 5000000알, 5000.0그릇, 50.0상자가 있습니다.
이렇게 할 수도 있습니다.
젤리 500000.0알, 500.0그릇, 5.0상자가 있습니다.
```

24.2 더 해보기

1. 확실히 검사하세요. 거꾸로 읽고, 소리 내어 읽고, 헷갈리는 부분에 주석
    을 달아보세요.

2. 일부러 틀리게 쓰고 실행해서 어떤 오류가 생기는지 보세요. 고칠 수 있어야 합니다.

24.3 자주 묻는 질문

Q. 변수 이름을 젤리알로 했다가 뒤에서 젤리로 변경한 이유가 뭐죠?

A. 함수가 동작하는 방식을 알려주는 부분입니다. 함수 안에 정의한 변수는 임시적임을 기억하세요. 함수에서 빠져나온 후에는 해당 변수를 더 이상 사용할 수 없지요. 저는 단순히 함수의 반환 값을 저장해 둘 '새로운' 변수 젤리를 정의한 것뿐입니다.

Q. 코드를 거꾸로 읽으라는 것은 무슨 뜻인가요?

A. 마지막 줄에서 시작하세요. 여러분이 만든 파일의 마지막 줄이 책과 같은지 비교하세요. 정확히 같다면 다음 줄로 올라가세요. 파일의 첫 줄까지 반복해서 비교하세요.

Q. 시는 누가 썼나요?

A. 제가 썼습니다. 제가 쓴 시 중에도 괜찮은 게 있죠.

연습 25

———

더 많이 연습하기

함수와 변수를 완벽히 이해하도록 연습을 더 해보려 합니다. 이번 장은 따라서 입력하고, 망가뜨리고, 이해할 수 있도록 단순하게 구성했습니다.

하지만 조금 다른 점이 있어요. 코드 파일을 실행하는 대신 파이썬으로 임포트해서 파일에 든 함수를 직접 실행하겠습니다.

ex25.py

```
1    def 단어_쪼개기(값):
2        """문자열을 단어 단위로 쪼개줍니다"""
3        단어들 = 값.split(' ')
4        return 단어들
5
6    def 단어_정렬(단어들):
7        """단어를 정렬합니다"""
8        return sorted(단어들)
9
10   def 첫_단어_출력(단어들):
11       """첫 단어를 꺼내고 출력합니다."""
12       단어 = 단어들.pop(0)
13       print(단어)
14
15   def 마지막_단어_출력(단어들):
16       """마지막 단어를 꺼내고 출력합니다."""
17       단어 = 단어들.pop(-1)
18       print(단어)
19
20   def 문장_정렬(문장):
21       """한 문장을 통째로 받아 정렬된 단어를 반환합니다."""
22       단어들 = 단어_쪼개기(문장)
23       return 단어_정렬(단어들)
24
25   def 처음과_마지막_단어_출력(문장):
26       """문장의 처음과 마지막 단어를 출력합니다."""
27       단어들 = 단어_쪼개기(문장)
28       첫_단어_출력(단어들)
29       마지막_단어_출력(단어들)
```

```
30
31    def 정렬_후_처음과_마지막_단어_출력(문장):
32        """단어를 정렬하고 처음과 마지막 단어를 출력합니다."""
33        단어들 = 문장_정렬(문장)
34        첫_단어_출력(단어들)
35        마지막_단어_출력(단어들)
```

먼저 python ex25.py로 파일을 실행하고 입력을 잘못해서 생긴 오류를 모두 찾아내세요. 찾을 수 있는 모든 오류를 찾아 고쳤으면 '실행 결과'를 따라 하고 이번 장을 마치세요.

25.1 실행 결과

이번에는 그동안 계산에 쓰던 파이썬 인터프리터(interpreter) 안에서 .py 파일과 상호작용해보려 합니다. 셸에서 다음과 같이 Python3.6을 실행하세요.

```
$ python3.6
Python3.6.0rc2 (v3.6.0rc2:800a67f7806d, Dec 16 2016, 14:12:21)
[GCC 4.2.1 (Apple Inc. build 5666) (dot 3)] on darwin
Type "help", "copyright", "credits" or "license" for more information.
>>>
```

책과 조금 다르게 보일 수도 있지만, >>> 표시(prompt, 프롬프트)가 보인다면 파이썬 코드를 한 줄씩 입력할 때마다 바로바로 실행됩니다. 이 안에서 다음 파이썬 코드를 한 줄씩 실행하고 어떤 일이 일어나는지 확인하세요.

```
1     import ex25
2     문장 = "기다리는 자에게 복이 온다"
3     단어들 = ex25.단어_쪼개기(문장)
4     단어들
5     정렬한_단어들 = ex25.단어_정렬(단어들)
6     정렬한_단어들
7     ex25.첫_단어_출력(단어들)
8     ex25.마지막_단어_출력(단어들)
9     단어들
10    ex25.첫_단어_출력(정렬한_단어들)
11    ex25.마지막_단어_출력(정렬한_단어들)
12    정렬한_단어들
13    정렬한_단어들 = ex25.문장_정렬(문장)
14    정렬한_단어들
15    ex25.처음과_마지막_단어_출력(문장)
16    ex25.정렬_후_처음과_마지막_단어_출력(문장)
```

이 내용을 따라 하면 실행 결과는 다음과 같이 나옵니다.

Exercise 25 Python Session

```
$ python3.6
>>> import ex25
>>> 문장 = "기다리는 자에게 복이 온다"
>>> 단어들 = ex25.단어_쪼개기(문장)
>>> 단어들
['기다리는', '자에게', '복이', '온다']
>>> 정렬한_단어들 = ex25.단어_정렬(단어들)
>>> 정렬한_단어들
['기다리는', '복이', '온다', '자에게']
>>> ex25.첫_단어_출력(단어들)
기다리는
>>> ex25.마지막_단어_출력(단어들)
온다
>>> 단어들
['자에게', '복이']
>>> ex25.첫_단어_출력(정렬한_단어들)
기다리는
>>> ex25.마지막_단어_출력(정렬한_단어들)
자에게
>>> 정렬한_단어들
['복이', '온다']
>>> 정렬한_단어들 = ex25.문장_정렬(문장)
>>> 정렬한_단어들
['기다리는', '복이', '온다', '자에게']
>>> ex25.처음과_마지막_단어_출력(문장)
기다리는
온다
>>> ex25.정렬_후_처음과_마지막_단어_출력(문장)
기다리는
자에게
>>>
```

한 줄씩 실행하면서 ex25.py 안에서 어떤 함수가 실행되는지 찾아보고 각각 어떻게 실행되는지도 알아두세요. 결과가 다르게 나오거나 오류가 발생하면 코드를 고쳐야 하니, 파이썬을 종료하고 다시 시작하세요.

25.2 더 해보기

1. 실행 결과의 나머지 부분이 무엇을 하는지 알아내보세요. ex25 모듈에서 함수를 실행하는 방법을 확실히 알아두세요.

2. `help(ex25)`와 `help(ex25.단어_쪼개기)`를 해보세요. (모듈에서 도움말을 보는 방법이고 그 도움말은 ex25의 각 함수 다음에 쓴 `"""`로 둘러싸인 특이한 문자열입니다.) 이 특별한 문자열은 문서화 주석(documentation comments)이라 부릅니다. 앞으로 더 많이 보게 될 것입니다.

3. **ex25.**를 매번 입력하는 것은 성가십니다. 짧게 쓰려면 `from ex25 import *`와 같이 임포트하면 되는데, "ex25에서 모든 것을 가져와."라는 뜻입니다. 새 세션을 열고 모든 함수가 생겼는지 확인해보세요.

4. 파일을 망가뜨려 보고 파이썬에서 사용하려 하면 어떻게 되나 보세요. 새로 읽어오려면 CTRL-D(윈도우에서는 CTRL-Z)로 파이썬을 종료해야 합니다. 새로 읽어오려면 `quit()` 함수로 파이썬을 종료(quit)하고 다시 실행해야 합니다.

25.3 자주 묻는 질문

Q. 어떤 함수는 실행하면 None이 출력돼요.

A. 끝에 `return`이 빠진 함수가 있는 것 같네요. 가르쳐 드린 것처럼 파일을 거꾸로 읽어보고 모든 줄이 올바른지 확인해보세요.

Q. `import ex25`라고 입력하면 `–bash: import: command not found`라고 나와요.

A. 실행 결과에서 어떻게 하고 있는지 주의 깊게 보세요. 터미널이 아니라 파이썬에서 하고 있습니다. 먼저 파이썬을 실행해야 한다는 뜻이죠.

Q. `import ex25.py`를 입력하면 `ImportError: No module named ex25.py`라고 나와요.

A. 끝에 **.py**를 붙이지 마세요. 파이썬은 파일이 .py로 끝나는 줄 알고 있으니 그냥 `import ex25`라고만 하세요.

Q. 실행하면 `SyntaxError: invalid syntax`라고 나와요.

A. 그 줄이나 그 위에서 빠뜨린 (나 "가 있거나 비슷한 종류의 문법 오류가 있다는 뜻입니다. 이 오류가 보일 때마다 그 줄이 올바른지 확인하고 거기부터 거꾸로 올라가세요. 그 위의 줄을 하나씩 확인하세요.

Q. 단어들.pop(0)을 실행하면 단어들 변수의 내용이 바뀌나요?

A. 어려운 질문이지만, 이 경우 **단어들**은 리스트(list)이고 명령을 받아 실행하고 그 결과를 유지할 수 있습니다. 파일과 같은 많은 다른 것들도 비슷하게 동작해요.

Q. 함수에서 return 대신 print를 써야 할 때가 있나요?

A. return은 해당 함수를 호출한 코드 줄에 그 함수의 결과를 돌려줍니다. 함수란 실행인자로 입력을 취해서 return을 통해 출력을 반환하는 것이라고 생각하세요. print는 이런 일과는 전혀 관련이 없답니다. 그저 터미널에 무언가를 출력할 뿐이죠.

연습 26

중간 점검

이 책의 전반부를 거의 마쳤습니다. 후반부는 더 흥미로워져요. 논리를 배우고, 의사결정 같은 유용한 일도 할 수 있게 됩니다.

계속하기 전에 문제를 하나 낼게요. 다른 사람의 코드를 고쳐야 하기 때문에 아주 어려울 거에요. 프로그래머라면 다른 프로그래머의 코드를, 그 거만함까지 함께 다뤄야 할 일이 많습니다. 프로그래머들은 자신의 코드는 완벽하다고 엄청나게 자주 주장해요.

이런 프로그래머는 다른 사람은 거의 배려하지 않는 바보들입니다. 좋은 프로그래머는 좋은 과학자처럼 코드는 항상 틀릴 수 있다고 여겨요. 내 프로그램이 망가졌다는 전제에서 시작해 잘못될 수 있는 모든 가능성을 배제하고 나서야 마지막으로 다른 사람의 코드를 의심하죠.

이번 장에서는 나쁜 프로그래머의 코드를 고치는 것을 통해 나쁜 프로그래머를 다루는 법을 연습하겠습니다. 24장과 25장의 예제를 엉망으로 복사해서 아무 글자나 지우고 홈을 낸 파일을 준비했어요. 대부분의 오류는 파이썬이 알려주겠지만 여러분이 찾아내야만 하는 계산 오류도 있습니다. 포맷 오류나 문자열의 철자 오류도 있어요.

이 모든 오류는 모든 프로그래머가 하는 흔한 실수입니다. 숙련된 프로그래머도요.

여러분은 이 파일을 고쳐야 합니다. 이 파일을 고치는 데 모든 기술을 다 써보세요. 먼저 분석하세요. 학교에 보고서를 낼 때처럼 출력해 고칠 수도 있어요. 모든 홈을 고치고, 스크립트가 완벽하게 동작할 때까지 계속 실행해 보면서 고치세요. 도움을 받지 않도록 노력하세요. 꽉 막혔을 때는 잠시 쉬다 나중에 다시 해보세요.

며칠이 걸리더라도 헤치고 나가 바르게 만드세요.

마지막으로 이번 장의 중점은 코드 베껴쓰기가 아니라 파일을 고치는 것입니다. 다음 사이트로 가서 파일을 받으세요.

http://learnpythonthehardway.org/python3/exercise26.txt

코드를 복사해 ex26.py 파일에 붙여 넣으세요. 이번에만 복사-붙여넣기가 허락됩니다.

26.1 자주 묻는 질문

Q. ex25.py를 임포트해야 하나요, 아니면 그 참조만 지워도 되나요?

A. 어느 쪽이든 좋습니다. 하지만 이 파일 안에도 ex25의 함수가 있으니 참조(reference)부터 없애보세요.

Q. 코드를 고치며 실행해도 되나요?

A. 그래야만 할 걸요. 도움을 받으려고 있는 컴퓨터니까 가능한 한 많이 쓰세요.

연습 27

논리 외우기

이번에는 논리(logic)에 대해 배우겠어요. 여기까지 오는 동안 여러분은 할수 있는 모든 것을 했습니다. 터미널에서 파일을 읽고 쓰는 방법과 파이썬의 계산 능력에 대해 엄청나게 많이 배웠습니다.

지금부터는 학교에서 가르치기 좋아하는 복잡한 이론은 배우지 않겠지만, 실제로 프로그램을 만들 때 쓰이고 진짜 프로그래머가 매일 쓰는 간단한 기본 논리를 배우겠습니다.

논리는 일단 어느 정도는 외워야 배울 수 있어요. 이번 장을 배우기 위해 1주 정도를 통째로 투자하세요. 주눅 들지 마세요. 정신 없을 만큼 지겹더라도 끝까지 하세요. 이번 장에는 책 뒷부분을 더 쉽게 진행하기 위해 외워야만 하는 논리표 하나가 있습니다.

경고하는데, 처음에는 재미없을 거예요. 지겹고 따분하겠지만, 프로그래머로서 여러분에게 아주 중요한 기술을 가르치려는 것입니다. 여러분 인생에서 중요한 개념을 외울 수 있어야만 해요. 이 개념 대부분은 이해하고 나면 신나는 것이랍니다. 오징어와 씨름하는 것처럼 힘들게 싸워야겠지만, 어느 날 한순간에 이해하게 될 거예요. 기초 외우기는 항상 나중에 큰 힘으로 돌아온답니다.

외우느라 미쳐버리지 않도록 팁을 하나 드릴게요. 하루에 한 번 조금씩만하고 한 번에 할 내용의 상한선을 표시해두세요. 두 시간 내내 앉아 표만 외우려고는 하지 마세요. 그렇게 하는 공부는 도움이 되지 않아요. 어쨌든 여러분의 머리는 시작하고 15~30분 내에 공부한 것만 기억합니다. 그 대신 한 면에는 왼쪽 칸 내용을(True or False) 쓰고 뒷면에는 오른쪽 칸 내용을 쓴 암기카드를 잔뜩 만드세요. 카드를 한 장씩 뽑으면서 'True or False'라는 내용을 보자마자 "True!"라고 말할 수 있어야 합니다. 이렇게 할 수 있을 때까지 연습하세요.

할 수 있게 되면 밤마다 공책에 진리표를 써보세요. 그냥 베껴 쓰지는 마세요. 기억한 내용을 바탕으로 써 보고, 막힌다면 책의 표를 한번 훑어보고 환기하세요. 이렇게 표 전체를 기억하도록 훈련할 수 있습니다.

일주일 이상 하지는 마세요. 꾸준히 하면 적응하니까요.

27.1 진리 용어

파이썬에서는 다음 용어(기호, 단어)를 써서 무엇이 'True'나 'False'인지 결정합니다. 컴퓨터에서의 논리란 이 기호와 변수의 결합이 프로그램의 어떤 지점에서 True인지 보는 것입니다.

- and
- or
- not
- != (같지 않다)
- == (같다)
- >= (크거나 같다)
- <= (작거나 같다)
- True
- False

기호는 전에도 보았겠지만 단어는 처음일 것입니다. 단어(and, or, not)는 해당하는 영어 단어와 똑같이(그리고, 또는, 아니다) 동작합니다.

27.2 진리표

이 기호로 외워야 할 진리표(truth table)를 만들어봅시다.

NOT	True?
not False	True
not True	False

OR	True?
True or False	True
True or True	True
False or True	True
False or False	False

AND	True?
True and False	False
True and True	True
False and True	False
False and False	False

NOT OR	True?
not (True or False)	False
not (True or True)	False
not (False or True)	False
not (False or False)	True

NOT AND	True?
not (True and False)	True
not (True and True)	False
not (False and True)	True
not (False and False)	True

!=	True?
1 != 0	True
1 != 1	False
0 != 1	True
0 != 0	False

==	True?
1 == 0	False
1 == 1	True
0 == 1	False
0 == 0	True

이 표로 암기 카드를 만들고 일주일 동안 외우세요. 이 책에서는 실패란 없다는 점을 기억하세요. 날마다 할 수 있는 한 최대한 열심히 하고, 그보다 조금 더 해보세요.

27.3 자주 묻는 질문

Q. 이 내용을 외우는 대신 불 대수(boolean algebra)의 개념을 배우면 안 될까요?

A. 물론 그렇게 해도 되지만, 그러면 코드를 짜는 내내 계속해서 불 대수의 규칙을 살펴야 할 거예요. 먼저 외우고 나면 외우는 기술도 익힐 수 있고 연산도 자연스러워집니다. 그 다음에는 불 대수의 개념을 이해하는 일도 쉬워요. 하지만 어느 쪽이든 여러분에게 더 잘 맞는 방법을 선택하세요.

연습 28

불(boolean) 연습

지난 장에서 배운 논리 조합은 '불(boolean)' 논리 표현이라 부릅니다. 불 논리는 프로그래밍 어디에서나 쓰여요. 불은 컴퓨터에서 필수적인 근본 요소이므로 불을 잘 아는 것은 음악에서 음계를 아는 것과 마찬가지입니다.

이번 장에서는 외웠던 논리를 연습하고 파이썬에서 써보도록 합시다. 다음 문제를 풀고 답이 무엇일지 생각해서 True나 False를 써보세요. 풀고 나면 터미널에서 파이썬을 실행하고 문제를 입력해 답을 확인하세요.

1. True and True
2. False and True
3. 1 == 1 and 2 == 1
4. "test" == "test"
5. 1 == 1 or 2 != 1
6. True and 1 == 1
7. False and 0 != 0
8. True or 1 == 1
9. "test" == "testing"
10. 1 != 0 and 2 == 1
11. "test" != "testing"
12. "test" == 1
13. not (True and False)
14. not (1 == 1 and 0 != 1)
15. not (10 == 1 or 1000 == 1000)

16. not (1 != 10 or 3 == 4)

17. not ("testing" == "testing" and "Zed" == "Cool Guy")

18. 1 == 1 and not (("testing" == 1 or 1 == 0))

19. "chunky" == "bacon" and (not (3 == 4 or 3 == 3))

20. 3 != 4 and not ("testing" != "test" or "Python" == "Python")

복잡한 문제를 끝까지 풀 수 있도록 도와주는 비법도 알려드릴게요. 모든 불 논리 구문은 다음과 같은 간단한 절차로 쉽게 풀 수 있습니다.

1. 동등성(equality) 검사(==이나 !=)를 찾아서 해당 진리값으로 바꾸세요.
2. 괄호 안에 있는 and/or를 찾아 먼저 푸세요.
3. not을 찾아 뒤집으세요.
4. 남은 and/or를 찾아 푸세요.
5. 끝내면 True나 False가 나옵니다.

20번 문제로 시연해보겠습니다.

3 != 4 and not ("testing" != "test" or "Python" == "Python")

하나의 결과로 줄어들 때까지 이렇게 각 단계를 적용했습니다. 변하는 과정 을 살펴봅시다.

1. 동등성 검사 풀기
    A. 3 != 4가 True: True and not ("testing" != "test" or "Python" == "Python")
    b. "testing" != "test"가 True: True and not(True or "Python" == "Python")
    c "Python" == "Python": True and not (True or True)
2. 괄호 안의 and/or 찾기
    A. (True or True)는 True: True and not (True)
3. not을 찾아 뒤집기
    A. not (True)는 False: True and False

4. 남은 and/or 찾아 풀기

    A. `True and False`는 `False`

이렇게 모두 마치면 결과는 False라는 것을 알 수 있습니다.

> ⚠️ 복잡한 것은 처음에는 어려워 보일 수도 있습니다. 문제를 풀려면 시작을 잘 하는 것이 좋지만 그렇지 않더라도 낙담하지 마세요. 나중에 할 멋진 내용을 더 쉽게 하도록 '논리 단련'에 익숙해지게 하려는 것뿐입니다. 꾸준히 하면서 무엇을 잘못하는지 파악하되, 머리에 당장 들어오지 않는다고 걱정하지는 마세요. 곧 잘 알게 될 것입니다.

28.1 실행 결과

파이썬 세션에서 추측한 답을 확인해 보면 다음과 같습니다.

```
$ python3.6
>>> True and True
True
>>> 1 == 1 and 2 == 2
True
```

28.2 더 해보기

1. 파이썬에는 !=와 == 같은 연산자(operator)가 많습니다. 동등성 연산자 (equality operator)를 가능한 한 많이 찾아보세요. <나 <=처럼 생겨야 합니다.

2. 이 동등성 연산자의 이름을 모두 써보세요. 예를 들어 !=는 '같지 않다(not equal)'로 부릅니다.

3. 새로운 불 연산자를 다양하게 써보고, 엔터 키를 누르기 전에 결과가 무엇인지 큰 소리로 말해보세요. 답이 무엇인지 생각하지 말고 가장 먼저 떠오르는 이름을 말하세요. 써 보고, 엔터 키를 누르고, 얼마나 맞고 틀렸는지 세어보세요.

4. 3번에서 사용한 종이는 나중에 실수로 다시 쓰지 않도록 버리세요.

28.3 자주 묻는 질문

Q. 왜 True 대신 "test" and "test"는 "test"를, 1 and 1은 1을 반환하나요?

A. 파이썬을 비롯한 많은 언어는 불 표현식에서 단순한 True나 Fasle 대신 그 피연산자(operand) 가운데 하나를 반환합니다. 이 말은 False and 1은 첫 피연산자(False)를 반환하고 True and 1은 둘째 피연산자(1)를 반환한다는 뜻입니다. 이 기능을 조금 더 써보세요.

Q. 문제를 빨리 푸는 지름길은 없나요?

A. 있습니다. False가 있는 and 표현은 곧 False가 되고, Ture가 있는 or 표현은 곧 True가 되므로 그 단계에서 그만해도 됩니다. 하지만 나중에 도움이 될 테니 꼭 전체 표현식을 처리해보세요.

연습 29

---

if문

다음은 if문을 소개하는 스크립트입니다. 예제를 입력하고, 똑바로 돌아가게 하고, 앞에서 한 연습이 성과가 있나 살펴보겠습니다.

ex29.py

```
1   사람 = 20
2   고양이 = 30
3   개 = 15
4
5
6   if 사람 < 고양이:
7       print("고양이가 너무 많아요! 세상은 멸망합니다!")
8
9   if 사람 > 고양이:
10      print("고양이가 많지 않아요! 세상은 지속됩니다!")
11
12  if 사람 < 개:
13      print("세상은 침에 젖습니다!")
14
15  if 사람 > 개:
16      print("세상은 말랐습니다!")
17
18
19  개 += 5
20
21  if 사람 >= 개:
22      print("사람은 개보다 많거나 같습니다")
23
24  if 사람 <= 개:
25      print("사람은 개보다 적거나 같습니다.")
26
27
28  if 사람 == 개:
29      print("사람은 개입니다.")
```

29.1 실행 결과

Exercise 29 Session

```
$ python ex29.py
고양이가 너무 많아요! 세상은 멸망합니다!
세상은 말랐습니다!
사람은 개보다 많거나 같습니다
사람은 개보다 적거나 같습니다.
사람은 개입니다.
```

29.2 더 해보기

이번 절에서는 if문이라는 게 무엇인지, 무슨 일을 하는지 추측해보세요. 다음
장으로 넘어가기 전에 여러분만의 표현으로 질문에 답해보세요.

1. 이 코드에서 if는 무엇을 하는 것 같나요?
2. 왜 if 아래의 코드는 4칸 들여써야 할까요?
3. 들여쓰지 않으면 어떻게 될까요?
4. if문에 27장의 다른 불 표현식을 넣을 수 있나요? 해보세요.
5. **사람, 고양이, 개**의 초깃값을 바꾸면 어떻게 될까요?

29.3 자주 묻는 질문

Q. +=는 무슨 뜻이죠?

A. x += 1은 x = x + 1과 똑같이 동작하는 코드인데, 길이를 더 짧게 만든 것
    입니다. '~만큼 증가하는 연산자'라고 부를 수도 있습니다. -=이나 나중에
    배울 많은 다른 표현도 이런 식으로 동작합니다.

연습 30

else와 if

지난 장에서는 if문을 다루어 보고, if문이란 무엇이고 어떻게 동작하는지 추측해 보았습니다. 더 배우기에 앞서 지난 장의 '더 해보기'에 답하며 if문에 대해 모두 설명하겠습니다. '더 해보기'는 했잖아요. 그렇죠?

1. **이 코드에서 if는 무엇을 하는 것 같나요?**

    if문은 코드에서 '분기(branch)'라는 것을 만듭니다. 방향을 고르면 서로 다른 정해진 쪽으로 넘어가도록 하는 어드벤처 북 같은 책과 비슷한 종류에요. '불 표현식이 True면 그 아래의 코드를 실행하고 아니면 건너뛰어.'라고 스크립트에 알려줍니다.

2. **왜 if 아래의 코드는 네 칸 들여써야 할까요?**

    줄 끝에 있는 :(쌍점)으로 파이썬에 코드 '블록(block)'을 만들겠다는 표시를 하고, 네 칸 들여써서 블록에 들어갈 코드라는 표시를 합니다. 책 전반부에서 함수를 만들었을 때와 정확히 같아요.

3. **들여쓰지 않으면 어떻게 될까요?**

    대부분은 파이썬 오류를 일으킵니다. 파이썬은 줄을 :(쌍점)으로 마치면 다음에는 들여쓰기가 나오리라 기대합니다.

4. **if문에 27장의 다른 불 표현식을 넣을 수 있나요?**

    해보세요. 네, 할 수 있어요. 정말 복잡한 표현식은 보통 나쁜 코드지만, 꼭 쓰고 싶다면 얼마든지 복잡하게 만들 수도 있어요.

5. **사람, 고양이, 개 변수의 초깃값을 바꾸면 어떻게 될까요?**

    if문에서 수를 비교하고 있기 때문에, 그 수를 바꾸면 다른 if문이 True로 평가되어 그 아래의 코드 블록을 실행합니다. 돌아가서 다른 수를 넣어 보고, 어떤 코드 블록이 실행될지 머리로 생각해서 알아내보세요.

앞의 답을 여러분의 답과 비교해 보고 코드 '블록'의 개념을 정말로 확실하게 이해해두세요. 다음 장에서는 if문을 쓸 수 있는 모든 방법을 다 써보려 합니다. 다음 장을 배우려면 '블록'은 중요한 개념입니다.

따라 써보고 돌아가게도 만드세요.

ex30.py

```
1    사람 = 30
2    차 = 40
3    트럭 = 15
4
5
6    if 차 > 사람:
7        print("차를 타야 해요.")
8    elif 차 < 사람:
9        print("차를 안 타야 해요.")
10   else:
11       print("결정할 수 없어요.")
12
13   if 트럭 > 차:
14       print("트럭이 너무 많아요.")
15   elif 트럭 < 차:
16       print("트럭을 탈 수도 있어요.")
17   else:
18       print("아직도 결정할 수 없어요.")
19
20   if 사람 > 트럭:
21       print("좋아요 트럭을 탑시다.")
22   else:
23       print("좋아요 그럼 집에 있죠.")
```

30.1 실행 결과

Exercise 30 Session

```
$ python3.6 ex30.py
차를 타야 해요.
트럭을 탈 수도 있어요.
좋아요 트럭을 탑시다.
```

30.2 더 해보기

1. elif와 else가 하는 일을 추측해보세요.
2. **차, 사람, 트럭**의 값을 바꾸어 보고, 각 if문을 추적해 출력될 값을 알아내보세요.
3. **차 > 사람 or 트럭 < 차** 같은 더 복잡한 불 표현식을 몇 개 써보세요.
4. 각 줄 위에 그 줄이 하는 일을 주석으로 달아보세요.

30.3 자주 묻는 질문

Q. **여러 elif 블록이 True면 어떻게 되나요?**
A. 맨 위부터 시작해 처음으로 True인 블록을 실행하므로, 그 가운데 첫 블록만 실행해요.

결정하기

책 전반부에서는 대부분 함수를 호출해서 단순히 출력하는 일만 했습니다. 하지만 기본적으로는 모두 한 줄로 늘어서 있었어요. 스크립트는 맨 위부터 시작해서 끝날 때까지 아래로 내려가며 실행됩니다. 함수를 만들었을 때는 나중에 호출할 수 있었지만, 여러분이 정말로 실행을 결정할 필요가 있는 분기 같은 것은 없었죠. 이제는 if, else, elif를 알고 있으니 실행 여부를 결정하는 스크립트를 만들 수 있습니다.

지난 스크립트에서는 몇몇 질문을 하는 간단한 검사를 몇 개 만들었습니다. 이번 스크립트에서는 사용자에게 질문하고 그 답을 바탕으로 결정을 내리겠습니다. 스크립트를 따라 입력하고, 어떤 스크립트인지 알아낼 수 있도록 다양한 방법으로 망가뜨리고 고쳐보세요.

ex31.py

```
1    print("""문이 두 개 있는 어두운 방에 들어왔습니다.
2    1번과 2번 중 어느 방으로 들어갈까요?""")
3
4    문 = input("> ")
5
6    if 문 == "1":
7        print("거대 곰이 치즈 케이크를 먹고 있습니다.")
8        print("무엇을 할까요?")
9        print("1. 케이크를 뺏는다.")
10       print("2. 곰에게 소리를 지른다.")
11
12       곰 = input("> ")
13
14       if 곰 == "1":
15           print("곰이 당신의 머리를 먹어치웁니다. 잘 했어요!")
16       elif 곰 == "2":
17           print("곰이 당신의 다리를 먹어치웁니다. 잘 했어요!")
18       else:
19           print(f"음, {곰} 행동을 하는 것이 더 나았나보네요.")
```

```
20              print("곰이 도망갑니다.")
21
22  elif 문 == "2":
23      print("당신은 크툴루 눈동자의 끝없는 심연을 쳐다봅니다.")
24      print("1. 블루베리.")
25      print("2. 노란 재킷 빨래집게.")
26      print("3. 권총이 울부짖는 가락 이해하기.")
27
28      광기 = input("> ")
29
30      if 광기 == "1" or 광기 == "2":
31          print("당신의 육체는 젤리푸딩의 마음의 힘으로 살아남습니다.")
32          print("잘 했어요!")
33      else:
34          print("광기가 당신의 눈을 썩어 문드러진 시궁창으로 만듭니다.")
35          print("잘 했어요!")
36
37  else:
38      print("비틀거리다 발을 헛디뎌 칼날로 떨어져 죽습니다. 잘 했어요!")
```

여기서 핵심은 if문을 if문 안에 넣어 실행할 수 있다는 점입니다. 한 분기에서 다른 분기로 가지 쳐 나가는 '중첩된(nested)' 결정을 만드는 데 쓸 수 있으므로 아주 강력합니다.

이 if문 안의 if문이라는 개념을 확실히 이해해두세요. 정말로 확실히 깨달으려면 '더 해보기'를 하면 됩니다.

31.1 실행 결과

저는 이 게임을 다음과 같이 플레이했습니다. 썩 잘하지는 못했죠.

Exercise 31 Session

```
$ python3.6 ex31.py
문이 두 개 있는 어두운 방에 들어왔습니다.
1번과 2번 중 어느 방으로 들어갈까요?
> 1
거대 곰이 치즈 케이크를 먹고 있습니다.
무엇을 할까요?
1. 케이크를 뺏는다.
2. 곰에게 소리를 지른다.
> 2
곰이 당신의 다리를 먹어치웁니다. 잘 했어요!
```

31.2 더 해보기

1. 게임에 새로운 내용을 더하고, 사람들이 고를 수 있는 선택지를 바꿔보세요. 게임이 우스꽝스러워질 때까지 할 수 있는 한 많이 늘려보세요.
2. 완전히 새로운 게임을 만들어보세요. 책에 있는 게임은 마음에 들지 않을 수도 있으니 원하는 대로 만들어보세요.

31.3 자주 묻는 질문

Q. elif 대신 if/else 조합을 써도 되나요?

A. 그렇게 할 수 있을 때도 있지만 if/else가 어떻게 쓰였느냐에 달렸습니다.
   if/elif/else를 쓸 때는 처음 나오는 거짓을 찾아내지만, if/else 조합을 쓰면 모든 if/else 조합을 검사합니다. 몇 번 써보고 무엇이 다른지 알아내보세요.

Q. 어떤 수가 숫자 범위 사이에 있는지 검사하려면 어떻게 하나요?

A. 두 가지 방법이 있습니다. 고전적인 방법대로 0 < x < 10이나 1 <= x < 10을 써도 되고 x in range(1, 10)을 써도 됩니다.

Q. if/elif/else 블록에서 더 많은 선택지를 쓰고 싶으면 어떻게 하죠?

A. 가능한 선택지마다 elif 블록을 덧붙이세요.

연습 32

순환문과 리스트

이제 여러분은 훨씬 더 재미있는 프로그램을 만들 수 있게 되었습니다. 지금까지 잘 따라왔다면, if문과 불 표현식에 대해 배운 모든 내용을 결합해 똑똑한 일을 하는 프로그램을 만들 수 있다는 점을 깨달을 거에요.

하지만 프로그램은 아주 빠르게 반복되는 일을 할 필요도 있습니다. 이번에는 for문으로 다양한 리스트를 만들고 출력해보겠습니다. for문이 무엇인지 알아내보세요. 지금 당장은 무엇인지 말해주지 않겠어요. 스스로 알아내세요.

for문을 쓰려면, 순환문의 결과를 어딘가 저장해둘 방법을 알아야 해요. 가장 좋은 방법은 리스트(list)입니다. 리스트는 정확히 그 이름대로 목록, 일람을 가리킵니다. 다른 항목을 안에 담아서 순서를 매겨요. 복잡하지 않습니다. 새 문법만 배우면 되죠. 먼저 리스트를 만드는 방법입니다.

```
hairs = ['갈색', '은색', '빨간색']
eyes = ['갈색', '파란색', '초록색']
weights = [1, 2, 3, 4]
```

먼저 리스트를 '연다'는 뜻인 [(왼 대괄호)로 시작합니다. 다음에는 함수에 매개변수를 넣듯, 쉼표로 구분된 목록 형식으로 넣고 싶은 항목을 넣습니다. 마지막으로 끝났다는 뜻인](오른 대괄호)로 리스트를 마칩니다. 그러면 파이썬은 리스트와 모든 내용을 받아 변수에 대입합니다.

프로그래밍할 줄 모르는 사람을 위한 도움말입니다. 여러분은 세상이 평평하다고 배워왔습니다. 지난 장에서 if문 안에 if문을 넣었던 것을 기억하시나요? 그게 여러분의 머리를 아프게 했을 것 같아요. 대부분의 사람은 어떤 것 안에 다른 것을 '중첩(nest, 내포)'시키는 것에 대해 깊이 생각해 보지 않으니까요. 프로그래밍을 할 때는 항상 이렇습니다. 함수가 다른 함수를 부르고, 그 안에는 if문이 있고, if문 안에는 리스트 안에 리스트가 든 리스트가 든 것을 보게 될 테죠. 잘 이해가 안 되는 이런 구조가 보이면, 연필과 종이를 들고 이해할 때까지 조금씩 조금씩 손으로 나눠보세요.

이제 for문을 이용해 리스트를 만들고 출력해보겠습니다.

ex32.py

```
1    숫자들 = [1, 2, 3, 4, 5]
2    과일들 = ['사과', '귤', '배', '살구']
3    잔돈들 = [1, '십원', 2, '백원', 3, '오백원']
4
5    # 첫 번째 for 순환문은 list를 따라 돕니다
6    for 숫자 in 숫자들:
7        print(f"이 수는 {숫자}")
8
9    # 위와 같아요
10   for 과일 in 과일들:
11       print(f"과일 종류: {과일}")
12
13   # 섞어 만든 list도 돌 수 있어요
14   for i in 잔돈들:
15       print(f"받은 잔돈 {i}")
16
17   # list를 만들 수도 있는데, 먼저 빈 것으로 시작합시다
18   원소들 = []
19
20   # 그리고 0에서 5까지 세는 range 함수를 써요
21   for i in range(0, 6):
22       print(f"list에 {i} 숫자를 더합니다.")
23       # append는 list가 알아듣는 함수입니다
24       원소들.append(i)
25
26   # 이것도 출력할 수 있습니다
27   for i in 원소들:
28       print(f"원소는 {i}")
```

32.1 실행 결과

Exercise 32 Ssession

```
이 수는 1
이 수는 2
이 수는 3
이 수는 4
이 수는 5
과일 종류: 사과
과일 종류: 귤
과일 종류: 배
과일 종류: 살구
받은 잔돈 1
받은 잔돈 십원
받은 잔돈 2
받은 잔돈 백원
받은 잔돈 3
받은 잔돈 오백원
list에 0 숫자를 더합니다.
list에 1 숫자를 더합니다.
list에 2 숫자를 더합니다.
list에 3 숫자를 더합니다.
list에 4 숫자를 더합니다.
list에 5 숫자를 더합니다.
원소는 0
원소는 1
원소는 2
원소는 3
원소는 4
원소는 5
```

32.2 더 해보기

1. range를 어떻게 썼나 살펴보세요. range 함수를 이해할 수 있도록 검색해 보세요.

2. 23행에서 for문을 전혀 쓰지 않고 range(0, 6)을 바로 원소로 넣을 수 있 나요?

3. 리스트(list)에 대한 파이썬 문서를 찾아 읽어보세요. append 말고는 어떤 연산을 할 수 있나요?

32.3 자주 묻는 질문

Q. 2차원 리스트는 어떻게 만들죠?

A. 리스트 안에 리스트를 넣으면 됩니다. 이렇게요. [[1,2,3], [4,5,6]]

Q. 리스트(list)와 배열(array)은 같은 것이 아닌가요?

A. 언어나 구현에 따라 다릅니다. 전통적 용어로서 리스트는 그 구현이 배열과 아주 다릅니다. 루비에서 리스트는 배열을 뜻합니다. 파이썬에서는 리스트로 부릅니다. 파이썬에서 리스트라고 부르니까 지금은 그냥 리스트로 부르세요.

Q. 왜 for문에서는 정의하지도 않은 변수를 쓸 수 있죠?

A. for문이 시작할 때 변수를 정의합니다. 매번 순환 반복(iteration)을 할 때마다 현재 원소로 변수를 초기화합니다.

Q. `for i in range(1, 3):`은 왜 세 번이 아니라 두 번 순환하나요?

A. range() 함수는 처음부터 끝까지 중 마지막 수를 뺀 나머지 구간입니다. 그래서 위의 표현에서는 세 번째 대신 두 번째에서 멈춰요. 이런 형식의 구간이 순환문에서 가장 흔한 경우라고 볼 수 있습니다.

Q. `원소들.append()`는 뭘 하죠?

A. 단순하게 리스트 끝에 원소를 덧붙입니다(append). 파이썬 셸을 열어 리스트를 만들고 몇 가지 예제를 시도해보세요. 이런 문제에 맞닥뜨릴 때마다 항상 파이썬 셸을 열어 이것저것 해보고 결과를 보세요.

연습 33

---

while문

새로운 순환문인 while문으로 여러분의 혼을 쏙 빼봅시다. while문은 불 표현식이 True인 동안 그 아래의 코드 블록을 계속 실행합니다.

잠깐, 지금까지 배운 내용은 다 이해하고 있죠? 예를 들면 어떤 줄을 :(쌍점)으로 마친다는 것은 그다음 줄이 새 코드 블록을 시작하겠다는 뜻이라는 것이요. 그리고 들여쓴다면 새 코드 블록이고요. 이 정도면 여러분의 의도에 맞게 파이썬 프로그램의 구조를 짜기에 충분합니다. 잘 모르겠으면 되돌아가서 이해할 때까지 if문, 함수, for문에 대해 더 공부해보세요.

뒷편에 이런 구조를 읽는 법을 훈련하는 장이 있습니다. 불 표현식의 요소를 외웠던 것처럼요.

while문으로 돌아갑시다. while문도 if문처럼 간단하게 조건식을 검사하는데, if문처럼 코드 블록을 한 번 실행하는 대신 while이 있는 '꼭대기'로 돌아와 반복한다는 점이 다릅니다. 표현식이 False가 될 때까지 계속 반복하죠.

while문에는 문제가 하나 있습니다. 가끔 멈추지 않을 때가 있어요. 우주가 멸망할 때까지 계속 순환하려는 의도였다면 멋진 일입니다. 그게 아니라면 보통은 끝나기를 바라겠지요.

다음 규칙을 따르면 이 문제를 피할 수 있습니다.

1. while문은 아껴 쓰세요. 보통은 for문이 낫습니다.
2. while문을 한번 더 검토하고, 검사 조건이 언젠가는 False가 되는지 꼭 확인하세요.
3. 의심스러울 때는 while 순환 블록 맨 위와 아래에서 검사 변수를 출력하고 무슨 일이 일어나는지 보세요.

세 가지 규칙을 연습하며 while문을 배워봅시다.

ex33.py

```
1    i = 0
2    숫자들 = []
3
4    while i < 6:
5        print(f"꼭대기에서 i는 {i}")
6        숫자들.append(i)
7
8        i = i + 1
9        print("숫자는 이제: ", 숫자들)
10       print(f"바닥에서 i는 {i}")
11
12
13   print("숫자: ")
14
15   for 숫자 in 숫자들:
16       print(숫자)
```

33.1 실행 결과

Exercise 33 Ssession

```
$ python3.6 ex33.py
꼭대기에서 i는 0
숫자는 이제:  [0]
바닥에서 i는 1
꼭대기에서 i는 1
숫자는 이제:  [0, 1]
바닥에서 i는 2
꼭대기에서 i는 2
숫자는 이제:  [0, 1, 2]
바닥에서 i는 3
꼭대기에서 i는 3
숫자는 이제:  [0, 1, 2, 3]
바닥에서 i는 4
꼭대기에서 i는 4
숫자는 이제:  [0, 1, 2, 3, 4]
바닥에서 i는 5
꼭대기에서 i는 5
숫자는 이제:  [0, 1, 2, 3, 4, 5]
바닥에서 i는 6
숫자:
0
1
2
3
```

```
4
5
```

33.2 더 해보기

1. 예제의 while문을 호출할 수 있는 함수로 바꾸고, 검사(i < 6)에서 6을 변수로 바꾸세요.

2. 만든 함수를 이용해 다른 수로도 실행할 수 있도록 스크립트를 고치세요.

3. 함수에 다른 변수를 넘겨줄 수 있도록 매개변수를 늘려서, 10행에서 수를 증가시키는 + 1을 매개변수로 이용해 바꿀 수 있도록 하세요.

4. 고친 함수를 이용해 스크립트도 다시 바꾸고 어떻게 되나 보세요.

5. for문과 range를 쓰도록 바꿔보세요. 코드 가운데의 수를 증가시키는 부분이 계속 필요한가요? 지우지 않으면 어떻게 되나요?

연습하는 동안 스크립트가 폭주하기 시작하면 (아마도 그럴 거에요) Ctrl+c를 누르세요. 그러면 프로그램이 강제 종료(abort)될 것입니다.

33.2 자주 묻는 질문

Q. for문과 while문은 무엇이 다른가요?

A. for문은 집합(collection)을 '따라서만' 반복(iterate, 순환)할 수 있습니다. while문은 하고 싶은 어떤 종류의 반복(순환)도 할 수 있습니다. 하지만 while문은 바르게 쓰기 더 어렵기 때문에, 보통은 for문으로 많은 일을 하게 됩니다.

Q. 순환문은 어려워요. 어떻게 이해하죠?

A. 사람들이 순환문을 이해하지 못하는 이유는 대개 코드 실행 중 다른 코드로 '건너뛰는' 것을 따라가지 못하기 때문입니다. 순환문을 실행할 때는 코드 블록을 한 줄씩 실행하다 맨 끝에 닿으면 위로 건너뛰어 돌아옵니다. 눈으로 보려면 print 구문을 순환문 전체에 심어 두고 순환문 어디를 돌고 있고 변수에 어떤 값이 들었는지 출력하세요. 순환을 시작하기 전에 순

환문 맨 위, 가운데, 맨 아래에서 출력하세요. 출력 결과를 보며 어떻게 건 너뛰는지 이해해 보세요.

연습 34

리스트 원소 접근

리스트는 엄청나게 유용하지만, 안에 든 것을 찾을 수 있을 때만 그렇습니다.

리스트에 든 원소를 순서대로 도는 방법은 이미 알지만, 예를 들어 다섯째 원소(element)가 필요하다면 어떨까요? 리스트에서 원소에 어떻게 접근하는지 알아야 합니다. 리스트의 첫 번째 원소에는 다음과 같이 접근합니다.

```
animals = ['곰', '호랑이', '물개', '조랑말']
bear = animals[0]
```

동물 이름이 든 리스트에서 첫(1)번째 원소를 0으로 접근한다고요? 어떻게 그렇게 될까요? 계산 방식 때문에, 파이썬 리스트는 1이 아니라 0부터 시작합니다. 이상해 보이겠지만 이 방식은 많은 점에서 유리합니다. 임의로 정한 방법인데도요.

왜 그런지 설명하는 가장 좋은 방법은 여러분과 프로그래머가 수를 다루는 법이 어떻게 다른지 보여드리는 것입니다.

리스트(['곰', '호랑이', '물개', '조랑말'])에 있던 네 마리 동물이 달리기 시합을 한다고 생각해봅시다. 동물들의 순위는 리스트에 든 순서대로에요. 이 경주는 동물들이 서로 잡아먹지 않고, 어떻게 했는지는 몰라도 앞으로 달리도록 관리되고 있어 정말로 흥미진진하죠. 그런데 여러분의 친구가 뒤늦게 나타나 누가 이겼나 알고 싶어 합니다. 친구가 "이봐, 누가 0등으로 들어왔어?"라고 할까요? 아니요. "이봐, 누가 1등으로 들어왔어?"라고 합니다. 그 이유는 동물의 순서가 중요하기 때문입니다. 1등 동물 없이는 2등 동물이 없고, 2등 동물 없이는 3등 동물도 없어요. 0등은 어떤 의미도 없기 때문에 '0등' 동물도 없는 것이죠. 아무도 이기지 않은 경주가 있을 수 있을까요? 말도 안 돼요. 이런 수를 보고 '서수(ordinal)'라고 하는데 '순서(order)'를 나타내기 때문입니다.

   그런데 리스트 아무 데서나 원소를 뽑을 수 있는 프로그래머는 이렇게 생각할 수 없습니다. 리스트는 프로그래머에게 카드 더미 같아요. 호랑이가 필요하면 호랑이를 꺼내요. 조랑말이 필요하면 조랑말도 고를 수 있어요. 리스트 아무 데서나 원소를 밖으로 뽑아낼 수 있어야 하는데, 이 말은 원소의 주소, 다른 말로 색인(index)에 따라 일관성 있게 가리킬 방법이 필요하다는 뜻입니다. 가장 좋은 방법은 0에서 시작하는 색인이고요. 이 문제에 대해서는 저를 믿으세요. 이런 식으로 접근하면 계산이 훨씬 쉬워집니다. 이런 수를 '기수(cardinal)'라 부릅니다. 아무 데나 고를 수 있다는 말이에요. 그래서 0 원소가 필요합니다.

   이 방식이 어떻게 리스트를 잘 다루게 도와줄까요? 간단히 말하자면, '세 번째 동물이 필요해'라는 생각이 들 때마다 이 '서수'에서 1을 빼 '기수'로 바꾸세요. '세 번째' 동물은 색인 2에 있는 물개입니다. 이런 식으로 생각해야 하는 이유는 여러분은 평생 동안 서수를 써 왔는데 이제 기수로 해야 하기 때문입니다. 그냥 1을 빼면 돼요. 잘할 수 있습니다.

   기억합시다. 서수 == 순서 있음, 1등. 기수 == 아무 카드, 0.

   연습해봅시다. 다음 동물 리스트에서 서수나 기수로 고른 동물이 무엇인지 쓰세요. 기억하세요. '첫 번째', '두 번째'라고 하면 서수이니 1을 빼세요.

   기수(0, 1, 2)라면 그대로 쓰세요.

```
animals = ['곰', '비단뱀', '공작', '캥거루', '고래', '오리너구리']
```

1. 1에 있는 동물
2. 세 번째 동물
3. 첫 번째 동물
4. 3에 있는 동물
5. 다섯 번째 동물
6. 2에 있는 동물
7. 여섯 번째 동물
8. 4에 있는 동물

"첫 번째 동물은 0에 있고 곰이다."와 같은 완전한 문장 형식으로 문제마다 답을 써보세요. 다음에는 "0에 있는 동물은 첫 번째 동물이고 곰이다."처럼 거꾸로 읽어보세요. 파이썬으로 답을 확인하세요.

34.1 더 해보기

1. 인터넷에서 서수와 기수에 대해 찾아 읽어보세요.
2. 두 수 사이의 차이에 대해 여러분이 아는 내용으로, 왜 '2010년 1월 1일'의 2010이 정말로 2010이고 2009가 아닌지 설명할 수 있나요? (도움말: 연도는 아무 데나 고를 수 없습니다.)
3. 리스트를 더 만들어보고 스스로 색인으로 바꿀 수 있을 때까지 연습해보세요.
4. 파이썬으로 답을 확인해보세요.

> ❗ 프로그래머들이 이 주제에 대해 '데이크스트라(Dijkstra)'라는 사람이 쓴 글을 읽어보라고 할 것입니다. 프로그래밍을 시작하자마자 그만 둔 사람이 고함치는 걸 듣고 싶지 않다면 이 사람 글은 읽지 말기를 권합니다.

연습 35

분기와 함수

여러분은 if문, 함수, 리스트를 배웠습니다. 이제 정신을 가다듬을 때입니다.
예제를 따라서 입력해 보고, 무슨 일을 하는 코드인지 알아내보세요.

ex35.py

```
1    from sys import exit
2
3    def 황금_방():
4        print("황금으로 가득 찬 방입니다. 얼마나 가져갈까요?")
5
6        선택 = input("> ")
7        if "0" in 선택 or "1" in 선택:
8            액수 = int(선택)
9        else:
10           죽음("인간이여, 숫자 쓰는 법부터 배우세요.")
11
12       if 액수 < 50:
13           print("좋아, 욕심부리지 않는군요. 당신이 이겼습니다!")
14           exit(0)
15       else:
16           죽음("욕심쟁이 얼간이같으니!")
17
18
19   def 곰_방():
20       print("여기에는 곰이 한 마리 있습니다.")
21       print("곰은 꿀을 잔뜩 들고 있습니다.")
22       print("뚱뚱한 곰은 다른 쪽 문 앞에 있습니다.")
23       print("어떻게 곰을 움직이겠습니까?")
24       곰이_움직임 = False
25
26       while True:
27           선택 = input("> ")
28
29           if 선택 == "꿀 뺏기":
30               죽음("곰이 당신을 쳐다보더니 목이 떨어져라 따귀를 날립니다.")
31           elif 선택 == "곰 놀리기" and not 곰이_움직임:
32               print("곰이 문에서 비켜섰습니다.")
33               print("이제 나갈 수 있습니다.")
```

```
34                    곰이_움직임 = True
35            elif 선택 == "곰 놀리기" and 곰이_움직임:
36                죽음("곰이 머리 끝까지 열받아 당신의 다리를 씹어먹습니다.")
37            elif 선택 == "문 열기" and 곰이_움직임:
38                황금_방()
39            else:
40                print("무슨 말을 하는 건지 모르겠네요.")
41
42
43    def 크툴루_방():
44        print("여기에서는 대악마 크툴루를 봅니다.")
45        print("그분이, 그것이, 아니 뭐든지 간에 당신을 쳐다보고 당신은 미쳐갑니다.")
46        print("목숨을 위해 달아나려냐 네 머리를 먹어치우려냐?")
47
48        선택 = input("> ")
49
50        if "달아나기" in 선택:
51            출발()
52        elif "먹기" in 선택:
53            죽음("음 맛이 좋군요!")
54        else:
55            크툴루_방()
56
57
58    def 죽음(이유):
59        print(이유, "잘 했어요!")
60        exit(0)
61
62    def 출발():
63        print("어두운 방에 있습니다.")
64        print("오른쪽과 왼쪽에는 문이 있습니다.")
65        print("어느 쪽을 고를까요?")
66
67        선택 = input("> ")
68
69        if 선택 == "왼쪽":
70            곰_방()
71        elif 선택 == "오른쪽":
72            크툴루_방()
73        else:
74            죽음("문 주위에서 맴돌기만 하다 굶어 죽었습니다.")
75
76
77    출발()
```

35.1 실행 결과

저는 이렇게 했습니다.

Exercise 35 Session

```
$ python3.6 ex35.py
어두운 방에 있습니다.
오른쪽과 왼쪽에는 문이 있습니다.
어느 쪽을 고를까요?
> 왼쪽
여기에는 곰이 한 마리 있습니다.
곰은 꿀을 잔뜩 들고 있습니다.
뚱뚱한 곰은 다른 쪽 문 앞에 있습니다.
어떻게 곰을 움직이겠습니까?
> 곰 놀리기
곰이 문에서 비켜섰습니다. 이제 나갈 수 있습니다.
> 문 열기
황금으로 가득 찬 방입니다. 얼마나 가져갈까요?
> 1000
욕심쟁이 얼간이 같으니! 잘 했어요!
```

35.2 더 해보기

1. 게임의 지도를 그려보고 그 지도에서 이동하는 방법도 그려보세요.

2. 오타를 포함해 모든 실수를 다 고치세요.

3. 이해가 안 되는 함수에 주석을 다세요.

4. 게임을 늘려보세요. 단순화해 보기도 하고, 확장도 해보세요.

5. **황금_방**은 이상한 방식으로 숫자를 입력받으려 하고 있습니다. 이 방식대로 했을 때 생길 수 있는 버그를 모두 생각해보세요. 제가 만든 것보다 더 나은 방식으로 고칠 수 있나요? 단서를 드릴게요. int()가 어떤 식으로 동작하는지 살펴보세요.

35.3 자주 묻는 질문

Q. **도와주세요! 이 프로그램 어떻게 돌아가는 거죠?**

A. 소프트웨어 부분 부분이 이해하기 어려울 때마다, 모든 줄 위에 글로 주석

을 달고 무슨 일을 하는지 설명해보세요. 주석은 짧게, 코드와 비슷하게 유지하세요. 다음으로 어떻게 동작하는지 흐름도를 그려보거나 한두 문단 정도 설명을 써보세요. 이렇게 해보면 이해할 수 있습니다.

Q. 왜 while True:를 하죠?

A. 이렇게 하면 무한 순환을 만들어요.

Q. exit(0)은 무슨 일을 하죠?

A. 많은 운영체제에서 프로그램은 exit(0)으로 종료할 수 있고 넘겨진 숫자는 오류가 있는지 없는지를 가리킵니다. exit(1)이라고 한다면 오류가 되고, exit(0)은 올바른 종료입니다(보통의 불 논리(0==False)와 반대인 이유는, 서로 다른 오류를 가리키기 위해 다른 숫자를 쓸 수 있기 때문입니다. exit(2)나 exit(1)과 다른 오류를 내려면 exit(100)이라고 할 수도 있습니다).

Q. 왜 input()은 가끔 input("> ")으로 쓰이죠?

A. input의 매개변수는 사용자 입력을 받기 전 프롬프트로 출력할 문자열이기 때문입니다.

연습 36

——

설계와 디버그

이번에는 문제를 방지하는 데 도움이 되는 if문, for문과 while문을 다루는 규칙 몇 가지를 알아보려고 합니다. 또한 디버그에 도움이 되는 프로그램의 문제를 알아 내는 법도 몇 가지 알려주겠습니다. 마지막으로 지난 장과 비슷하지만 조금 꼬아놓은 미니 게임을 설계해봅시다.

36.1 if문 규칙

1. 모든 if문에는 else를 넣으세요.
2. else 부분이 있을 수 없는 경우라서 절대 실행되지 않는다면, 지난 장처럼 else 안에 오류를 내고 프로그램을 죽이는 die 함수를 쓰세요. 이렇게 하면 많은 오류를 찾을 수 있습니다.
3. 절대 if문을 두 단계 넘게 중첩하지 마세요. 항상 한 단계로 유지할 수 있도록 노력하세요. 이 말은 if 안에 if를 두었다면 두 번째 if를 다른 함수로 옮길 방법을 찾으라는 뜻입니다.
4. if문을 문단처럼 다루고 그 안의 if, elif, else 묶음 각각을 문장 집합처럼 다루세요. 그리고 앞뒤로 빈 줄을 두세요.
5. 불 검사는 단순해야 합니다. 복잡하다면 계산을 함수 앞으로 옮기고 변수에 좋은 이름을 붙이세요.

이 간단한 규칙만 따라도 대부분의 프로그래머보다 나은 코드를 짤 수 있게 됩니다. 지난 장으로 돌아가서 책의 코드가 이 규칙을 따랐는지 살펴보세요. 아니라면 제가 잘못한 부분을 고쳐보세요.

실생활에서는 절대로 이 규칙의 노예가 되지 마세요. 훈련 목적으로 사고를 단련하려면 따를 필요가 있지만, 실생활에서는 가끔 너무 바보 같은 규칙일 수도 있습니다. 바보 같은 규칙이라는 생각이 들면 따르지 마세요.

36.2 순환문 규칙

1. 영원히 순환해야 할 때만 while문을 쓰세요. 절대로 쓰지 말라는 뜻에 가깝습니다. 파이썬에만 적용되는 규칙이고, 다른 언어에서는 다릅니다.
2. 다른 모든 경우, 특히 고정 횟수나 제한된 횟수만큼 순환해야 한다면 for 문을 쓰세요.

36.3 디버그 도움말

1. '디버거(debugger)'는 쓰지 마세요. 디버거는 환자를 전신 스캔하는 셈입니다. 쓸모 있는 정보를 정확하게 얻지 못하고, 도움이 안 되면서 헷갈리기만 하는 정보를 엄청나게 찾게 됩니다.
2. 프로그램을 디버깅하는 가장 좋은 방법은 잘못 돌아가듯이 보이는 부분에서 print로 변수 값을 출력하는 것입니다.
3. 항상 일정 분량을 작업한 후에 잘 동작하나 확인하세요. 실행하기 전에 거대한 파일을 만들지 마세요. 조금씩 짜고, 조금씩 실행해 보고, 조금씩 고치세요.

36.4 숙제

이제 지난 장에 나온 것과 비슷한 게임을 만들어보세요. 같은 형식이라면 여러분이 좋아하는 어떤 종류의 게임도 좋습니다. 1주 정도 만들어보고 가능한 한 재미있게 만드세요. '더 해보기'로는 가능한 한 많은 리스트, 함수, 모듈(13장에 나왔어요)을 써보세요. 게임을 만드는 데 쓸 수 있는 파이썬 코드 토막도 가능한 한 많이 찾아보세요.

하지만 코드를 짜기 전에 게임 지도부터 만들어야 합니다. 방, 괴물, 함정은 코드로 짜기 전에 종이로 먼저 플레이해보아야 합니다. 지도를 완성하면 코드로 짜기 시작하세요. 지도에서 문제를 찾으면 지도를 고치고 코드도 수정 사항에 맞추세요.

조그만 소프트웨어를 만드는 가장 좋은 방법을 소개합니다.

1. 종이를 펼치고 소프트웨어를 완성하려면 해야 하는 일을 써내려가세요. 여러분의 할 일 목록입니다.
2. 목록 가운데 여러분이 할 수 있는 가장 쉬운 일을 고르세요.
3. 그 일을 앞으로 코드로 어떻게 작성할지 주석을 써보세요.
4. 주석 아래에 코드를 짜보세요.
5. 스크립트를 실행해서 코드가 잘 돌아가는지 확인하세요.
6. 동작할 때까지 코드 짜기, 실행해서 테스트하기, 고치기를 반복하세요.
7. 끝난 작업은 줄을 그어 지워버리고, 다음으로 가장 쉬운 작업으로 넘어가기를 반복하세요.

이 과정을 따르면 체계적이고 지속적으로 작업해 나가는 데 도움이 됩니다. 작업 중에는 별로 필요 없는 일은 지우고 필요한 일은 더하는 식으로 목록을 갱신하세요.

연습 37

기호 점검

알고 있는 기호과 파이썬 용어를 점검하고, 앞으로 사용할 것 몇 가지를 더 배워볼 시간입니다. 알아두어야 할 모든 중요한 기호와 예약어(keyword)를 써보겠습니다.

이번 장에서는 먼저 각 예약어마다 무슨 일을 하는지 써봅시다. 다음으로는 인터넷에서 찾아보고 실제로 하는 일을 알아봅시다. 이 중 몇몇은 검색할 방도가 없어 어려울 수도 있지만, 그래도 해보세요.

틀리게 기억하고 있는 점을 찾으면 올바른 정의를 암기 카드에 쓰고 기억을 '교정'하세요. 무엇인지 모르는 것은 카드에 써두고 다음에 볼 수 있게 보관하세요.

마지막으로 작은 파이썬 프로그램을 만들어 할 수 있는 한 많이 써보세요. 핵심은 각 기호가 무슨 일을 하는지 알아내고, 확실히 올바르게 이해하고, 그렇지 않다면 교정하고, 그것을 절대 잊지 않게 기억하는 것입니다.

37.1 예약어

예약어	설명	예제
and	논리 and	True and False == False
as	with-as문의 일부	with X as Y: pass
assert	어떤 값이 참인지 검사	assert False, "Error!"
break	순환문 즉시 중단	while True: break
class	클래스(class) 정의	class Person(object)
continue	순환문 진행을 멈추고 즉시 다음으로 넘어감	while True: continue
def	함수 정의(define)	def X(): pass

del	딕셔너리에서 삭제(delete)	del X[Y]
elif	else if 조건	if: X; elif: Y; else: J
else	else 조건	if: X; elif: Y; else: J
except	오류가 발생하면 실행	except ValueError, e: print e
exec	문자열을 파이썬 코드로 실행	exec 'print "hello"'
finally	예외 발생 여부와 관계없이 마지막에 실행	finally: pass
for	항목 집합을 순환	for X in Y: pass
from	모듈의 특정 부분 임포트	import X from Y
global	전역 변수 선언	global X
if	if 조건	if: X; elif: Y; else: J
import	사용할 모듈 임포트	import os
in	for문의 일부. X in Y 검사의 일부	for X in Y: pass also 1 in [1] ==True
is	==처럼 동등성 검사	1 is 1 == True
lambda	짧은 익명 함수 만들기	s = lambda y: y ** y; s(3)
not	논리 not	not True == False
or	논리 or	True or False == True
pass	빈 블록	def empty(): pass
raise	잘못되었을 때 예외 발생시키기	(raise) raise ValueError("No")
return	함수를 종료하고 값 반환	def X(): return Y
try	블록을 시도하고 예외가 발생하면 except로 이동	try: pass
while	while문	while X: pass
with	표현식을 변수로 사용	with X as Y: pass
yield	잠시 멈추고 호출한 곳으로 돌아감	def X(): yield Y; X().next()

37.2 자료형

자료형(data type)마다 각각 만드는 방법을 써보세요. 예를 들어 문자열이라면 문자열 만드는 법을 쓰고, 숫자라면 숫자 몇 개를 쓰세요.

자료형	설명	예제
True	참 불 값 True	True or False == True
False	거짓 불 값 False	False and True == False
None	'아무것도 없음'이나 '값 없음' 표시	x = None
byte	텍스트, PNG, 파일 등 바이트 데이터를 저장	x = b"hello"
string	문자열. 텍스트 정보 저장	x = "hello"
number	수. 정수 저장	i = 100
float	부동소수점. 십진수 저장	i = 10.389
list	리스트. 항목 목록 저장	j = [1,2,3,4]
dict	딕셔너리. 항목의 키=값 매핑 저장	e = {'x': 1, 'y': 2}

37.3 문자열 탈출 문자열

문자열 탈출 문자열(string escape sequences)이 각각 무슨 일을 하는지 확실히 알 수 있게 문자열에서 넣어 써보세요.

탈출 문자열	설명
\\	역슬래시
\'	작은따옴표
\"	큰따옴표
\a	벨소리
\b	백스페이스
\f	폼피드
\n	줄바꿈
\r	캐리지 리턴
\t	탭
\v	수직 탭

37.4 구식 문자열 포맷

문자열 포맷도 마찬가지입니다. 무슨 일을 하는지 알 수 있게 문자열에서 써보세요. 이전 파이썬 2 코드는 f 문자열 대신 이 포맷 문자를 씁니다. 한번 써 보세요.

포맷	설명	예제
%d	십진수(부동소수점 제외)	"%d" % 45 == '45'
%i	%d와 같음	"%i" % 45 == '45'
%o	8진수	"%o" % 1000 == '1750'
%u	부호 없는 십진수	"%u" % -1000 == '-1000'
%x	소문자 16진수	"%x" % 1000 == '3e8'
%X	대문자 16진수	"%X" % 1000 == '3E8'
%e	소문자 'e'를 쓰는 지수 표기법	"%e" % 1000 == '1.000000e+03'
%E	대문자 'E'를 쓰는 지수 표기법	"%E" % 1000 == '1.000000E+03'
%f	부동소수점 실수	"%f" % 10.34 == '10.340000'
%F	%f와 같음	"%F" % 10.34 == '10.340000'
%g	%f든 %e든 짧은 쪽 사용	"%g" % 10.34 == '10.34'
%G	%g와 같지만 대문자	"%G" % 10.34 == '10.34'
%c	문자	"%c" % 34 == '"'
%r	디버그용 repr 포맷	"%r" % int == "<type 'int'>"
%s	문자열 포맷	"%s there" % 'hi' == 'hi there'
%%	퍼센트 기호	"%g%%" % 10.34 == '10.34%'

37.5 연산자

낯선 연산자(operator)도 몇 개 있지만 그래도 모두 살펴보세요. 무슨 일을 하는지 찾아보고 그래도 정말 모르겠으면 나중에 보세요.

연산자	설명	예제
+	덧셈	2 + 4 == 6
-	뺄셈	2 - 4 == -2
*	곱셈	2 * 4 == 8
**	지수	2 ** 4 == 16

/	나눗셈	`2 / 4.0 == 0.5`
//	나눗셈(소수점 버림)	`2 / 4.0 == 0.0`
%	문자열 삽입 또는 나머지	`2 % 4 == 2`
<	작다	`4 < 4 == False`
>	크다	`4 > 4 == False`
<=	작거나 같다	`4 <= 4 == True`
>=	크거나 같다	`4 >= 4 == True`
==	같다	`4 == 5 == False`
!=	다르다	`4 != 5 == True`
( )	소괄호(parenthesis)	`len('hi') == 2`
[ ]	리스트 대괄호(bracket)	`[1,3,4]`
{ }	사전 중괄호(brace)	`{'x': 5, 'y': 10}`
@	장식자 또는 데코레이터(decorator)	`@classmethod`
,	쉼표(comma)	`range(0, 10)`
:	쌍점(colon)	`def X():`
.	점(dot)	`self.x = 10`
=	대입	`x = 10`
;	쌍반점(semi-colon)	`print ("hi"); print ("there")`
+=	더하고 대입	`x = 1; x += 2`
-=	빼고 대입	`x = 1; x -= 2`
*=	곱하고 대입	`x = 1; x *= 2`
/=	나누고 대입	`x = 1; x /= 2`
//=	나누고 대입(소수점 버림)	`x = 1; x //= 2`
%=	나머지 대입	`x = 1; x %= 2`
**=	지수 대입	`x = 1; x **= 2`

이번 장에 1주 정도 시간을 들이세요. 혹시 더 빨리 끝낸다면 대단한 겁니다. 중요한 점은 이 모든 기호를 살펴보고 머리에 확실히 새겨두는 것입니다. 또 하나 중요한 점은 무엇을 모르는지 알아내 나중에 배울 수 있도록 하는 것입니다.

37.6 코드 읽기

이제 읽어볼 파이썬 코드를 찾으세요. 할 수 있는 한 어떤 파이썬 코드든 찾아서 읽어보고, 찾아낸 코드에서 아이디어를 훔쳐내보세요. 사실 코드 읽기에는 충분한 지식이 있지만, 그 코드가 무얼 하는지는 이해하지 못할 수도 있습니다. 이번 장에서는 앞에서 배운 내용을 다른 사람의 코드를 읽는 데 적용하는 방법을 배워보겠습니다.

먼저 이해하고 싶은 코드를 출력하세요. 네, 여러분의 눈과 머리는 컴퓨터 화면보다는 종이를 읽는 데 많이 쓰였으니, 출력하세요. 한 번에 몇 쪽씩만 출력하세요.

둘째, 출력본에 다음 내용을 표시하세요.

1. 함수와 그 함수가 하는 일
2. 변수에 처음으로 값이 들어가는 곳
3. 프로그램의 서로 다른 부분에서 같은 이름을 쓰는 변수. 같은 이름을 사용하면 나중에 문제가 될 수 있습니다.
4. else절이 없는 if문. 괜찮은가요?
5. 끝나지 않을 수 있는 while문
6. 어떤 이유로든 이해할 수 없는 코드가 있다면 표시하세요.

셋째, 모두 표시했다면 주석을 써가며 스스로 설명해보세요. 함수, 함수가 어떻게 쓰였는지, 어떤 변수가 연관되었는지, 그밖에 코드에서 찾을 수 있는 것은 뭐든지 설명하세요.

마지막으로 어렵다고 느낀 모든 부분에서 줄마다, 함수마다 변수의 값을 추적해보세요. '추적'을 하려면 출력을 추가하고 여백에 변수의 값을 적어 넣으면 됩니다.

어떤 일을 하는 코드인지 알겠다면 컴퓨터로 돌아가 다시 읽어보면서 빠뜨린 부분이 있나 확인하세요. 더 이상 출력할 필요가 없을 때까지 더 많은 코드를 계속 찾으며 반복하세요.

37.7 더 해보기

1. '흐름도(flow chart)'가 무엇인지 찾아보고 그려보세요.
2. 읽던 코드에서 오류를 찾으면 고친 다음 바꾼 내용을 원작자에게 보내보
   세요.
3. 종이를 쓰지 않는 다른 기법으로는 코드에 # 주석으로 메모할 수도 있습
   니다. 가끔은 다음 사람을 돕는 진짜 주석이 될 수도 있고요.

37.8 자주 묻는 질문

Q. 인터넷에서 이런 내용을 어떻게 찾아보죠?

A. 무엇을 찾으려 하든 앞에는 'python'을 붙이세요. 예를 들어 yield에 대해
   찾으려면 python yield를 검색하세요.

연습 38

리스트 다루기

리스트에 대해서는 이미 배웠습니다. while문을 배울 때 리스트 끝에 숫자를 '덧붙이고(append)' 출력했죠. '더 해보기'에서는 파이썬 문서에서 리스트에서 할 수 있는 모든 것을 찾아보았습니다. 방금 전에 한 내용이니 무슨 말인지 모르겠으면 다시 살펴보세요.

찾았나요? 기억나요? 좋아요. 지난번에는 리스트가 하나 있었고 그 리스트에서 append 함수를 '호출'했습니다. 하지만 정말로 무슨 일이 일어나는지는 이해하지는 못했을지도 모르겠습니다. 그러니 리스트에서 무얼 할 수 있는지 살펴봅시다.

mystuff.append('hello')라는 파이썬 코드를 짜면, 실제로는 파이썬에서 mystuff 리스트에 어떤 이벤트들을 연속적으로 일으킵니다.

다음과 같은 식으로 동작합니다.

1. 파이썬이 변수 목록에서 mystuff를 찾습니다. =를 이용해 만들었는지, 함수 매개변수인지, 전역 변수인지 알아내려면 만든 데까지 되돌아가서 찾아야 할 수도 있습니다. 어느 쪽이든 mystuff를 먼저 찾습니다.

2. mystuff를 찾아내면 .(점) 연산자를 지나 mystuff의 안에 든 변수를 찾기 시작합니다. mystuff는 리스트니까 mystuff에는 함수가 잔뜩 있다는 것도 알고 있습니다.

3. 다음으로 append를 보고 그 이름 'append'를 mystuff에 들어 있는 모든 내용물과 비교합니다. append가 있다면 쓰기 위해 꺼냅니다(리스트에는 append 함수가 있죠).

4. 다음으로는 파이썬이 (를 보고 "이거 함수겠구나."하고 깨닫습니다. 이 지점에서 파이썬은 이 함수를 보통 함수처럼 호출(다른 말로는 실행)하는 데, 대

신 매개변수 하나를 맨 앞에 덧붙입니다.

5. 그 매개변수는 바로… mystuff입니다! 이상하게 보이죠? 저도 알아요. 하지만 파이썬은 이런 식으로 돌아가니까 그냥 기억해두고 이게 맞다고 여기는 게 좋습니다. 이 모든 게 끝난 다음에는 append(mystuff, 'hello')처럼 보이는 함수 호출이 일어납니다. 눈에 보이듯 mystuff.append('hello')가 아니라요.

대부분의 경우에는 이런 일이 일어나는지 몰라도 돼요. 하지만 파이썬이 다음과 같은 오류 메시지를 낼 때는 이 과정을 아는 게 도움이 됩니다.

```
$ python3.6
>>> class 어떤_것(object):
...     def 테스트(메시지):
...         print(메시지)
...
>>> a = 어떤_것()
>>> a.테스트("안녕")
Traceback (most recent call last):
  File "<stdin>", line 1, in <module>
TypeError: 테스트() takes 1 positional argument but 2 were given
>>>
```

파이썬 셸에 무언가 입력하니 무언가 외계어같은 내용이 출력되었습니다. 여기서 나오는 클래스(class)에 대해 아직 모르겠지만, 나중에 배울 예정입니다. 위 결과를 보면 파이썬은 '테스트() takes 1 positional argument but 2 were given'이라는 오류를 내고 있습니다. 이 오류는 파이썬이 a.테스트("안녕")을 테스트(a, "안녕")으로 바꾸었다는 뜻이고, 어딘가의 누군가가 잘못해서 a에 대한 실행인자를 넣지 않았다는 뜻입니다.

한번에 이해하기엔 너무 많은 내용일 수도 있겠지만, 이 개념을 확실히 기억할 수 있도록 몇 장 더 연습해보겠습니다. 그럼 온갖 재미는 다 갖춘 문자열과 리스트가 섞인 예제로 박차를 가해봅시다.

ex38.py

```
1    열_가지 = "사과 귤 까마귀 전화기 빛 설탕"
2
3    print("잠깐 아직 목록에 10개가 들어있지 않으니 한 번 고쳐봅시다.")
4
5    물건 = 열_가지.split(' ')
6    다른_물건 = ["낮", "밤", "노래", "부메랑",
7                  "옥수수", "바나나", "아이", "어른"]
8
9    while len(물건) != 10:
10       next_one = 다른_물건.pop()
11       print("추가: ", next_one)
12       물건.append(next_one)
13       print(f"이제 {len(물건)} 항목이 있습니다.")
14
15   print("한 번 볼까요! ", 물건)
16
17   print("이걸로 무언가 해봅시다.")
18
19   print(물건[1])
20   print(물건[-1]) # 워어! 좋은데?
21   print(물건.pop())
22   print(' '.join(물건)) # 뭐? 멋져!
23   print('#'.join(물건[3:5])) # 엄청나구나!
```

38.1 실행 결과

Exercise 38 Session

```
$ python3.6 ex38.py
잠깐 아직 목록에 10개가 들어있지 않으니 한 번 고쳐봅시다.
추가:  어른
이제 7 항목이 있습니다.
추가:  아이
이제 8 항목이 있습니다.
추가:  바나나
이제 9 항목이 있습니다.
추가:  옥수수
이제 10 항목이 있습니다.
한 번 볼까요!  ['사과', '귤', '까마귀', '전화기', '빛', '설탕', '어른', '아이', '바나나', '옥수수']
이걸로 무언가 해봅시다.
귤
옥수수
옥수수
사과 귤 까마귀 전화기 빛 설탕 어른 아이 바나나
전화기#빛
```

38.2 리스트로 할 수 있는 일

컴퓨터로 카드 게임을 만든다고 생각해봅시다. 카드 게임을 만들려면 '카드 더미'라는 개념을 파이썬 프로그램에 넣어야 합니다. 비록 가상이지만 플레이어가 게임이 현실이라고 믿도록 카드 더미가 어떻게 동작하도록 할 것인지도 파이썬 코드로 짜야 하지요. 여러분에게 필요한 것은 '카드 더미' 구조입니다. 프로그래머들이 '자료구조'라고 부르는 것이지요.

자료구조(data structure)란 무엇일까요? 자료(data)를 구조화(organize, structure)하는 정형화된 방법입니다. 정말로 그런 단순한 얘기에요. 자료구조 가운데는 끔찍하게 복잡한 것들도 있지만, 결국은 프로그램에 자료를 저장해 두고 다양한 방법으로 접근할 수 있도록 하는 방법 가운데 하나일 뿐이지요. 그것이 자료를 구조화하는 것입니다.

다음 장에서 좀 더 자세히 다룰 테지만, 리스트(list)는 프로그래밍에서 아주 흔하게 쓰는 자료구조 가운데 하나입니다. 자료를 순서대로 늘어놓은 목록(list)이고, 순번으로 임의로든 순서대로든 저장하거나 접근할 수 있습니다. 리스트는 현실의 목록보다 딱히 더 복잡하진 않습니다. 카드 더미를 예로 리스트를 살펴볼까요?

1. 값이 적힌 카드 한 뭉치가 있습니다.
2. 카드는 쌓을 수도, 일렬로 둘 수도, 번호순으로 정렬해 둘 수도 있습니다.
3. 카드를 맨 위나 맨 아래, 중간 아무 위치에서 뽑을 수 있습니다.
4. 특정 카드가 필요하면 카드 더미를 들고 한 장씩 넘겨볼 수도 있지요.

앞에서 한 얘기랑 비교해봅시다.

"순서대로 늘어놓은 목록"

카드 더미에는 첫 카드도 있고 마지막 카드도 있습니다.

"순번으로"

대부분의 경우 카드 더미에서 19번 카드를 달라고 하면 19번까지 세어서 찾아주겠지요. 파이썬 리스트를 쓸 때는 컴퓨터가 필요한 번호로 한번에 건너뛸 수 있습니다.

"임의로든"

더미 아무데서나 꺼낼 수도 있고요.

"순서대로든"

처음부터 시작해서 하나씩 볼 수도 있지요.

"저장하거나 접근"

카드를 쌓아두거나 어떤 카드인지 볼 수 있습니다.

리스트란 이런 겁니다. 프로그래밍에서의 개념을 잡는 데 도움이 되겠지요. 프로그래밍에서 쓰이는 개념은 대부분 현실 세계와도 연관이 있습니다. 최소한 쓸모 있는 개념들은요. 현실 세계에서 유사한 개념을 찾아낸다면 자료구조를 어떻게 만들어야 하는지도 아는 셈입니다.

38.3 리스트를 써야 할 때

만들어야 하는 자료구조에서 다음과 같은 유용한 특성이 필요하다면 리스트를 써야 합니다.

1. 순서를 관리해야 할 때. 목록의 순번을 의미하지 '정렬된' 순서를 의미하는 게 아닙니다. 리스트는 정렬을 해주지는 않아요.
2. 숫자를 이용해 임의의 위치에 접근해야 할 때. 이때 숫자는 0부터 시작하는 '기수(cardinal)'입니다.
3. 내용물을 (처음부터 끝까지) 순서대로 처리할 필요가 있을 때. 'for 순환문'을 이 용도로 씁니다.

38.4 더 해보기

1. 호출된 함수를 하나씩 보면서 앞에서 보여준 방법대로 파이썬이 하는 일로 풀어서 써보세요. 예를 들어 **다른_물건.pop( )**은 pop(**다른_물건**)으로요.

2. 이걸 두 가지 방법으로 번역하면서 함수 호출을 살펴봅시다. 예를 들어 **다른_물건.pop()**은 "다른_물건에서 pop을 호출한다"라고 읽을 수 있습니다. 한편 "pop을 매개변수 **다른_물건**과 함께 호출한다"라고 읽을 수도 있지요. 이 둘이 같다는 점을 이해해야 합니다.

3. 인터넷에서 '객체지향 프로그래밍(object-oriented programming)'에 대해 찾아 읽어보세요. 헷갈리나요? 저도 그랬습니다. 걱정 마세요. 과할 정도로 충분히 배울 예정이고 나중에 천천히 더 배울 수 있습니다.

4. 파이썬에서 '클래스(class)'란 무엇인지 찾아 읽어보세요. 다른 언어가 '클래스'를 어떻게 쓰는지는 보지 마세요. 여러분의 머리를 헤집어 놓을 뿐입니다.

5. 혹시 무슨 말인지 모르겠더라도 걱정하지 마세요. 프로그래머는 똑똑한 척하길 좋아해서 객체지향 프로그래밍(Object-Oriented Programming, OOP)을 만들어냈고, 지나치게도 많이 썼습니다. 어렵다고 느낀다면 '함수형 프로그래밍(functional programming)'을 해볼 수 있습니다.

6. 실생활에서 리스트에 맞을 만한 예제를 10가지를 찾아보세요. 그리고 그 리스트를 활용하는 스크립트를 짜보세요.

38.5 자주 묻는 질문

Q. while문은 쓰지 말라고 하지 않았나요?
A. 네. 그러나 좋은 이유가 있을 때는 규칙을 지키지 않아도 된다는 점을 기억하세요. 멍청이들만 항상 예외 없는 규칙의 노예가 됩니다.

Q. 왜 join(' ', 물건)은 안 돌아가나요?
A. join은 그런 식으로 동작하지 않고, 대신 삽입할 문자열에서 메서드로 호출해 그 문자열을 사이에 넣고 연결(join)할 리스트를 받도록 되어 있습니다. ' '.join(물건)처럼 쓰세요.

Q. 왜 while 순환문을 썼나요?
A. for 순환문으로 한 번 바꾸어 보고 그게 더 쉬운지 확인해보세요.

Q. 물건[3:5]는 무엇을 하나요?

A. 물건 리스트에서 3 원소에서 4 원소까지, 즉 5 원소는 빼고 '분할(slice)'을 만듭니다. range(3, 5)의 동작과 비슷하죠.

연습 39

유용한 도구, 사전

이제 사전(dictionary)이라는 파이썬의 자료구조를 배워봅시다. 사전(또는 dict)은 리스트와 마찬가지로 자료를 저장할 수 있지만, 자료를 꺼낼 때 숫자만 쓰는 대신 거의 모든 걸 쓸 수 있습니다. 덕분에 사전은 자료를 저장하고 조직하는 데 쓸 수 있는 데이터베이스(database)처럼 다룰 수 있습니다.

사전이 할 수 있는 일과 리스트가 할 수 있는 일을 비교해봅시다. 앞에서 본 것처럼 리스트는 다음과 같이 쓸 수 있습니다.

```
>>> 내용물 = ['a', 'b', 'c', 'd']
>>> print(내용물[1])
b
>>> 내용물[1] = 'z'
>>> print(내용물[1])
z
>>> print(내용물)
['a', 'z', 'c', 'd']
>>>
```

리스트는 숫자로 '색인(index)'할 수 있는데, 안에 든 내용을 숫자로 찾을 수 있다는 뜻입니다. 여러분은 리스트의 이런 속성을 이미 알고 있습니다. 하지만 리스트에서 항목을 가져오려면 오직 숫자만 쓸 수 있다는 점은 확실히 짚어 둡시다.

dict에는 숫자뿐만 아니라 뭐든지 쓸 수 있습니다. 네, 사전은 그게 뭐든지 간에 한 항목을 다른 항목으로 연관(associate)시켜 줍니다.

```
>>> 내용물 = {'이름': 'Zed', '나이': 39, '키': 6 * 12 + 2}
>>> print(내용물['이름'])
Zed
>>> print(내용물['나이'])
39
>>> print(내용물['키'])
```

```
74
>>> 내용물['도시'] = '대전'
>>> print(내용물['도시'])
대전
>>>
```

내용물 사전에서 꺼내올 내용을 정할 때 숫자 대신 문자열을 쓰고 있습니다. 또한 문자열로 새 항목을 넣을 수도 있습니다. 하지만 꼭 문자열일 필요는 없습니다. 이렇게 할 수도 있습니다.

```
>>> 내용물[1] = '우와'
>>> 내용물[2] = '엄청나'
>>> print(내용물[1])
우와
>>> print(내용물[2])
엄청나
>>> print(내용물)
{'이름': 'Zed', '나이': 39, '키': 74, '도시': '대전', 1: '우와', 2: '엄청나'}
>>>
```

이 코드에서는 숫자를 썼고, 사전을 출력해 보면 문자열과 숫자가 모두 키 (key)로 된 것을 볼 수 있습니다. 무엇이든(음, '무엇이든'은 아니고 '대부분'이지만 지금은 아무거나 쓸 수 있는 척 할게요) 쓸 수 있습니다.

물론 내용을 추가할 수만 있는 사전은 아주 바보 같으니까 del 예약어로 지우는 법도 봅시다.

```
>>> del 내용물['도시']
>>> del 내용물[1]
>>> del 내용물[2]
>>> 내용물
{'이름': 'Zed', '나이': 39, '키': 74}
>>>
```

39.1 사전 예제

이번에는 아주 신중하게 탐구해 보아야 할 예제입니다. 코드를 따라 써보고 어떻게 돌아가는 코드인지 이해해야 합니다. 사전에 무언가 넣거나, 꺼내거나, 뭐든 연산이 일어날 때마다 메모해둡시다. 예제에서 각 도 이름을 줄임말과 이어주는 방법을 살펴보세요.

ex39.py

```
1    # 도이름에서 약자로의 매핑(mapping)을 만듭니다
2    도들 = {
3        '충청북도': '충북',
4        '경상북도': '경북',
5        '전라남도': '전남',
6        '경기도': '경기',
7        '강원도': '강원'
8    }
9
10   # 기본적인 도와 도시 묶음을 만듭니다.
11   도시들 = {
12       '전남': '광주',
13       '강원': '원주',
14       '경북': '대구'
15   }
16
17   # 도시 몇 개를 더 씁니다
18   도시들['경기'] = '수원'
19   도시들['충북'] = '충주'
20
21   # 도시를 출력합니다
22   print('-' * 10)
23   print("경기도에는 ", 도시들['경기'])
24   print("충청북도에는 ", 도시들['충북'])
25
26   # 도를 출력합니다
27   print('-' * 10)
28   print("강원도의 약자는 ", 도들['강원도'])
29   print("경상북도의 약자는 ", 도들['경상북도'])
30
31   # 도 이름 사전과 도시 사전을 차례로 써봅니다
32   print('-' * 10)
33   print("강원도에는 ", 도시들[도들['강원도']])
34   print("경상북도에는 ", 도시들[도들['경상북도']])
35
36   # 도 이름 약자를 모두 출력해봅니다
37   print('-' * 10)
38   for 도, 줄임말 in 도들.items():
39       print(f"{도}의 줄임말은 {줄임말}입니다")
40
41   # 도에 있는 도시를 모두 출력해봅니다
42   print('-' * 10)
43   for 줄임말, 도시 in 도시들.items():
44       print(f"{줄임말}에는 {도시}시가 있습니다")
45
46   # 둘을 한번에 해봅니다
47   print('-' * 10)
```

```
48    for 도, 줄임말 in 도들.items():
49        print(f"{도}의 줄임말은 {줄임말}이고")
50        print(f"거기엔 {도시들[줄임말]}시가 있습니다")
51
52    print('-' * 10)
53    # 없을 수도 있는 도 이름 약자를 안전하게 받아옵니다
54    도 = 도들.get('제주도', None)
55
56    if not 도:
57        print("제주도는 없습니다.")
58
59    # 도시를 기본 값을 넣고 가져옵니다
60    도시 = 도시들.get('제주', '없습니다')
61    print(f"'제주'의 도시는 {도시}")
```

39.2 실행 결과

Exercise 39 Session

```
$ python3.6 ex39.py
----------
경기도에는  수원
충청북도에는  충주
----------
강원도의 약자는  강원
경상북도의 약자는  경북
----------
강원도에는  원주
경상북도에는  대구
----------
충청북도의 줄임말은 충북입니다
경상북도의 줄임말은 경북입니다
전라남도의 줄임말은 전남입니다
경기도의 줄임말은 경기입니다
강원도의 줄임말은 강원입니다
----------
전남에는 광주시가 있습니다
강원에는 원주시가 있습니다
경북에는 대구시가 있습니다
경기에는 수원시가 있습니다
충북에는 충주시가 있습니다
----------
충청북도의 줄임말은 충북이고
거기엔 충주시가 있습니다
경상북도의 줄임말은 경북이고
거기엔 대구시가 있습니다
전라남도의 줄임말은 전남이고
```

거기엔 광주시가 있습니다
경기도의 줄임말은 경기이고
거기엔 수원시가 있습니다
강원도의 줄임말은 강원이고
거기엔 원주시가 있습니다
——————
제주도는 없습니다.
'제주'의 도시는 없습니다

39.3 사전으로 할 수 있는 일

사전은 리스트처럼 또 다른 자료구조 가운데 하나이며, 프로그래밍에서 가장 널리 쓰이는 자료구조 가운데 하나이기도 합니다. 사전은 항목을 키(key)에 매핑(mapping)하거나 연관(associate)시켜 두고 키로 항목을 찾아낼 때 씁니다. 한편 사전이라는 용어가 쓰이는 이유는 단어가 빼곡히 적힌 실제 사전(dictionary)과 비슷하게 쓰이기 때문입니다. 실생활의 예제로 설명해 볼까요.

'자늑자늑하다'가 무슨 뜻인지 사전에서 찾고 싶다고 가정해보세요. 요즘은 그냥 복사해서 검색 엔진에 붙여넣기만 하면 답이 나오기도 하는데, 검색 엔진은 아주 거대하고 복잡한 국어대사전과 비슷하다고 할 수도 있습니다.

검색엔진이 생기기 전에는 다음과 같은 방법으로 찾았어요.

1. 도서관에 가서 '사전'을 꺼냅니다. 국어대사전이라고 생각하세요.
2. '자늑자늑하다'는 'ㅈ'으로 시작합니다. 사전에서 'ㅈ' 부분을 펼칩니다.
3. '자'로 시작하는 부분을 찾을 때까지 책장을 넘기면서 훑어봅니다.
4. 몇 쪽을 더 넘기면서 '자늑자늑하다'가 있나 훑어봅니다. 어쩌면 '쟈'가 나오고 이 단어는 국어대사전에는 없는 단어라는 걸 깨달을 수도 있어요.
5. 항목을 찾아내면 무슨 뜻인지 사전 정의를 읽어보기 시작합니다.

이 절차는 dict의 동작 방식과 거의 똑같습니다. '자늑자늑하다'라는 단어를 그 뜻과 '매핑'하고 있는 거에요.

파이썬의 사전은 국어대사전 같은 진짜 사전과 비슷한 셈이죠.

39.4 사전과 리스트 골라 쓰기

38장에서도 언급했지만 리스트는 항목을 담고 순서가 있는 구조로 정리하는 성질이 있습니다. 사전도 비슷하지만 키를 값으로 매핑하는 성질이 있다는 점이 다릅니다. 이런 차이 때문에 다음과 같은 상황에서 쓰입니다.

1. 이름, 주소 등 키가 될 만한 식별자를 이용해 값을 꺼내야 할 때
2. 순서를 지키지 않아도 될 때. 사전은 순서를 마음대로 편집할 수 없으므로 순서가 필요하면 리스트를 써야 함
3. 항목과 키를 함께 넣거나 빼려고 할 때

즉 숫자가 아닌 키를 써야 하면 사전을, 순서를 지켜야 하면 리스트를 써야 한다는 뜻입니다.[1]

39.5 더 해보기

1. 다른 나라로도 이렇게 도/도시 매핑(mapping)을 해보세요.
2. 사전(dictionary, dict)에 대한 파이썬 문서를 찾아보고 다른 일도 해보세요.
3. 사전으로 할 수 없는 일을 찾아내 보세요. 순서가 없는 경우 사전으로는 하기 어려우니, 관련된 코드를 짜보세요.

---

[1] (옮긴이) 옛날의 파이썬 자료에는 사전은 순서가 보장되지 않는다고 쓰여있었지만, 파이썬 3.6을 사용하면 사전도 값을 추가한 순서를 보존하게 됩니다. 하지만 여전히 리스트와 사전을 골라야 한다면 두 가지 이유로 순서가 중요한 기준이 됩니다.

    1) 사전에 입력한 값은 순서를 갖지만, 여러분 마음대로 이 순서를 변경할 수는 없습니다. 먼저 넣은 값은 항상 앞에 있고 나중에 넣은 값은 항상 뒤에 있게 됩니다. '내가 원하는 값을 가장 처음 값으로 끼워넣기' 같은 걸 리스트로만 할 수 있다는 뜻입니다.

    2) 여러분에게 지금 단계에서 중요한 문제는 아니지만, 사전이 순서를 보존하는 기능은 파이썬3.6의 구현 세부사항일 뿐이고 (아직) 표준화된 기능이 아닙니다. 사전의 순서에 의존하는 코드는 파이썬의 버전이나 구현체에 따라 의도대로 동작하지 않을 수 있습니다.

39.6 자주 묻는 질문

Q. 리스트와 사전은 뭐가 다르죠?

A. 리스트(list)는 항목을 차례로 나열한 목록입니다. 사전(dict)은 어떤 항목 (키, key)을 다른 항목(값, value)으로 연결합니다.

Q. 사전은 어디에 써야 하죠?

A. 한 값으로 다른 값을 '찾아볼 때(look up, 순람)' 쓰세요. 사전은 '순람표 (lookup table)'라고도 부릅니다.

Q. 리스트는 어디에 써야 하죠?

A. 리스트는 차례를 지켜야 하는 순서 있는 항목이고, 숫자로만 값을 찾아도 괜찮을 때만 씁니다.

Q. 사전이 필요하지만 순서를 지켜야 할 때는 어떻게 하죠?

A. 파이썬의 collections.OrderedDict 자료형에 대해 살펴보세요. 인터넷에서 문서를 찾아보세요.[2]

---

2 (옮긴이) 바로 앞에서 언급한 것처럼, 파이썬 3.6에서는 사전도 순서를 갖습니다. 그래서 dict와 collections. OrderedDict는 거의 비슷하지만, OrderedDict를 쓰면 사전에 든 값의 순서도 조금 변경할 수 있습니다. 관심이 있다면 찾아보세요.

연습 40

모듈, 클래스, 객체

파이썬은 '객체지향(Object-Oriented) 프로그래밍 언어'라 부르는 언어 종류 가운데 하나입니다. 파이썬에는 소프트웨어의 구조를 특별한 방식으로 짤 수 있는 클래스(class)라는 구성물이 있다는 뜻이에요. 클래스를 사용하면 프로그램에 일관성(consistency)을 더해 깔끔한 방식으로 사용할 수 있습니다. 최소한 이론으로는 그래요.

이번에는 여러분이 사전과 모듈(module)에 대해 이미 아는 내용을 바탕으로 객체지향 프로그래밍, 클래스, 객체(object)의 기초를 배워봅시다. 객체지향 프로그래밍(Object-Oriented Programming, OOP)은 확실히 괴상하다는 게 여전히 문제에요. 어쩔 수 없지만 고생하면서 책 내용을 이해하려 노력하고, 코드로 써야 합니다. 그러면 다음 장에서는 이 내용을 확실히 이해시켜 드릴게요.

시작해봅시다.

40.1 사전을 닮은 모듈

사전을 어떻게 만들고 쓰는지는 잘 알고 있습니다. 한 항목을 다른 항목으로 연결시키는 것이죠. 즉 '사과'라는 키가 든 사전이 있고 그 내용을 꺼내고 싶다면 이렇게 한다는 뜻입니다.

```
1    mystuff = {'사과': "나는 사과다!"}
2    print(mystuff['사과'])
```

'X를 Y에서 가져온다'는 생각을 계속하면서 모듈에 대해서도 생각해봅시다.

앞에서 몇 번 만들어보았으니, 다음과 같은 내용을 알고 있어야 합니다.

1. 모듈은 함수나 변수가 든 파이썬 파일입니다.

2. 모듈은 임포트(import)할 수 있습니다.

3. 그러면 모듈에 든 함수와 변수에 .(점) 연산자로 접근할 수 있습니다.

이름을 mystuff.py로 짓기로 한 모듈이 있고 **사과**라는 함수를 넣는다고 가정해봅시다. mystuff.py 모듈의 내용입니다.

```
1    # mystuff.py의 내용입니다
2    def 사과():
3        print("나는 사과다!")
```

이렇게 하면 모듈을 임포트할 수 있고 **사과** 함수에도 접근할 수 있습니다.

```
1    import mystuff
2    mystuff.apple()
```

귤이라는 변수를 넣을 수도 있습니다. 아래처럼요.

```
1    def 사과():
2        print("나는 사과다!")
3
4    # 그냥 변수입니다
5    귤 = "꿈의 살아 있는 거울상"
```

그럼 다시 같은 방식으로 접근할 수 있습니다.

```
1    import mystuff
2
3    mystuff.사과()
4    print(mystuff.귤)
```

사전을 다시 살펴봅시다. 문법(syntax)은 다르지만 사전을 쓸 때와 비슷한 점이 보이죠? 비교해봅시다.

```
mystuff['사과'] # 사전에서 '사과'를 가져옵니다
mystuff.사과() # 모듈에서 '사과'를 가져옵니다
mystuff.귤 # 똑같은데, 그냥 변수입니다
```

즉, 파이썬에는 아주 흔한 패턴이 있다는 점을 알 수 있습니다.

1. 키=값 형식의 컨테이너를 쓴다.

2. 키 이름으로 항목을 받아온다.

사전을 보면 키는 문자열이고 문법은 [키]입니다. 모듈을 보면 키는 식별자 (identifier)이고 문법은 .키입니다. 그 밖에는 거의 똑같습니다.

40.1.1 모듈을 닮은 클래스

모듈을 이해하는 한 방법은 모듈이 파이썬 코드를 담는 특수한 사전이고 내용물을 '.' 연산자로 꺼내올 수 있다고 생각하는 것입니다. 한편 클래스라는 비슷한 목적을 지원하는 다른 구성요소도 있습니다. 클래스는 '.' 연산자로 접근할 수 있는 컨테이너 안에 함수와 자료(data)를 함께 두고 묶어 다루는 방법입니다.

만약 딱 mystuff 모듈 같은 클래스를 만든다면 저는 이런 식으로 하겠습니다.

```
1    class MyStuff(object):
2
3        def __init__(self):
4            self.귤 = "그리고 이제는 일천 년이 지났지"
5
6        def 사과(self):
7            print("나는 클래식 사과다!")
```

모듈에 비해 복잡해 보이고, 분명히 더 많은 일을 하고 있습니다. 클래스가 어떤 식으로 안에 사과() 함수가 든 MyStuff '소형 모듈'처럼 동작하는지 알아 내 보세요. 아마 여기서 __init__() 함수와 귤 변수 값을 정하려고 self.귤을 쓴 부분이 헷갈릴 거에요.

모듈 대신 클래스를 쓰는 이유가 있습니다. 클래스를 쓰면, 원한다면 한 번에 백만 개라도 필요한 만큼 만들어낼 수 있고, 서로 간섭도 하지 않습니다.

모듈을 쓴다면, 임포트할 때 심각한 해킹을 하지 않는 한 프로그램 전체에서 딱 하나만 있게 됩니다.

이 내용을 이해하려면 '객체(object)'란 무엇이고, 어떻게 MyStuff와 mystuff.py 모듈을 똑같이 쓸 수 있는지 알아야만 합니다.

40.1.2 소형 임포트를 닮은 객체

클래스가 '소형 모듈'과 같다면 클래스에도 임포트와 개념이 비슷한 무언가가 있어야 합니다. 그 개념은 '인스턴스화(instantiate)'라 부릅니다. 그저 '생성 (create)'이라고 해도 될 것을 복잡하고 불쾌하고 지나치게 똑똑하게 부르는 방법이지요. 클래스를 인스턴스화하면 객체(object)라는 것이 나옵니다.

인스턴스화는 클래스를 함수처럼 호출해서 합니다. 이런 식으로요.

```
thing = MyStuff()
thing.사과()
print(thing.귤)
```

첫 줄이 바로 '인스턴스화' 연산이고 함수 호출과 아주 비슷합니다. 하지만 함수 호출과 달리 인스턴스화 때는 파이썬에서 다음과 같은 순서로 몇 가지 동작이 일어납니다. 앞의 MyStuff 코드를 통해 따라가보겠습니다.

1. MyStuff()를 찾아 정의된 클래스인지 확인합니다.
2. 클래스에서 정의한 모든 함수를 담아 빈 객체를 생성합니다. 클래스 아래에서 def를 이용해 정의한 부분입니다.
3. '마법' 같은 __init__ 함수가 있나 찾아보고, 있다면 호출해서 새로 만든 빈 객체를 초기화합니다.
4. __init__ 함수에서 방금 만든 빈 객체에 해당하는 self 변수를 추가로 실행인자로 받아 실행하고 모듈, 사전, 다른 객체에서처럼 변수에 값을 설정합니다.
5. 이 경우 self.귤을 노래 가사로 설정하고 객체를 초기화했습니다.
6. 새로 만든 객체를 받았습니다. 이제 thing 변수에 대입해두고 사용할 수 있습니다.

이런 과정이 클래스를 함수처럼 호출할 때 '소형 임포트'를 하는 것과 같습니다. 클래스를 반환하는 대신 클래스를 청사진처럼 사용해 그 자료형의 사본을 만들어낸다는 점을 기억하세요.

그리고 조금 부정확한 개념을 알려드리고 있다는 점도 염두에 두세요. 모듈에 대한 이해를 바탕으로 클래스를 이해할 수 있게 하려고 그래요. 사실 이

시점에서 클래스와 객체는 모듈과 동작 방식이 완전히 달라집니다. 정말로 제대로 설명한다면 이런 식으로 이야기하겠어요.

- 클래스는 새 소형 모듈을 만드는 청사진이나 정의(definition) 같은 것입니다.
- 인스턴스화(instantiation)는 이런 소형 모듈 가운데 하나를 만들며 그것을 임포트하는 것입니다.
- 그 결과 객체라 불리는 소형 모듈이 만들어집니다. 앞으로 쓸 수 있도록 변수에 대입합니다.

이 다음부터는 클래스와 객체는 모듈과 크게 달라지고, 클래스에 대해 이해해야만 다음 내용도 이해할 수 있습니다.

40.1.3 한 항목에서 다른 항목 받아 오기

한 항목에서 다른 항목을 받아 오는 세 가지 방법은 다음과 같습니다.

```
# 사전 방식
mystuff['사과']

# 모듈 방식
mystuff.사과()
print(mystuff.귤)

# 클래스 방식
thing = MyStuff()
thing.사과()
print(thing.귤)
```

40.1.4 첫 클래스 예제

세 가지 키=값 컨테이너 자료형에서 유사성이 보이기 시작했을 거에요. 아마 질문거리도 잔뜩 있겠죠. 다음 장에서 '객체지향 어휘'를 배우기 전까지 질문은 기다리세요. 지금 단계에서는 더 나아가기 전에 코드를 입력하고 돌아가게 만들면서 경험만 조금 쌓아두세요.

ex40.py

```
1    class 노래(object):
2
3        def __init__(self, 가사):
4            self.가사 = 가사
5
6        def 노래_불러(self):
7            for 한줄 in self.가사:
8                print(한줄)
9
10   생일_축하 = 노래(["생일 축하 합니다",
11                      "고소당하기는 싫으니까",
12                      "여기서 이만 할게요"])
13
14   bulls_on_parade = 노래(["조개 껍질 한가득 차고",
15                           "가장을 위한다지"])
16
17   생일_축하.노래_불러()
18
19   bulls_on_parade.노래_불러()
```

40.2 실행 결과

Exercise 40 Session

```
$ python3.6 ex40.py
생일 축하합니다
고소당하기는 싫으니까
여기서 이만 할게요
조개 껍질 한가득 차고
가장을 위한다지
```

40.3 더 해보기

1. 이 코드를 이용해 더 많은 노래를 써보세요. 가사는 반드시 문자열의 리스트를 넘겨주어야 합니다.

2. 별도의 변수에 가사를 넣고, 이 변수를 클래스에 넘겨 쓰도록 해보세요.

3. 이 코드를 해킹해서[1] 더 많은 일을 할 수 있을지 살펴보세요. 어떻게 할지

---

1 (옮긴이) 프로그래밍 세계에서 hack이란 관련 분야를 깊게 이해하거나 더 나아가 고치는 것을 뜻합니다. 이 경우 이 코드를 이해하고 고친다는 것을 의미합니다.

모르겠더라도 걱정하지 마세요. 그냥 한번 해보고 어떻게 되나 보세요. 부숴버리고, 망쳐버리고, 이리저리 두들겨 보세요. 코드는 다치지 않습니다.

4. 인터넷에서 '객체지향 프로그래밍'(Object-Oriented Programming)을 찾아보고, 잔뜩 읽어보세요. 무슨 말인지 하나도 모르겠더라도 걱정하지 마세요. 그중 절반은 저도 이해가 안 된답니다.

40.4 자주 묻는 질문

Q. 클래스에서 __init__이나 다른 함수를 만들 때 self는 왜 필요한가요?

A. self가 없다면 과일 = '귤' 같은 코드가 모호해(ambiguous)집니다. 인스턴스(instance)의 **과일** 속성(attribute)을 의미했는지 지역 변수(local variable) **과일**을 가리키는지 명확하지 않아져요. 하지만 self.과일 = '귤'이라고 하면 인스턴스 속성 self.과일이라는 것이 명확합니다.

연습 41

객체지향 회화 입문

이번에는 '객체지향' 회화법을 가르쳐 드리겠습니다. 여러분이 알아 두어야 할 단어 몇 개와 정의를 함께 알려드릴 거에요. 다음에는 몇몇 부분을 비워둔 문장을 보고 이해할 수 있도록 공부해봅시다. 마지막으로는 어휘력을 굳게 다질 수 있도록 가운데를 비워둔 문장 꼴로 많은 연습 문제를 드리겠습니다.

41.1 어휘 연습

- 클래스(class) - 파이썬이 새로운 자료형을 만들도록 한다.
- 객체(object) - 가장 기초적인 자료형의 이름, 또는 어떤 자료형의 인스턴스를 의미한다.
- 인스턴스(instance) - 파이썬이 클래스를 생성하면 만들어지는 것이다.
- def - 클래스 안에서 함수를 정의(define)하는 방법이다.
- self - 클래스의 함수 안에서 쓰인다. 함수에 접근한 인스턴스/객체를 가리키는 변수이다.
- 상속(inheritance) - 한 클래스가 다른 클래스의 특성(trait)을 자식이 부모에게 물려받듯 상속한다는 개념이다.[1]
- 합성(composition) - 차가 바퀴를 갖고 있듯 한 클래스를 다른 클래스의 일부로 합성할 수 있다는 개념이다.
- 속성(attribute) - 클래스가 가진 속성(property)으로, 보통 합성으로 생기고 변수 형태이다.
- is-a - '연어' is-a '물고기'처럼 한 항목이 다른 항목을 상속했다는 뜻의 문구

---

1 (옮긴이) inherit는 유산 상속 외에도 유전적인 물려받음을 의미합니다. 번역어로는 상속이 널리 쓰입니다.

이다.[2]

- has-a - '연어' has-a '입'처럼 한 항목이 다른 항목을 합성했거나 어떤 특성 (trait)을 가졌다는 뜻의 문구이다.[3]

이 내용으로 암기 카드를 만들고 시간을 조금 들여 외워봅시다. 늘 그렇듯 이 번 장을 마칠 때까지도 거의 이해를 못하겠지만, 기본 단어는 미리 알아야 합 니다.

41.2 문장 연습

다음은 파이썬 코드 토막(snippet)과 그 코드에 대한 설명입니다.

class X(Y)

"X(이)라는 이름의 클래스를 만드는데 Y의 일종이다(is-a)."

class X(object): def __init__(self, J)

"클래스 X은/는 self와 J 매개변수를 받는 __init__을 가졌다(has-a)."

class X(object): def M(self, J)

"클래스 X은/는 self와 J 매개변수를 받는 이름이 M인 함수를 가졌다 (has-a)."

foo = X()

"foo 변수를 X 클래스의 인스턴스 하나로 정한다."

foo.M(J)

"foo 변수에서 M 함수를 받아와 self, J 매개변수를 넣어 호출한다."

foo.K = Q

"foo 변수에서 K 속성을 받아와 Q(으)로 값을 정한다."

---

2 (옮긴이) '~는 ~의 일종이다'로 생각할 수 있습니다.
3 (옮긴이) '~는 ~를 가졌다'로 생각할 수 있습니다.

X, Y, M, J, K, Q, foo가 있는 곳마다 빈 공간이 있는 것처럼 생각하세요. 예를 들어 다음과 같이 쓸 수도 있습니다.

1. "○○○(이)라는 이름의 클래스를 만드는데 ○○○의 일종이다(is-a)."
2. "클래스 ○○○은/는 self와 ○○○ 매개변수를 받는 __init__을 가졌다(has-a)."
3. "클래스 ○○○은/는 self와 ○○○ 매개변수를 받는 이름이 ○○○인 함수를 가졌다(has-a)."
4. "○○○ 변수를 ○○○ 클래스의 인스턴스 하나로 정한다."
5. "○○○ 변수에서 ○○○ 함수를 받아와 self, ○○○ 매개변수를 넣어 호출한다."
6. "○○○ 변수에서 ○○○ 속성을 받아와 ○○○(으)로 값을 정한다."

다시 한번 말하지만 이 내용을 암기 카드에 쓰고 연습하세요. 파이썬 코드는 앞에 쓰고 설명은 뒤에 쓰세요. 이런 형식이 보이면 토씨 하나 틀리지 않고 똑같은 문장으로 말할 수 있어야 합니다. '똑같은 것처럼'이 아니라 정확히 똑같이요.

41.3 결합 연습

마지막으로 어휘 연습과 문장 연습을 결합해봅시다. 이번에는 이렇게 연습해 보세요.

1. 문장 카드를 꺼내 연습합니다.
2. 뒤집어 가며 문장을 읽고 그 가운데 어휘 연습하기에 있는 단어마다 어휘 카드를 꺼냅니다.
3. 문장에 나오는 단어를 연습합니다.
4. 지겨워질 때까지 계속하다가 잠깐 쉬고 다시 합니다.

41.4 읽기 시험

이번에는 이 어휘를 끝없이 연습할 수 있는 조그만 파이썬 스크립트를 준비
했습니다. 여러분이 이해할 수 있는 간단한 스크립트에요. 하는 일은 urllib라
는 라이브러리(library)로 준비된 단어 목록을 내려받는 것밖에 없습니다. 이
스크립트를 oop_test.py 파일에 쓰고 공부하세요.

oop_test.py

```
1    import random
2    from urllib.request import urlopen
3    import sys
4
5    단어_URL = "http://learncodethehardway.org/words.txt"
6    단어들 = []
7
8    문장들 = {
9        "class %%%(%%%):":
10           "%%% (이)라는 이름의 클래스를 만드는데 %%% 의 일종이다. (is-a)",
11       "class %%%(object):\n\tdef __init__(self, ***)" :
12           "클래스 %%% 은/는 self와 *** 매개변수를 받는 __init__ 을 가졌다. (has-a)",
13       "class %%%(object):\n\tdef ***(self, @@@)":
14           "클래스 %%% 은/는 self와 @@@ 매개변수를 받는 이름이 *** 인 함수를 가졌다. (has-a)",
15       "*** = %%%()":
16           "*** 변수를 %%% 클래스의 인스턴스 하나로 정한다.",
17       "***.***(@@@)":
18           "*** 변수에서 *** 함수를 받아와 self, @@@ 매개변수를 넣어 호출한다.",
19       "***.*** = '***'":
20           "*** 변수에서 *** 속성을 받아와 *** (으)로 값을 정한다.",
21   }
22
23   # 문장을 먼저 연습하고 싶은가
24   if len(sys.argv) == 2 and sys.argv[1] == "한국어":
25       문장을_앞으로 = True
26   else:
27       문장을_앞으로 = False
28
29   # 웹사이트에서 단어를 불러온다
30   for 단어 in urlopen(단어_URL).readlines():
31       단어들.append(str(단어.strip(), encoding="utf-8"))
32
33
34   def 변환(코드조각, 문장):
35       클래스_이름들 = [w.capitalize() for w in
36                       random.sample(단어들, 코드조각.count("%%%"))]
37       다른_이름들 = random.sample(단어들, 코드조각.count("***"))
```

```
38        결과들 = []
39        매개변수_이름들 = []
40
41        for i in range(0, 코드조각.count("@@@")):
42            매개변수_수 = random.randint(1, 3)
43            매개변수_이름들.append(', '.join(
44                random.sample(단어들, 매개변수_수)))
45
46        for 문장 in 코드조각, 문장:
47            결과 = 문장
48
49            # 가짜 클래스 이름
50            for 단어 in 클래스_이름들:
51                결과 = 결과.replace("%%%", 단어, 1)
52
53            # 가짜 나머지 이름
54            for 단어 in 다른_이름들:
55                결과 = 결과.replace("***", 단어, 1)
56
57            # 가짜 매개변수 목록
58            for 단어 in 매개변수_이름들:
59                결과 = 결과.replace("@@@", 단어, 1)
60
61            결과들.append(결과)
62
63        return 결과들
64
65
66    # CTRL-D를 누를 때까지 계속한다
67    try:
68        while True:
69            코드조각들 = list(문장들.keys())
70            random.shuffle(코드조각들)
71
72            for 코드조각 in 코드조각들:
73                문장 = 문장들[코드조각]
74                질문, 답 = 변환(코드조각, 문장)
75                if 문장을_앞으로:
76                    질문, 답 = 답, 질문
77
78                print(질문)
79
80                input("> ")
81                print(f"답: {답}\n\n")
82    except EOFError:
83        print("\n끝")
```

스크립트를 실행해 '객체지향 문장'을 말로 바꿔보세요. 문장들 사전에 두 형식이 모두 들었죠? 올바른 답을 입력하기만 하면 됩니다.

41.5 말을 코드로 바꾸는 연습

다음으로는 반대로 연습할 수 있도록 '한국어' 설정으로 스크립트를 실행합시다.

```
$ python oop_test.py 한국어
```

문장 안의 낱말은 아무 의미도 없습니다. 변수와 클래스 이름에 너무 매달리지 않으면 코드를 잘 읽을 수 있습니다. 엄청나게 자주 있는 일인데, 사람들은 'Cork' 같은 낱말을 글자 그대로가 아닌 진짜 단어처럼 읽으려고 하다가 단어 뜻이 헷갈리기 때문에 올바르게 해석하지 못하고 맙니다. 이 예제에서 'Cork'는 그냥 아무렇게나 고른 클래스 이름입니다. 어떤 의미도 부여하지 말고 그냥 앞에서 본 패턴 정도로 여기세요.

41.6 코드 더 읽기

이제 새 임무를 시작해봅시다. 더욱 더 많은 코드를 읽고 코드에서 방금 배운 문장을 읽어내세요. 클래스가 있는 모든 파일을 찾아 다음과 같이 해봅시다.

1. 클래스마다 그 클래스의 이름과 상속한 클래스의 이름을 쓰세요.
2. 그 아래에 클래스에 든 모든 함수와 그 함수가 받는 매개변수를 쓰세요.
3. self에서 접근한 모든 속성(attribute)을 쓰세요.
4. 속성마다 그 속성의 클래스를 쓰세요.

진짜 코드를 겪어보고, 실제 쓰임에 맞춰 방금 배운 문장의 '패턴 찾는(pattern match)' 법을 배우는 것이 목표입니다. 충분히 연습하고 나면, 이전에는 뭔지 몰라서 흐릿한 안개 같던 패턴이 코드에서 반짝거리며 보이기 시작할 거에요.

41.7 자주 묻는 질문

Q. 스크립트를 실행하기 어려워요!

A. 지금쯤이면 코드를 입력하고 돌아가게 할 줄은 알아야 합니다. 잘하는 비법이 이것저것 있지만, 복잡한 건 없어요. 지금까지 스크립트를 디버깅하며 배운 모든 방법을 다 쓰기만 하세요.

Q. 그래도 어려워요!

A. 해낼 수 있어요. 천천히, 필요하다면 한 글자씩, 정확히, 무슨 뜻인지 알아가며 해보세요. 이 스크립트 하나만 돌아가게 만들어도 여러분의 실력은 껑충 뛰어 오릅니다. 포기하지 마세요!

연습 42

---

is-a, has-a, 객체, 클래스

클래스(class)와 객체(object)의 차이점은 꼭 이해해야 할 중요한 개념입니다. 문제는 클래스와 객체 사이에 진짜 '차이'는 없다는 점이에요. 실제로는 똑같은데, 경우에 따라 다른 관점으로 보는 것입니다. 화두를 던지면서 설명을 시작하겠습니다.

물고기와 연어는 무엇이 다른가?

헷갈리는 질문인가요? 자리에 앉아서 1분만 생각해보세요. 이 말은, 물고기와 연어는 다르지만, 같기도 하다는 것이에요. 연어는 물고기의 한 종류이기 때문에 둘은 다르지 않습니다. 그런데 한편으로 연어는 물고기의 특정한 종이니까, 다른 모든 물고기와는 완전히 다릅니다. 연어가 광어가 아닌 이유가 바로 그거죠. 그래서 연어와 물고기는 같기도 하고 다르기도 합니다. 이상하지만요.

대부분의 사람들이 이런 식으로 생각하지 않기 때문에 이 질문을 헷갈려 합니다. 하지만 직관적으로는 이해해요. 여러분은 물고기와 연어가 어떤 연관이 있나 이미 알기 때문에 다른 점에 대해서는 생각해볼 필요도 없습니다. 이해할 필요도 없이 연어는 물고기 가운데 한 종류이고, 물고기 중에는 다른 종류도 있다는 것을 알고 있습니다.

한 단계 더 나아가봅시다. 연어가 세 마리 담긴 물동이가 있다고 해요. 여러분은 유쾌한 사람이라 연어마다 길동, 철수, 영희라고 이름을 지어 주기로 했지요. 이번에는 이 문제에 대해 생각해봅시다.

영희와 연어는 무엇이 다른가?

이것도 역시 이상한 질문이지만, 물고기 대 연어 문제보다는 조금 더 쉽습니다. 영희가 바로 연어니까 실제로는 다르지 않다는 것을 알지요. 영희는 연어의 특정 '인스턴스'일 뿐입니다. 철수와 길동도 연어의 인스턴스입니다. '인스턴스'는 무슨 뜻일까요? 각각 서로 다른 연어로 태어났으면서, 서로 같은 속성인 연어라는 뜻입니다.

이제 어질어질한 생각을 해봅시다. 물고기는 클래스이고 연어도 클래스이고 영희는 객체입니다. 잠시 생각해보세요. 좋아요. 천천히 곱씹어 보고 이해할 수 있나 봅시다.

물고기는 클래스에요. 실물에 쓰는 말이 아니라 비슷한 속성을 가진 모든 인스턴스에 붙이는 말입니다. 지느러미가 있나요? 아가미는 있어요? 물에 사나요? 좋아요. 그럼 아마 물고기겠네요.

박사 한 명이 나타나더니 "아니, 젊은 친구. 이 물고기는 사실 대서양 연어라네. 친근하게는 연어라고도 알려졌지."라고 말합니다. 교수는 방금 이 물고기를 더 엄밀하게 정의해서 '연어'라는 더 구체적인 속성을 지닌 클래스를 만든 것입니다. 코가 길고, 살이 붉고, 크고, 짠물이나 민물에서 살고, 맛있나요? 좋아요. 아마도 연어일 것입니다.

마지막으로 요리사가 나타나 박사에게 말합니다. "아니요, 이 연어에서 바로 이 부분을 보세요. 얘는 영희이고, 맛있는 살코기로 만들어 좋은 소스를 뿌릴 거랍니다." 이제 영희라는 연어의 인스턴스(이자 물고기의 인스턴스)가 여러분의 배를 채워 줄 실물로 바뀝니다. 객체가 되었습니다.

영희는 연어 가운데 하나이고 연어는 물고기 가운데 한 종류입니다. 객체는 클래스이고 클래스는 클래스입니다.

42.1 코드로 보기

이상한 개념이에요. 솔직히 말하자면, 새 클래스를 만들고 클래스를 사용할 때만 신경 쓰면 됩니다. 어떤 것이 클래스인지 객체인지 알아내는 데 도움이 되는 두 가지 비법을 보여드리겠습니다.

먼저 두 가지 문구 'is-a(~는 ~이다)'와 'has-a(~는 ~를 가졌다)'를 배워야 합니다. is-a는 클래스 관계로 엮인 객체와 클래스에 대해 이야기할 때 쓰는 문구입니다. has-a는 객체와 클래스가 서로 참조(reference)로만 엮여 있을 때 쓰는 문구입니다.

이제 코드를 따라가며 ## ?? 주석에 is-a 관계를 나타내는지 has-a 관계를 나타내는지를 알려주는 내용으로 채워봅시다. 코드 시작 부분에 예제를 조금 써뒀으니 나머지를 채워 보도록 하세요.

is-a(~는 ~이다)는 물고기와 연어의 관계이고 has-a(~는 ~를 가졌다)는 연어와 아가미의 관계라는 점을 기억하세요.

ex42.py

```
1   ## 동물은 object의 일종(is-a)이다 (네, 조금 헷갈리죠) 추가 점수 문제가 있습니다
2   class 동물(object):
3       pass
4
5   ## ??
6   class 개(동물):
7
8       def __init__(self, 이름):
9           ## ??
10          self.이름 = 이름
11
12  ## ??
13  class 고양이(동물):
14
15      def __init__(self, 이름):
16          ## ??
17          self.이름 = 이름
18
19  ## ??
20  class 사람(object):
21
22      def __init__(self, 이름):
23          ## ??
24          self.이름 = 이름
25
26          ## 사람은 어떤 종류의 애완동물을 갖고(has-a) 있다
27          self.애완동물 = None
28
29  ## ??
30  class 노동자(사람):
31
32      def __init__(self, 이름, 월급):
33          ## ?? 음 이 외계어는 뭐죠?
34          super(노동자, self).__init__(이름)
```

```
35          ## ??
36          self.월급 = 월급
37
38  ## ??
39  class 물고기(object):
40      pass
41
42  ## ??
43  class 연어(물고기):
44      pass
45
46  ##??
47  class 대서양연어(물고기):
48      pass
49
50
51  ## 나그네 는 개 의 일종(is-a) 이다
52  나그네 = 개("나그네")
53
54  ## ??
55  악마 = 고양이("악마")
56
57  ## ??
58  영희 = 사람("영희")
59
60  ## ??
61  영희.애완동물 = 악마
62
63  ## ??
64  철수 = 노동자("철수", 120000)
65
66  ## ??
67  철수.애완동물 = 나그네
68
69  ## ??
70  팔딱이 = 물고기()
71
72  ## ??
73  동구 = 연어()
74
75  ## ??
76  하루 = 대서양연어()
```

42.2 class 이름(object)에 관하여

파이썬 3에서는 더 이상 클래스 이름 뒤에 (object)를 붙일 필요가 없습니다.

하지만 파이썬 커뮤니티에서는 "명시(explicit)가 암시(implicit)보다 낫다"라고들 하지요. 그래서 저나 다른 파이썬 전문가들은 이 부분을 포함시키기로 결정하였습니다. 앞으로 클래스 뒤에 (object)를 붙이지 않은 코드를 보게 될 수 있지만, 전혀 문제 없는 코드이고 여러분이 (object)를 붙여서 만든 것과 똑같이 동작할 것입니다. 이 코드는 요즈음에는 부가적인 문서화에 가깝고 실제 동작에는 아무 영향이 없습니다.

파이썬 2에서는 (object)를 쓰는 클래스와 쓰지 않는 클래스가 살짝 달랐지만 이제는 걱정하지 않아도 됩니다. 단 하나 (object)를 쓰는 게 마음을 불편하게 만드는 부분이 있다면, "클래스 Name은 object라는 자료형의 클래스이다" 라고 이야기해야 할 때뿐이지요. 클래스인데 object라는 이름의 클래스 자료형이라니, 듣기에 헷갈리는 말일 수도 있습니다. 어렵게 생각하지 말고 class Name(object)에 대해 '기초적이고 단순한 클래스이다' 정도로만 생각하도록 합시다.

언젠가 파이썬 프로그래머들이 좋아하는 방식이 바뀔지도 모릅니다. (object)를 명시하는 게 나쁜 프로그래머라는 신호라고 여길 수도 있지요. 그런 날이 온다면, 그렇게 쓰는 걸 그만 두거나 "파이썬의 선[1]이라는 문서에서 '명시가 암시보다 낫다'라고 했어"라고 얘기해주세요.

42.3 더 해보기

1. 파이썬은 왜 생소한 object 클래스를 도입했는지, 그게 무슨 뜻인지 조사해보세요.
2. 클래스를 객체처럼 쓸 수 있나요?
3. **동물**, **물고기**, **사람**에 무언가 하는 함수를 곁들여 예제에 채워 넣으세요. 함수가 **동물** 같은 '기본 클래스(base class)'에 들어 있으면 (예컨대) **개**에 들어 있을 때와 어떻게 달라지는지 해보세요.
4. 다른 사람의 코드에서 is-a와 has-a 관계를 모두 찾아보세요.

---

1 (옮긴이) 파이썬의 선(The Zen of Python, PEP20)은 파이썬 프로그래머들을 위한 경구를 모은 글입니다. 파이썬 커뮤니티에서 공식적으로 채택되어 파이썬의 문화로 널리 받아들여지고 있습니다. *https://www.python.org/dev/peps/pep-0020/*

5. 'has-many(~는 ~들을 가졌다)' 관계를 만들 수 있도록 리스트나 사전으로 새 관계를 만들어보세요.

6. 'is-many(~는 ~인 것들이다.)' 관계 같은 게 있을 것 같나요? '다중 상속 (multiple inheritance)'에 대해 읽어보고 가능하면 피하세요.(205쪽)

42.4 자주 묻는 질문

Q. ## ?? 주석은 왜 있나요?

A. 'is-a', 'has-a'를 올바르게 채우도록 비워둔 '빈 칸 채우기' 주석입니다. 이 번 장을 다시 읽고 다른 주석을 찾아 무슨 뜻인지 알아보세요.

Q. self.애완동물 = None는 무슨 뜻인가요?

A. 그 클래스의 self.애완동물 속성을 기본값인 None으로 설정해둔 것입니다.

Q. super(노동자, self).__init__(이름)은 무얼 하나요?

A. 부모 클래스의 __init__ 메서드(method)를 실행하는 확실한 방법입니다. 'python super'로 검색해 보고 득이나 해가 되는 다양한 조언을 읽어 보세요.

연습 43

객체지향 분석 및 설계 기초

파이썬으로, 특히 객체지향 프로그래밍으로 만들고 싶은 게 있을 때 참고할 수 있는 절차를 설명하겠습니다. '절차(process)'라는 말은 순서대로 해야 할 단계입니다. 절차에 지나치게 얽매이지 않는 것이 좋습니다. 항상 모든 문제에 적용할 수도 없습니다. 다만 많은 프로그래밍 문제에서 좋은 출발점이 될 뿐이에요. 유일한 답이라기보다는 여러분이 따를 수 있는 방법 가운데 하나라는 걸 명심하고 시작합시다.

이런 순서로 따라 하세요.

1. 문제에 대해 쓰거나 그려봅니다.
2. 1번에서 핵심 개념을 뽑아내 조사합니다.
3. 뽑아낸 개념에 대한 클래스 체계(hierarchy)와 객체 지도를 만듭니다.
4. 클래스와 클래스를 실행해 보는 테스트를 코드로 만듭니다.
5. 반복하고 다듬습니다.

이런 과정을 따라 문제를 검토하는 방식을 '위에서 아래로(top down)' 검토하는 방식이라 부릅니다. 아주 추상적이고 느슨한 생각을 탄탄하게 만들면서 코드로 짤 수 있는 수준이 될 때까지 다듬어 나가는 방식이에요.

먼저 문제에 대해 쓰고 생각해 낼 수 있는 것은 뭐든지 떠올리는 것으로 시작합니다. 도표를 한두 개 그릴 수도 있고 지도를 그릴 수도 있고 문제를 설명하는 내용이 담긴 이메일을 스스로에게 보낼 수도 있어요. 문제의 핵심 개념을 표현하고 무엇을 이미 알고 있는지 탐색해볼 수 있게요.

다음에는 방금 만든 메모, 그림, 설명을 따라가며 핵심 개념을 뽑아냅니다. 쉽게 할 수 있는 비법이 있어요. 글과 그림에서 모든 동사와 명사를 뽑아 목록을 만드세요. 그리고 어떻게 서로 연관되어 있나 써보세요. 이 방법으로 다음 단계에서 쓸 클래스, 객체, 함수 이름의 후보를 만듭니다. 필요하다면 이 목록에서 모르는 내용은 뭐든지 조사해 다듬어 나갑니다.

개념 목록을 만들었으면 각 개념과 그 개념이 클래스 형태로는 서로 어떻게 연관되는지를 간단한 개요(outline, tree)로 만듭니다. 보통 명사 목록을 바탕으로 "다른 개념을 나타내는 명사와 비슷한 게 있을까? 그건 부모 클래스가 같다는 뜻이지. 그럼 어떻게 부를까?" 같은 생각을 합니다. 클래스 체계 (hierarchy)를 단순한 트리(tree) 목록이나 도표로 표현할 수 있을 때까지 반복하세요. 다음으로는 동사를 보고 각 클래스에 맞는 함수 이름인지 확인한 다음 트리에 넣으세요.

클래스 체계를 만들고 나면, 아무 내용 없이 클래스와 함수만 있는 기본 골격 코드를 만듭니다. 다음에는 만든 클래스가 말이 되는지, 똑바로 동작하는지 확인하는 테스트를 짜서 코드를 실행해 봅니다. 때로는 테스트를 먼저 짤 수도 있고, 때로는 완성할 때까지 조금만 테스트하고, 코드를 조금 짜고, 또 테스트를 조금 하는 식으로 반복할 수도 있습니다.

마지막으로 이 절차를 한 바퀴씩 반복하면서 세부사항을 다듬습니다. 더 많은 내용을 구현하기 전에 가능한 한 깔끔하게 만들어둡시다. 예상하지 못했던 개념이나 문제 때문에 막히는 부분이 있다면, 그 부분의 절차만 반복해 가며 더 많은 내용을 알아내도록 합니다.

이제 이번 장에서 게임 엔진과 게임을 만들면서 이 과정을 따라 하며 익혀 봅시다.

43.1 간단 게임 엔진 분석

우리가 만들려는 미니 게임은 '페르칼 25번 행성에서 온 고던족'이라고 합니다. 장르는 우주탐험이지요. 아직은 이것밖에는 생각해둔 게 없지만, 여기서 시작해 조금씩 탐색해 나가다 보면 어느덧 현실로 다가와 있을 것입니다.

43.1.1 문제에 대해 쓰거나 그리기

이 게임에 대한 내용을 한토막 지어보겠습니다.

"우주선에 외계인이 침략했고, 우리 영웅은 방으로 이어진 미로를 통과하면서 외계인과 싸워 이겨야 합니다. 마지막으로 행성으로 탈출할 구명정에 도달해서 그걸 타고 탈출해야 합니다.

이 게임은 조크(Zork)나 텍스트용 어드벤처 게임과 비슷할 것이고 정신 못 차리게 재밌을 거에요. 게임에는 방이나 장면이 담긴 지도를 다루는 엔진이 있을 것입니다. 각 방에 플레이어가 들어가면 그 방의 고유한 설명을 출력하고 다음에 무슨 방으로 갈지 엔진에게 알려줍니다."

이 정도로 이 게임이 어떤 게임이고 어떻게 진행할지에 대한 아이디어를 짜냈습니다. 이제 각 장면을 설명해봅시다.

- 사망: 플레이어가 죽는 순간이 재미있어야 합니다.
- 중앙 복도: 시작 지점이고 이미 고던인이 서 있습니다. 고던인을 물리치고 앞으로 나아가려면 플레이어는 농담 한마디를 해서 이겨야 합니다.
- 레이저 무기고: 영웅이 구명정에 도착하기 전에 우주선을 날려버릴 수 있는 중성자탄을 얻는 곳입니다. 비밀번호를 알아맞춰야만 하는 번호판이 달려 있습니다.
- 함교: 고던인이 나오는 다른 전투 장면입니다. 영웅이 폭탄을 설치합니다.
- 구명정: 영웅이 탈출하는 곳입니다. 올바른 구명정을 알아내야만 합니다.

지도를 그리고 방(아니면 뭐든 문제를 탐색할 때 머리에 들어오는 이름으로)마다 설명을 더 추가해도 좋습니다.

43.1.2 핵심 개념 추출 및 탐구

이제 명사 가운데 일부를 뽑아내 클래스 체계(hierarchy)를 분석하기에 충분한 정보를 모았습니다. 먼저 모든 명사의 목록을 만듭니다.

- 외계인
- 플레이어
- 우주선
- 미로

- 방
- 장면
- 고던
- 구명정
- 행성
- 지도
- 엔진
- 사망
- 중앙 복도
- 레이저 무기고
- 함교

동사를 살펴보면서 함수 이름에 어울리나 검토해보는 것도 좋습니다. 지금은 건너뛸게요.

이 지점에서는 모르는 것은 뭐든지 조사해봅시다. 예를 들면 이런 유형의 게임을 몇 개 해보면서 어떻게 돌아가는지 확실히 알아둘 수 있습니다. 우주선 설계나 폭탄 동작 원리에 대해 조사할 수도 있습니다. 어쩌면 게임 상태를 데이터베이스(database)에 저장하는 방법 같은 기술적 문제를 조사해 볼 수도 있습니다. 조사를 마치면 새 정보를 바탕으로 1번부터 다시 시작하고, 설명을 다시 쓰고 새 개념도 찾아내봅시다.

43.1.3 클래스 체계 및 개념에 따른 객체 지도 만들기

모두 마치고 나면 "어떤 함수들이 서로 비슷할까?"라고 생각하며 클래스 체계를 만듭시다. "근본적으로 어떤 항목들이 이름만 다르고 같은 개념일까?"라고도 물어봅니다.

힐끗 보니 만드는 방법에 따라 '방'과 '장면'이 근본적으로 같다고 말할 수 있겠습니다. 이 게임에서는 '장면'이라는 이름을 사용하도록 하죠. 그리고 '중앙 복도' 같은 특별한 공간도 근본적으로는 그저 장면이라는 점도 알 수 있습니다. 사망도 역시 근본적으로 장면입니다. 사망 장면은 괜찮지만 사망 방은 이상하게 들리는 걸 보니 '방' 대신 '장면'을 고른 게 적합한 것 같습니다. '미로'와 '지도'는 근본적으로 같으니 더 자주 쓰는 '지도'를 쓰겠습니다. 전투 체계는 만들기 싫으니 '외계인'과 '플레이어'는 무시하고 나중으로 미뤄 두겠습니다. 그리고 '행성'도 특별할 것 없는 하나의 장면이 될 수도 있습니다.

이렇게 뽑아낸 핵심 개념으로 아래와 같이 클래스 체계를 만들어 텍스트 에디터에 써둡니다.

```
* 지도
* 엔진
* 장면
  * 사망
  * 중앙 복도
  * 레이저 무기고
  * 함교
  * 구명정
```

앞서 설명에 쓴 동사를 바탕으로 각 클래스에 어떤 동작이 필요한지도 알아냅니다. 예를 들어 엔진에는 '실행', 지도에는 '다음 장면 받아오기', 장면에는 '장면 열기'와 '입장'이 필요하리라고 유추할 수 있습니다. 다음과 같이 추가하겠습니다.

```
* 지도
  - 다음_장면
  - 서막_장면
* 엔진
  - 플레이
* 장면
  - 입장
  * 사망
  * 중앙_복도
  * 레이저_무기고
  * 함교
  * 구명정
```

장면 아래에만 - **입장**을 추가했지만, 그 아래의 모든 장면이 - **입장**을 상속하고 나중에 덮어쓰기(override)도 해야 합니다.

43.1.4 클래스 짜고 실행 테스트하기

클래스와 함수 일부를 트리로 정리했으니, 소스 파일을 열고 코드를 짜봅시다. 저는 보통 앞의 트리를 그대로 복사해 붙여넣고 클래스로 고쳐 써요. 이렇게 하면 다음과 같은 코드가 됩니다. 마지막에 테스트를 약간 곁들였어요.

ex43_classes.py

```
1    class 장면(object):
2
3        def 입장(self):
4            pass
5
6
7    class 엔진(object):
8
9        def __init__(self, 장면_지도):
10            pass
11
12        def 플레이(self):
13            pass
14
15    class 사망(장면):
16
17        def 입장(self):
18            pass
19
20    class 중앙_복도(장면):
21
22        def 입장(self):
23            pass
24
25    class 레이저_무기고(장면):
26
27        def 입장(self):
28            pass
29
30    class 함교(장면):
31
32        def 입장(self):
33            pass
34
35    class 구명정(장면):
36
37        def 입장(self):
38            pass
39
```

```
40
41   class 지도(object):
42
43       def __init__(self, 시작_장면):
44           pass
45
46       def 다음_장면(self, 장면_이름):
47           pass
48
49       def 서막_장면(self):
50           pass
51
52
53   게임_지도 = 지도('중앙_복도')
54   게임_엔진 = 엔진(게임_지도)
55   게임_엔진.플레이()
```

클래스 체계를 그대로 베껴서 간단하게 구조를 잡고, 코드를 실행해 보면서 모든 것이 잘 돌아가는지 확인하는 코드를 아주 조금 덧붙인 파일입니다. 지금부터는 코드 나머지 부분을 채우고 게임 설명에 맞도록 만들어 나가보겠습니다.

43.1.5 반복하고 다듬기

이 절차의 마지막 단계는 한 단계라기보다는 while문에 가깝습니다. 이번 단계는 한 번에 마칠 수 있는 작업이 아닙니다. 그보다는 맨 처음으로 돌아가 모든 과정을 되풀이하고, 그 사이에 배운 정보를 바탕으로 조금씩 더 다듬어 나가는 과정이에요. 어떤 때는 3단계를 진행하다가 1단계와 2단계를 더 해야 한다고 깨닫고 하던 걸 그만 두고 되돌아가 더 작업할 수도 있겠습니다. 다른 때는 번득이는 영감이 떠올라 마지막 단계로 건너뛰어 해답을 코드로 먼저 짜고는 이전 단계로 되돌아올 수도 있습니다. 앞 단계도 확실히 처리해야 하니까요.

이 절차는 특별한 지점에서만 할 수 있는 일이 아니라 규모와 상관 없이 언제든지 할 수 있습니다. 아직 **엔진.플레이** 메서드를 어떻게 만들지 모른다고 가정해봅시다. 하던 작업은 잠시 멈추고 이 절차에 따라 **엔진.플레이** 함수 만드는 법을 연구할 수 있다는 겁니다.

43.2 위에서 아래로 vs. 아래에서 위로

앞에서 설명한 절차는 보통 '위에서 아래로(top down)'라고 부릅니다. 가장 추상적인 개념(위)에서부터 시작해 실제 구현으로 내려가며 작업하기 때문이에요. 지금 이 책에서 문제를 분석할 때는 앞에서 설명한 절차대로 하길 바랍니다. 하지만 프로그래밍에는 코드에서 시작해 추상적인 개념인 '위로' 가는 다른 문제 풀이 방법도 있다는 점을 알아두어야 합니다. 이 다른 방법은 '아래에서 위로(bottom up)'라고 부릅니다.

일반적으로 다음과 같은 과정을 따릅니다.

1. 문제를 작은 조각으로 나눕니다. 코드를 조금 짜고 적당히 돌아가게 합니다.
2. 클래스와 자동 테스트를 써서 형식에 맞게 코드를 다듬습니다.
3. 코드에서 사용하는 핵심 개념을 추출하고 조사합니다.
4. 실제로 하고 있는 일에 대한 설명을 씁니다.
5. 되돌아가 코드를 다듬습니다. 기존 코드를 버리고 다시 시작할 수도 있습니다.
6. 문제의 다른 부분에 대해 반복합니다.

여러분의 프로그래밍 실력이 더 탄탄해져서 문제에 맞는 코드를 자연스럽게 떠올릴 수 있다면 이런 절차가 더 낫습니다. 특히 큰 문제에 대해서는 충분히 모르지만 부분 부분은 풀 수 있다면 아래에서 위로 구현하는 방법이 정말 좋습니다. 문제를 작은 조각으로 쪼개고 코드를 짜면서 조금씩 탐색하면 천천히 공부해 나가면서 마침내 문제를 풀 수 있게 됩니다. 하지만 그 풀이는 여전히 두서 없고 이상할지도 모릅니다. 그래서 다시 되돌아가서 조사한 내용을 바탕으로 코드를 다듬는 과정이 절차에 포함되어 있습니다.

43.3 '페르칼 25번 행성의 고던족' 코드

잠깐! 앞 문제의 최종 풀이를 보여드리려고 하는데, 무작정 타자만 치지는 마세요. 앞에서 살펴본 대강의 코드 골격을 바탕으로 설명에 맞게 돌아가도록 스스로 만들어보세요. 여러분만의 답을 만들고 나면 돌아와서 풀이를 봐도 됩니다.

마지막 파일 ex43.py는 한번에 모든 코드를 쏟아내는 대신 몇 토막으로 나누어서 설명하도록 하겠습니다.

ex43.py

```
1    from sys import exit
2    from random import randint
3    from textwrap import dedent
```

게임에서 필요한 내용을 임포트합니다. textwrap 모듈에 든 dedent 함수를 새롭게 소개합니다. 각 방의 설명을 """(삼중 따옴표)로 달 때 쓸모 있는 도구입니다. 매 줄 앞에 붙은 빈 칸을 없애 주거든요. 이 함수 없이 """ 문자열을 쓰면 파이썬 코드에서 들여쓰기한 만큼 화면에 출력할 때도 들여쓰기가 적용됩니다.

ex43.py(계속)

```
7    class 장면(object):
8
9        def 입장(self):
10           print("아직 만들지 않은 장면입니다.")
11           print("상속해 입장()을 구현하세요.")
12           exit(1)
```

아까 만든 코드 껍데기처럼 장면을 다루는 기본 클래스 **장면**이 있습니다. 이 클래스에 모든 장면에서 공통으로 다뤄야 할 내용을 넣겠습니다. 우리가 만들 간단한 프로그램에서는 **장면**에 많은 기능이 필요하지 않기 때문에 이 코드는 기초적인 클래스를 만드는 방법이 담긴 예제라고도 볼 수 있습니다.

ex43.py(계속)

```
15   class 엔진(object):
16
17       def __init__(self, 장면_지도):
18           self.장면_지도 = 장면_지도
19
20       def 플레이(self):
21           현재_장면 = self.장면_지도.서막_장면()
```

```
22          마지막_장면 = self.장면_지도.다음_장면('끝')
23
24          while 현재_장면 != 마지막_장면:
25              마지막_장면_이름 = 현재_장면.입장()
26              현재_장면 = self.장면_지도.다음_장면(마지막_장면_이름)
27
28          # 마지막 장면을 출력하도록 한다
29          현재_장면.입장()
```

다음은 엔진 클래스입니다. 이미 **지도.서막_장면**과 **지도.다음_장면** 메서드를 쓰고 있습니다. 미리 미리 짜둔 계획에 들어 있었으니까요. 그래서 아직 지도 클래스를 만들지는 않았지만 사용법은 이미 알고 있습니다.

ex43.py(계속)

```
32  class 사망(장면):
33
34      입담들 = [
35          "사망. 진짜 못하네요.",
36          "어머니가 자랑스러워 하시겠어요... 좀 더 똑똑하셨다면요.",
37          "패배자 같으니.",
38          "내가 기르는 강아지도 이거보단 잘 해요.",
39          "부장님이 개그를 해도 이거보단 잘하겠네요."
40
41      ]
42
43      def 입장(self):
44          print(사망.입담들[randint(0, len(self.입담들)-1)])
45          exit(1)
```

첫 장면은 사망 장면입니다. 만들어야 하는 장면 가운데 가장 간단한 장면입니다.

ex43.py(계속)

```
48  class 중앙_복도(장면):
49
50      def 입장(self):
51          print(dedent("""
52              페르칼 25번 행성의 고딘족은 여러분의 우주선에 침략해서 모든
53              승무원을 죽였습니다. 당신은 마지막 생존자이며 마지막 임무로
54              무기고에서 중성자파괴탄을 가져와 함교에 설치하고 구명정에 타기
55              전에 우주선을 폭파해야 합니다.
56
57              붉은 비늘 피부, 시커먼 때가 낀 이빨, 증오로 가득 찬 몸에서 물
```

```
58                    흐르듯 이어지는 사악한 광대 복장의 고던인이 뛰쳐 나오는 동안
59                    당신은 중앙 복도에서 무기로 내달리고 있습니다. 고던인은
60                    무기고로 가는 문을 가로막고 당신을 날려버리러 무기를 겨누는
61                    참입니다.
62                    """))
63
64           행동 = input("> ")
65
66           if 행동 == "발사!":
67               print(dedent("""
68                    당신은 광선총을 빼들기가 무섭게 고던인을 쏘아버립니다.
69                    고던인의 광대 옷이 휘날려 몸을 숨겨주고 당신의 조준을
70                    흩뜨립니다. 광선은 옷은 맞추었지만 고던인은 완전히
71                    놓쳐버립니다. 어머니가 사준 신상 옷을 모조리 망쳐버리자
72                    고던인은 광기 어린 분노에 빠져들어 당신이 죽을 때까지
73                    얼굴을 쏘아댑니다. 고던인은 당신을 먹어치웁니다.
74                    """))
75               return '사망'
76
77           elif 행동 == "회피!":
78               print(dedent("""
79                    국제경기급 권투 선수처럼 달리고 피하고 구르고 오른쪽으로
80                    미끄러져 고던인의 광선총이 당신의 머리 옆을 빗겨 쏘도록
81                    합니다. 예술적인 회피를 하는 와중 그만 발이 미끄러져 금속
82                    벽에 머리를 찧고 기절합니다. 잠시 후 정신을 차리지만
83                    고던인은 그저 머리를 짓밟아 죽이고는 잡아 먹을 뿐입니다.
84                    """))
85               return '사망'
86
87           elif 행동 == "농담하기":
88               print(dedent("""
89                    운좋게도 당신은 학교에서 고던어 욕설을 배웠습니다. 아는
90                    고던 농담을 하나 합니다.
91                    Lbhe zbgure vf fb sng, jura fur fvgf nebhaq gur ubhfr,
92                    fur fvgf nebhaq gur ubhfr.
93                    고던인은 멈춰서서 웃지 않으려 애쓰지만, 결국 웃음보가
94                    터지자 꼼짝도 하지 못합니다. 당신은 고던인이 웃어대는
95                    틈에 뛰쳐나가 정통으로 머리를 맞춰 쓰러뜨리고 무기고의
96                    문으로 뛰어듭니다.
97                    """))
98               return '레이저_무기고'
99
100          else:
101              print("처리할 수 없습니다!")
102              return '중앙_복도'
```

다음으로는 게임 시작 부분인 중앙 복도를 만들어보죠. 지도에서 나중에
참조해야 하기 때문에 지도를 만들기 전에 게임 장면부터 먼저 만듭니다.

dedent 함수 사용법도 봐두세요. 지우면 어떻게 되는지도 나중에 해보세요.

ex43.py(계속)

```
105  class 레이저_무기고(Scene):
106
107      def 입장(self):
108          print(dedent("""
109              당신은 무기고로 뛰어들어 구르고는 쪼그려 앉아 혹시
110              숨어있을지도 모르는 고던인을 찾아 방을 살핍니다. 쥐 죽은
111              듯이, 지나칠 만큼 조용합니다. 일어서서는 문 건너편으로
112              달려 보관함에서 중성자파괴탄을 찾습니다. 보관함은
113              비밀번호로 잠겨 있고 중성자파괴탄을 꺼내려면 비밀번호를
114              알아내야만 합니다. 비밀번호를 10번 틀리면 자물쇠는
115              영원히 잠기고 폭탄은 꺼낼 수 없습니다. 비밀번호는 3자리
116              수입니다.
117              """))
118
119          코드 = f"{randint(1,9)}{randint(1,9)}{randint(1,9)}"
120          추측 = input("[번호판]> ")
121          추측_횟수 = 0
122
123          while 추측 != 코드 and 추측_횟수 < 10:
124              print("삐비비빅!")
125              추측_횟수 += 1
126              추측 = input("[번호판]> ")
127
128          if 추측 == 코드:
129              print(dedent("""
130                  보관함이 철컥하며 열리며 밀폐가 풀리자 공기가
131                  새어나옵니다. 중성자파괴탄을 움켜쥐고 설치해야 할 장소인
132                  함교를 향해 할 수 있는 한 가장 빠른 속도로 내달립니다.
133                  """))
134              return '함교'
135          else:
136              print(dedent("""
137                  마지막 기회가 지나자 자물쇠가 웅웅거리며 기계장치가
138                  엉겨 붙으며 녹아내리는 소름끼치는 소리가 들립니다.
139                  당신은 거기 주저앉아 있기로 마음먹었고, 결국 고던
140                  우주선이 당신네 우주선을 터뜨려 죽음을 맞습니다.
141                  """))
142              return '사망'
143
144
145  class 함교(장면):
146
147      def 입장(self):
148          print(dedent("""
149              겨드랑이에 중성자파괴탄을 끼고 함교로 뛰어들어 우주선
```

```
150            조종권을 탈취하던 고던인 5명을 놀래킵니다. 그 모두가
151            아까 본 고던인보다도 더 흉측한 광대 복장을 하고
152            있습니다. 고던인들은 아직 무기를 뽑지는 않았는데,
153            활성화된 폭탄을 든 걸 보자 더욱더 터뜨리지 않고
154            싶어합니다.
155            """))
156
157        행동 = input("> ")
158
159        if 행동 == "폭탄 던지기":
160            print(dedent("""
161                당신은 당황해서는 고던인 무리에 폭탄을 집어 던지고는
162                문으로 펄쩍 뛰어 오릅니다. 폭탄을 놓자마자 고던인
163                하나가 등 뒤를 정확히 쏴 맞춰 죽여버립니다.
164                당신은 죽어가는 동안 다른 고던인이 미친 듯이 폭탄을
165                해체하려 달려드는 것을 봅니다. 죽음을 맞는 동안
166                폭탄이 터지면 고던인 모두가 터져 나가리라고
167                생각합니다.
168                """))
169            return '사망'
170
171        elif 행동 == "천천히 폭탄 설치하기":
172            print(dedent("""
173                폭탄을 광선총으로 겨누자 고던인들은 두 손을 들고
174                삐질삐질 땀을 흘리기 시작합니다. 당신은 문 뒤에
175                바짝 붙어서는, 문을 열고, 광선총을 그대로 겨눈 채로,
176                조심스레 폭탄을 바닥에 설치합니다. 곧 이어 문 밖으로
177                뛰쳐나와 닫기 단추를 두들기고는 잠금장치를 쏴 갈겨
178                고던인들이 빠져 나올 수 없도록 만들어버립니다.
179                이제 폭탄은 설치되었고, 이 깡통에서 벗어나도록
180                구명정으로 내달립니다.
181                """))
182
183            return '구명정'
184        else:
185            print("처리할 수 없습니다!")
186            return "함교"
187
188
189 class 구명정(장면):
190
191     def 입장(self):
192         print(dedent("""
193             우주선이 통째로 폭발하기 전에 구명정에 닿기 위해
194             우주선을 가로질러 필사적으로 달립니다. 우주선에는
195             고던인이 거의 없어 방해받지 않고 질주합니다. 구명정이
196             있는 방에 도달한 당신은 어떤 걸 탈지 하나를 골라야
197             합니다. 이 가운데 몇 개는 손상되었을 수도 있지만 살펴볼
198             시간이 없습니다. 구명정은 5대가 있습니다. 몇 번을
```

```
199              타겠습니까?
200              """))
201
202          정상_구명정 = randint(1, 5)
203          추측 = input("[구명정 번호]> ")
204
205
206          if int(추측) != 정상_구명정:
207              print(dedent(f"""
208                  {추측}번 구명정으로 뛰어들어 탈출 단추를 누릅니다.
209                  구명정이 우주의 진공으로 나아가자마자, 선체가
210                  파열해 찌그러져 들며 당신을 곤약처럼 으스러뜨립니다.
211                  """))
212              return '사망'
213          else:
214              print(dedent(f"""
215                  {추측}번 구명정으로 뛰어들어 탈출 단추를 누릅니다.
216                  구명정은 가볍게 우주로 미끄러져 나가며 아래의
217                  행성으로 향합니다. 행성으로 향하는 동안 뒤를 돌아보자
218                  당신네 우주선이 붕괴했다가는 밝은 별처럼 폭발하며 고던
219                  우주선까지 휩쓸어 버리는 것을 확인합니다. 승리!
220                  """))
221
222              return '끝'
223
224
225  class 끝(장면):
226
227      def 입장(self):
228          print("승리했습니다! 잘 했어요.")
229          return '끝'
```

나머지 게임 장면입니다. 이 장면들이 필요하다는 것도, 어떻게 서로 이어질지도 알고 있었기 때문에 바로 코드로 짤 수 있었습니다.

그렇지만 코드를 한 번에 술술 다 쓴 것은 아닙니다. 한 번에 조금씩 점진적으로 만들겠다고 했던 것을 기억하세요. 다음의 코드는 조금씩 만들어나가서 완성한 결과입니다.

ex43.py(계속)

```
232  class 지도(object):
233
234      장면들 = {
235          '중앙_복도': 중앙_복도(),
236          '레이저_무기고': 레이저_무기고(),
```

```
237            '함교': 함교(),
238            '구명정': 구명정(),
239            '사망': 사망(),
240            '끝': 끝(),
241        }
242
243        def __init__(self, 시작할_장면):
244            self.시작할_장면 = 시작할_장면
245
246        def 다음_장면(self, 장면_이름):
247            다음 = 지도.장면들.get(장면_이름)
248            return 다음
249
250        def 서막_장면(self):
251            return self.다음_장면(self.시작할_장면)
```

다음으로는 지도 클래스를 만듭니다. 사전에 이름과 장면을 짝지어 넣어 **지도.장면들** 변수로 참조할 수 있도록 했습니다. 이 사전에 장면들이 들어가는 게 지도 코드가 장면 코드 다음에 있어야 하는 이유 가운데 하나지요. 사전에서 장면을 참조하려면 일단 장면이 있긴 있어야 하니까요.

ex43.py(계속)

```
254    게임_지도 = 지도('중앙_복도')
255    게임_엔진 = 엔진(게임_지도)
256    게임_엔진.플레이()
```

마지막으로 게임_지도를 만들고 지도를 넣어 게임_엔진도 만든 다음 게임_엔진.플레이 함수를 불러 게임을 실행합니다.

43.4 실행 결과

이 게임에 대해 충분히 이해한 다음 여러분 스스로 만들어보세요. 꽉 막혀서 어쩔 줄 모르겠다면 잠깐 제 코드를 훑어보는 꼼수를 써도 좋습니다. 단, 그 다음에는 다시 스스로 만들기 시작하는 겁니다.

이 게임을 실행하자 저는 이렇게 나왔습니다.

Exercise 43 Session

```
$ python3.6 ex43.py
```

페르칼 25번 행성의 고던족은 여러분의 우주선에 침략해서 모든
승무원을 죽였습니다. 당신은 마지막 생존자이며 마지막 임무로
무기고에서 중성자파괴탄을 가져와 함교에 설치하고 구명정에 타기
전에 우주선을 폭파해야합니다.

붉은 비늘 피부, 시커먼 때가 낀 이빨, 증오로 가득 찬 몸에서 물
흐르듯 이어지는 사악한 광대 복장의 고던인이 뛰쳐 나오는 동안
당신은 중앙 복도에서 무기고로 내달리고 있습니다. 고던인은
무기고로 가는 문을 가로막고 당신을 날려버리러 무기를 겨누는
참입니다.

```
>  회피!
```

국제경기급 권투 선수처럼 달리고 피하고 구르고 오른쪽으로
미끄러져 고던인의 광선총이 당신의 머리 옆을 빗겨 쏘도록
합니다. 예술적인 회피를 하는 와중 그만 발이 미끄러져 금속
벽에 머리를 찧고 기절합니다. 잠시 후 정신을 차리지만
고던인은 그저 머리를 짓밟아 죽이고는 잡아 먹을 뿐입니다.

패배자 같으니.

43.5 더 해보기

1. 게임을 바꿔보세요. 게임이 마음에 안 들지도 모르니까요. 너무 폭력적일
   수도 있고 SF에 관심이 없을 수도 있겠네요.

2. 이 코드에는 버그가 있습니다. 자물쇠는 비밀번호를 왜 11번씩이나 물어
   볼까요?

3. 다음 방 반환이 어떻게 이루어지는지 설명해보세요.

4. 어려운 방을 쉽게 통과할 수 있도록 게임에 치트 코드를 넣어보세요. 저는
   딱 두 단어를 한 줄에 추가해서 할 수 있었습니다.

5. 설명과 분석으로 돌아가 영웅이 다양한 고던인과 만나고 싸울 수 있는 작
   은 전투 체계를 만들어보세요.

6. 이 게임은 사실 조그만 '유한 상태 기계(finite state machine)'입니다. 유
   한 상태 기계에 대해 알아보세요. 이해하기 어려울 수도 있지만 그래도 자
   료를 읽어보세요.

43.6 자주 묻는 질문

Q. 내 게임에 쓸 줄거리는 어디서 찾을 수 있나요?

A. 여러분이 만들면 됩니다. 친구에게 이야기할 때처럼요. 아니면 여러분이
   좋아하는 책이나 영화에서 간단한 장면을 따올 수도 있습니다.

연습 44

상속 vs. 합성

사악한 악당을 물리치는 영웅에 대한 옛날 이야기에는 언제나 어둠의 숲 같은 것이 등장해요. 동굴, 숲, 다른 별일 수도 있고, 아니면 그냥 모두가 아는 장소 중에 영웅이 가면 안 되는 곳일 수도 있지요. 영웅은 악당이 등장한 것을 알고 나면, 곧 그 바보 같은 숲으로 악당을 죽이러 떠나야 합니다. 마치 영웅은 언제나 사악한 숲에서 목숨을 내놓아야만 하는 상황에 빠지게 정해진 것처럼요.

이런 위험을 모두 피해 다닐 만큼 충분히 똑똑한 영웅이 나오는 옛날 이야기는 거의 듣기 어려워요. "잠깐만요, 입신양명한답시고 미나리아재비골을 떠나 먼 바다로 나가다간 목숨을 잃을지도 몰라요. 그럼 그 아가씨는 험퍼딩크라는 못생긴 왕자랑 결혼해야 한다구요. 험퍼딩크! 제 생각엔 저는 여기 남아서 임대업이나 해야겠어요." 같은 말을 하는 영웅은 들어본 적도 없을 거에요. 영웅이 그런다면 불구덩이도, 죽음도, 부활도, 칼싸움도, 거인도, 어떤 이야기도 없겠죠. 그렇기 때문에 이런 이야기에서 영웅은 블랙홀이라도 되는 냥 숲에 끌리고 맙니다.

객체지향 프로그래밍에서는 상속(inheritance)이 바로 사악한 숲입니다. 숙련된 프로그래머는 어둠의 숲인 '상속' 깊은 곳에 악마굴의 여왕 같은 다중 상속(multiple inheritance)이 있다는 것을 알기 때문에, 이 사악한 숲을 피해야 한다는 점도 압니다. 여왕은 촘촘한 이빨로 패배자의 살을 씹으며 소프트웨어와 프로그래머를 먹어 치우곤 하죠. 하지만 숲은 정말로 엄청나게 유혹적이어서 거의 모든 프로그래머가 들어갈 수밖에 없어요. 그리고는 자칭 '진짜 프로그래머'가 되기도 전에 악마 여왕의 머리를 가지고서 살아 돌아갈 수 있다고 믿습니다. 상속 숲에 이끌리는 것을 막을 수는 없으니 그냥 들어가세요. 탐험 후에는 이 으슥한 숲에는 들어가지 말아야 한다는 사실을 배울 것이고, 만약 또 들어가려면 강력한 군대를 데리고 가야 한다는 걸 알게 되겠지요.

여러분에게 상속이라는 것은 조심해서 써야 한다는 점을 강조하기 위해 재미있게 글을 써 봤습니다. 지금 숲에서 여왕과 싸우는 프로그래머가 있다면 여러분에게도 그곳에 들어와야 한다고 말할 거에요. 스스로 통제할 수 없을 만큼 많은 상속을 만들어냈기 때문에 여러분의 도움이 필요하죠. 하지만 항상 이 말을 잊지 마세요.

많은 경우에 상속은 합성(composition)으로 간소화하거나 대체할 수 있습니다. 그리고 어떤 댓가를 치르더라도 다중 상속은 피해야 합니다.

44.1 상속이란

상속이란 어떤 클래스가 부모 클래스에서 기능을 모두(또는 대부분) 가져온다는 뜻입니다. 코드에서 class 자식(부모)라고 쓰면 "자식 클래스는 부모 클래스를 상속해서 만들어"라는 뜻이지요. 이렇게 하면 자식 클래스에서는 부모 클래스의 모든 동작을 마치 자식 클래스가 원래 갖고 있던 것처럼 사용할 수 있습니다. 공통 기능은 부모 클래스에 넣고 자식 클래스만의 고유한 기능이 필요할 때만 따로 만들면 되지요.

상속으로 자식 클래스 기능을 만들 때는 부모와 자식이 상호작용하는 세 가지 방법이 있습니다.

1. 자식이 묵시적으로 부모의 동작을 한다.
2. 자식이 부모의 동작을 덮어쓴다(override).
3. 자식이 부모의 동작을 대체한다.

각각의 방법을 순서대로 시연하고 코드를 보여드리겠습니다.

44.1.1 묵시적 상속

먼저 부모에는 함수를 정의했지만 자식에는 정의하지 않았을 때 나타나는 묵시적 동작을 보여드리겠습니다.

ex44a.py

```
1    class 부모(object):
2
3        def 묵시적_동작(self):
4            print("부모 묵시적_동작()")
5
6    class 자식(부모):
7        pass
8
9    아빠 = 부모()
10   아들 = 자식()
11
12   아빠.묵시적_동작()
13   아들.묵시적_동작()
```

class **자식**: 아래의 **pass**는 빈 블록을 쓰겠다는 파이썬 문법입니다. **자식**이라는 이름의 클래스를 새로 만들겠지만 새로 정의하는 부분은 없다는 뜻이에요. 대신 이 클래스는 모든 행동을 **부모**에서 상속합니다. 코드를 실행하면 다음과 같이 나옵니다.

Exercise 44a Session

```
$ python3.6 ex44a.py
부모 묵시적_동작()
부모 묵시적_동작()
```

13행에서 **아들.묵시적_동작()**을 호출했는데도, 게다가 **자식**에는 **묵시적_동작** 함수를 정의하지 않았는데도 코드는 문제없이 작동하면서 **부모**에서 정의한 함수를 호출합니다. 이 예제는 기본 클래스(예: **부모**)에 함수를 넣으면 모든 서브 클래스(예: **자식**)가 자동으로 그 기능을 가져온다는 것을 보여줍니다. 여러 클래스에서 반복해야 하는 코드가 있다면 아주 간편해요.

44.1.2 명시적 덮어쓰기

가끔 자식이 다른 동작을 하도록 만들고 싶을 때가 있어요. 그럴 때는 부모의 함수를 묵시적으로 호출하면 안 됩니다. 이 경우 자식에서 함수를 덮어쓰는 (override) 편이 좋아요. 기능을 교체하는 효과적인 방법이죠. 자식에서 명시적(explicit)으로 같은 이름으로 함수를 정의하면 됩니다. 예제를 보여드리겠습니다.

ex44b.py

```
1    class 부모(object):
2
3        def 덮어쓰기(self):
4            print("부모 덮어쓰기()")
5
6    class 자식(부모):
7
8        def 덮어쓰기(self):
9            print("자식 덮어쓰기()")
10
11   아빠 = 부모()
12   아들 = 자식()
13
14   아빠.덮어쓰기()
15   아들.덮어쓰기()
```

이번 예제에서는 두 클래스에 모두 **덮어쓰기**라는 함수를 만들었습니다. 이번에는 무슨 일이 일어나는지 봅시다.

Exercise 44b Session

```
$ python3.6 ex44b.py
부모 덮어쓰기()
자식 덮어쓰기()
```

14행을 실행하면 **부모.덮어쓰기** 함수를 실행합니다. 그 변수(**아빠**)가 부모니까요. 하지만 15행을 실행하면 자체의 **자식 덮어쓰기()**를 출력합니다. **아들**은 자식의 인스턴스이고 **자식**이 **덮어쓰기** 함수를 덮어쓰기 때문이죠.

계속하기 전에 일단 잠깐 쉬면서 이 두 개념을 이용한 코드를 짜 보세요.

44.1.3 앞이나 뒤 바꾸기

상속을 사용하는 세 번째 방법은 덮어쓰기 가운데 하나의 특별한 경우입니다. **부모** 클래스의 함수를 실행하기 전이나 후에 다른 동작을 하고 싶을 때 씁니다. 먼저 지난 예제처럼 함수를 덮어쓰되 파이썬 내장(built-in) 함수인 super를 써서 부모의 구현을 호출합니다. 이해하기 쉽도록 예제를 보여드리겠습니다.

ex44c.py

```
1    class 부모(object):
2
3        def 대체하기(self):
4            print("부모 대체하기()")
5
6    class 자식(부모):
7
8        def 대체하기(self):
9            print("자식, 부모 대체하기() 호출 전")
10           super(자식, self).대체하기()
11           print("자식, 부모 대체하기() 호출 후")
12
13   아빠 = 부모()
14   아들 = 자식()
15
16   아빠.대체하기()
17   아들.대체하기()
```

자식에 있는 9~11행이 중요한 부분입니다. **아들.대체하기()**를 호출하면 일어나는 일은 다음과 같습니다.

1. **부모.대체하기**를 **자식.대체하기**로 덮어썼기 때문에 예상대로 9행이 실행됩니다.

2. 이 경우 앞과 뒤에서 다른 일을 하고 싶으므로 9행 뒤에서 super를 써서 **부모.대체하기**를 받아 오겠습니다.

3. 10행에서 super(**자식**, self).대체하기()를 호출합니다. 이 함수는 상속 관계를 알고 있으므로 부모 클래스를 돌려줍니다. 이 호출은 "super를 자식과 self 실행인자로 호출하고, 무엇이 나왔든 그 값에서 대체하기 함수를 호출한다."와 같이 읽어야 합니다.

4. 이 지점에서 함수의 **부모.대체하기** 구현을 실행하고 **부모** 메시지를 출력합니다.

5. 마지막으로 **부모.대체하기**에서 돌아와서 **자식.대체하기** 함수를 계속 실행하며 호출 후 메시지를 출력합니다.

이 예제를 실행하면 다음과 같은 결과가 나옵니다.

```
$ python3.6 ex44c.py
부모 대체하기()
자식, 부모 대체하기() 호출 전
부모 대체하기()
자식, 부모 대체하기() 호출 후
```

44.1.4 세 종류 결합

세 가지 경우를 한 파일에서 볼 수 있도록 상속의 상호작용 예제 최종판을 만들었습니다.

ex44d.py

```
1    class 부모(object):
2
3        def 덮어쓰기(self):
4            print("부모 덮어쓰기()")
5
6        def 묵시적_동작(self):
7            print("부모 묵시적_동작()")
8
9        def 대체하기(self):
10           print("부모 대체하기()")
11
12   class 자식(부모):
13
14       def 덮어쓰기(self):
15           print("자식 덮어쓰기()")
16
17       def 대체하기(self):
18           print("자식, 부모 대체하기() 호출 전")
19           super(자식, self).대체하기()
20           print("자식, 부모 대체하기() 호출 후")
21
22   아빠 = 부모()
23   아들 = 자식()
24
25   아빠.묵시적_동작()
26   아들.묵시적_동작()
27
28   아빠.덮어쓰기()
29   아들.덮어쓰기()
30
31   아빠.대체하기()
32   아들.대체하기()
```

코드를 줄마다 따라가며 각 줄이 무엇을 하고 덮어쓰기인지 아닌지 설명하는 주석을 쓰세요. 그 다음 실행해서 예상한 결과가 나오는지 확인하세요.

Exercise 44d Session

```
$ python3.6 ex44d.py
부모 명시적_동작()
부모 명시적_동작()
부모 덮어쓰기()
자식 덮어쓰기()
부모 대체하기()
자식, 부모 대체하기() 호출 전
부모 대체하기()
자식, 부모 대체하기() 호출 후
```

44.2 super( )를 쓰는 이유

당연한 이야기처럼 들리겠지만 다중 상속(multiple inheritance)이라는 것을 할 때는 문제가 생깁니다. 다중 상속은 다음과 같이 한 클래스가 둘 이상의 클래스를 상속하는 것입니다.

```
class 다중이(자식, 참견꾼):
    pass
```

"**다중이**라는 **자식**과 **참견꾼**을 동시에 상속하는 클래스를 만들어줘." 같은 뜻이에요.

이 경우 **다중이** 인스턴스에서 묵시적 동작을 할 때마다 어떤 함수를 쓸 수 있는지 **자식**과 **참견꾼** 모두에서 일관된 순서로 찾아보아야 합니다. 파이썬에서는 동작을 제대로 하기 위해 '메서드 분석 순서(Method Resolution Order, MRO)'라는 것과 C3라는 알고리즘을 쓰고 있습니다.

메서드 분석 순서는 복잡하고 잘 정의된 알고리즘으로 만든 것이어서 여러분이 바로 이해하기는 너무 어렵습니다. 대신 파이썬에는 **자식.대체하기** 안에서 한 것처럼 다른 클래스의 동작이 필요할 때 그 복잡한 일을 대신 해주는 super() 함수가 있습니다. super()를 쓰면 걱정하지 않아도 됩니다. 파이썬이 맞는 함수를 찾아줄 테니까요.

44.2.1 __init__에서 super() 쓰기

사실 super()는 기본 클래스에 있는 __init__ 함수에서 가장 흔하게 쓰입니다. 흔히 자식에서 다른 동작이 필요한 유일한 부분이 __init__입니다. 자식만의 다른 동작을 마친 다음에 부모를 마저 초기화하죠. 다음 코드의 **자식**으로 간단한 예시를 보여드리겠습니다.

```
class 자식(부모):
    def __init__(self, 내용):
        self.내용 = 내용
        super(자식, self).__init__()
```

부모.__init__으로 **부모**를 초기화하기 전에 __init__에서 변수 값을 설정한다는 점만 빼면, 이 예제는 앞에서 본 **자식.대체하기** 예제와 거의 똑같습니다.

44.3 합성

상속은 유용합니다. 하지만 묵시적 상속에 의존하는 대신, 별도의 클래스와 모듈을 이용해 다른 방법으로도 똑같은 일을 할 수 있습니다. 상속을 활용하는 세 가지 방법을 살펴보면 그 가운데 두 가지는 기능을 교체하거나 바꾸는 것과 관련이 있습니다. 모듈에서 함수를 호출하면 쉽게 따라할 수 있는 동작이에요. 예제를 봅시다.

ex44e.py

```
1    class 합성대상(object):
2
3        def 덮어쓰기(self):
4            print("합성대상 덮어쓰기()")
5
6        def 묵시적_동작(self):
7            print("합성대상 묵시적_동작()")
8
9        def 대체하기(self):
10           print("합성대상 대체하기()")
11
12   class 자식(object):
13
14       def __init__(self):
15           self.합성대상 = 합성대상()
```

```
16
17      def 묵시적_동작(self):
18          self.합성대상.묵시적_동작()
19
20      def 덮어쓰기(self):
21          print("자식 덮어쓰기()")
22
23      def 대체하기(self):
24          print("자식, 합성대상 대체하기() 호출 전")
25          self.합성대상.대체하기()
26          print("자식, 합성대상 대체하기() 호출 후")
27
28  아들 = 자식()
29
30  아들.묵시적_동작()
31  아들.덮어쓰기()
32  아들.대체하기()
```

자식이 부모의 일종인 관계(is-a)를 쓰지 않기 때문에 이 코드에서는 부모라는 이름을 쓰지 않았습니다. 이번에는 **자식**이 합성대상을 갖고 있는(has-a), **합성대상**을 이용해 기능을 만드는 관계입니다. 다음과 같이 출력됩니다.

Exercise 44e Session

```
$ python3.6 ex44e.py
다른 명시적_동작()
자식 덮어쓰기()
자식, 다른 대체하기() 호출 전
다른 대체하기()
자식, 다른 대체하기() 호출 후
```

같은 일을 할 수 있도록 자식과 합성대상의 코드 대부분이 같습니다. **명시적_동작** 기능을 쓰려면 **자식.명시적_동작** 함수를 정의해야만 한다는 점이 유일한 차이입니다. 다음 할 일은 **합성대상**이 클래스여야 했는지, 그냥 other.py라는 모듈로 만들 수는 없었는지 스스로에게 질문해 보는 것입니다.

44.4 상속과 합성 중에서 고르기

'상속(inheritance) 대 합성(composition)' 문제는 코드 재사용 문제를 해결하려는 시도에서 시작됩니다. 소프트웨어를 중복된 코드로 도배하고 싶지는 않을 거에요. 깔끔하지도 않고 효율적이지도 않으니까요. 상속은 기본 클래스의 기능을 묵시적으로 쓸 수 있는 체계를 제공해 이 문제를 해결합니다.

합성은 모듈과 다른 클래스의 함수를 호출할 수 있는 기능으로 해결합니다.

두 해법 모두 재사용 문제를 해결한다면, 어떤 상황에서 어떤 방식이 적절할까요? 답은 엄청나게 주관적인 문제라는 것입니다. 그렇지만 언제 무엇을 쓰는지 판단할 수 있는 세 가지 기준을 알려드리겠습니다.

1. 어떤 대가를 치르더라도 다중 상속은 피합니다. 다중 상속은 지나치게 복잡해서 믿고 쓸 수 없습니다. 이런 상황을 맞닥뜨린다면 코드에서 클래스의 구조도를 잘 살펴보고 서로가 어떻게 연결되어 있는지 꼼꼼히 살펴보도록 하세요.
2. 코드가 서로 관련 없는 위치나 상황에서 쓰이는 경우에는 합성을 이용하고 코드를 모듈로 나누세요.
3. 상속은 하나의 공통 개념에 들어맞으면서 명확하게 연관된 재사용할 수 있는 코드가 있거나, 다른 코드 때문에 꼭 써야 할 때만 쓰세요.

하지만 이 규칙에 얽매이지는 마세요. 객체지향 프로그래밍은 프로그래머가 코드 패키지를 만들고 공유하려고 만든, 완전히 사회적인 관습(convention)이라는 점을 기억해야 합니다. 이 관습은 파이썬에서는 명문화된 관습이지만, 사회적인 관습이기 때문에 여러분과 함께 작업하는 사람들은 이 규칙을 따르지 않을 수도 있습니다. 그런 경우 그 사람들이 어떻게 하는지 잘 보고 그 상황에 맞추도록 하세요.

44.5 더 해보기

이번 장은 내용이 많았기 때문에 '더 해보기'가 하나만 있습니다. *http://www.python.org/dev/peps/pep-0008/*을 열어서 읽어보고 코드에 적용해보세요.[1] 이

---

1 (옮긴이) 검색 엔진에서 'pep8 번역'이나 '파이썬 pep8'로 검색하면 비공식적으로 번역된 버전도 찾을 수 있습니다.

책에서 배운 규칙과는 다른 규칙도 몇 개 있을 거에요. 지금부터는 파이썬의 권고 사항을 이해하고 코드에 쓰기 시작할 때입니다. 각 규칙이 내용을 헷갈리게 만드는지 아닌지에 따라 규칙을 따를 것일지 여부를 정할 것입니다. 저는 여러분도 이렇게 하기를 권합니다. 이해하기 좋은 코드는 코드 형식 규칙에 대한 지식을 뽐내 모두에게 감명을 주는 것보다 중요하니까요.

44.6 자주 묻는 질문

Q. 이전에 본 적이 없는 문제를 더 잘 풀려면 어떻게 해야 하나요?

A. 스스로 할 수 있는 한 많은 문제를 풀어 보는 것이 문제를 더 잘 푸는 유일한 방법입니다. 일반적으로 사람들은 어려운 문제를 맞닥뜨리면 정답을 찾으러 달려가버립니다. 여러분이 답만 찾으면 된다면 이 방법도 괜찮습니다. 하지만 스스로 풀어볼 시간이 있다면 직접 시간을 들여 풀어보세요. 하던 일은 멈추고 가능한 한 오랫동안 문제와 머리를 맞대고 고민해보세요. 해결하거나 포기할 때까지요. 그 다음에는 찾은 답도 더 만족스러울 것이고 문제를 푸는 능력도 더 나아질 것입니다.

Q. 객체는 클래스의 복제일 뿐인 것 아닌가요?

A. 어떤 언어에서는(예: Javascript) 사실입니다. 그런 언어는 프로토타입 (prototype) 언어라고 불러요. 프로토타입 언어에서는 쓰는 법 말고는 객체와 클래스가 크게 다르지 않아요. 하지만 파이썬 클래스는 틀 (template)처럼 동작하고, 거푸집에서 주물을 찍어 내듯 새 객체를 '찍어 내는' 역할을 합니다.

Q. 부모 클래스와 self 없이 super()만 쓴 코드를 보았습니다. 그래도 되나요?

A. 파이썬 3에서는 다중 상속을 하지 않는다면 super()라고만 써도 괜찮습니다.

연습 45
___

게임 만들기

이제 스스로 배워 나가기 시작해야 합니다. 이 책으로 공부하는 동안 여러분에게 필요한 모든 정보는 인터넷에 다 있다는 점을 배웠다면 좋겠습니다.[1] 빠뜨린 내용이 하나 있다면 어떤 낱말로 검색해야 하느냐는 것입니다. 이제는 그런 감을 길러야 하니까, 고행하는 기분으로 큰 프로젝트를 돌아가게 만들어봅시다.

먼저 요구사항을 봅시다.

1. 책에 나온 게임과 다르게 만드세요.
2. 두 개 이상의 파일을 만들고 import로 가져다 쓰도록 하세요. import가 무엇인지는 꼭 알아야 합니다.
3. 방마다 클래스를 하나씩 만들고 목적에 맞는 클래스 이름을 지어주세요 (황금방은 **황금_방**, 금붕어 연못은 **금붕어_연못_방**처럼요).
4. 게임을 실행하려면 각 방에 대한 정보를 알고 있어야 합니다. 게임 실행을 맡길 클래스를 하나 만들고 방에 관한 정보를 갖고 있도록 하세요. 수많은 방법이 있는데, 각 방이 다음 방의 정보를 반환하도록 하거나 다음 방에 관한 변수를 설정하도록 하는 방법을 고려해보세요.

나머지는 여러분에게 맡겨 두겠습니다. 이 문제에 일주일을 꼬박 들여서 여러분이 만들 수 있는 최고의 게임으로 만드세요. 클래스, 함수, 사전, 리스트 등 게임을 더 멋지게 만들 수 있는 것이라면 뭐든 쓰세요. 다른 파일에 있는 클래스를 이용하는 클래스의 구조를 잡는 법을 배우기 위한 숙제입니다.

여러분이 정확히 어떻게 해야 하는지를 알려드리는 것이 아닙니다. 여러분

---

1 (옮긴이) 영어로 검색한다면 항상 찾을 수 있습니다. 한국어로 검색해도 대부분 찾을 수 있습니다.

스스로 해야 합니다. 알아내보세요. 프로그래밍은 곧 문제를 해결하는 것입니다. 시도하고 실험하다가 실패하고, 버리고 다시 해보아야 한다는 뜻이죠. 막힐 때는 도와 달라고 하고 다른 사람들에게 코드도 보여주세요. 심술궂게 구는 사람은 무시하고, 도움을 주는 사람들에게 집중하세요. 코드를 실행할 수 있게 유지하면서 좋아질 때까지 다듬은 다음 조금 더 보여주세요.

행운을 빌어요. 여러분이 만든 게임과 함께 다음 주에 만나요.

45.1 게임 평가하기

이번에는 여러분이 방금 만든 게임을 스스로 평가해보겠습니다. 만들다 말았을 수도 있고 막혔을 수도 있어요. 간신히 돌아가게만 만들었을지도 모르죠. 어떤 경우든지, 여러분이 이제 알아야만 하는 내용을 잔뜩 살펴보고 게임에서 다루었나 확인해봅시다. 클래스를 적절하게 구성하는 방법, 클래스를 사용하는 일반적인 관습, 꽤 많은 '교과서' 지식에 대해서 공부하겠습니다.

왜 여러분 스스로 해보게 하고 올바른 방법을 알려주려는 것일까요? 지금부터 이 책의 목표는 여러분이 자급자족할 수 있게 만드는 것입니다. 지금까지는 대부분의 시간 동안 여러분의 손을 잡고 끌어왔지만, 더 이상은 그렇게 해 드릴 수 없습니다. 대신 이제는 여러분이 할 일을 주고, 스스로 하도록 하고, 만든 것을 향상시킬 수 있는 방법을 알려드리겠습니다.

처음에는 고생할 수도 있고 크게 좌절할 수도 있습니다. 하지만 끝까지 해보면 결국 문제를 푸는 능력이 쌓입니다. 교과서에 나오는 답을 복사만 하기보다는 문제에 대한 창의적인 해법을 찾아내기 시작할 것입니다.

45.2 함수 형식

앞에서 가르쳐 드린 좋은 함수를 만드는 다른 모든 규칙이 여기에도 적용됩니다. 새 규칙 몇 개를 추가합니다.

- 다양한 이유로 사람들은 클래스에 붙은 함수를 메서드(method)라고 부릅니다. 거의 기술 마케팅 용어에 가깝지만, 여러분이 '함수'라고만 하면 사

람들이 짜증나도록 '메서드'라고 고쳐 부를 거라고 미리 알려드릴게요. 지나치도록 짜증나게 구는 사람이 있다면, '메서드'가 '함수'와 어떻게 다른지 결정하는 수학적 근거를 들라고 요구하면 입을 다물 것입니다.

• 클래스를 다룰 때는 클래스가 '무엇을 하도록' 시키는지 표현하세요. 함수 이름은 함수가 하는 일에 따라 짓는 대신 클래스에 속한 명령으로 짓도록 하세요. pop이 "리스트야, 이거 꺼내(pop)줘."라는 뜻인 것처럼요. 이 함수가 하는 일은 **리스트에서_마지막_것_제거**이지만 그래도 함수 이름은 pop이라고 짓습니다. **리스트에서_마지막_것_제거**는 리스트에 대한 명령이 아니기 때문에 그렇습니다.

• 함수는 작고 간결하게 유지하세요. 몇 가지 이유가 있는데, 클래스에 대해 배우기 시작한 사람들은 이 규칙을 쉽게 잊어버립니다.

45.3 클래스 형식

• 클래스 이름을 로마자로 쓸 때는 SuperGoldFactory 같이 '낙타등 표기법(CamelCase)'을 써야 합니다. super_gold_factory 대신요.

• __init__ 함수에서 너무 많은 일을 하지 마세요. 쓰기 어려워집니다.

• 클래스와 달리 함수는 '밑줄 표기법(underscore format)'을 써야 합니다. my_awesome_hair처럼 쓰세요. myawesomehair나 MyAwesomeHair처럼 쓰지 마세요.

• 함수 실행인자 구성은 일관성 있게 하세요. 클래스가 사용자, 개, 고양이를 다룬다면 정말로 특별한 이유가 없는 한 그 순서를 내내 유지하도록 하세요. 한 함수는 (개, 고양이, 사용자)를 받고 다른 함수는 (사용자, 고양이, 개)를 받는다면 쓰기 어려워집니다.

• 모듈 변수나 전역 변수를 쓰지 마세요. 변수는 반드시 관련된 객체가 스스로 갖고 있어야 합니다.

• 어리석은 일관성은 마음 좁은 도깨비와 같습니다. 일관성은 좋지만, 다른 모두가 쓴다는 이유로 안 맞는 격언조차 바보같이 따라서는 안 됩니다. 스스로 생각하세요.

45.4 코드 형식

- 읽기 쉽도록 코드에 빈 줄을 넣으세요. 어떤 끔찍한 프로그래머들은 코드
는 조리 있게 짜지만 빈 줄을 절대 넣지 않습니다. 사람의 눈과 머리는 빈
줄과 세로 정렬로 시각적 정보를 찾고 구분하기 때문에, 그렇지 않다면 어
떤 언어에서든 나쁜 형식입니다. 코드에 빈 줄을 쓰지 않는 것은 코드에 감
쪽 같은 위장 무늬를 그려 넣는 것과 마찬가지입니다.
- 파이썬에서 여러분만의 스타일을 찾을 때까지는 다른 사람이 어떻게 하나
보고 따라 해보세요.
- 여러분만의 형식을 찾더라도 그 형식에 매달리는 얼간이가 되지 마세요.
프로그래머가 되는 과정 가운데 하나는 다른 사람의 코드로 작업하는 것
이고, 어떤 사람들은 취향이 정말 별로입니다. 저를 믿으세요. 여러분에게
도 정말 나쁜 취향이 생길 테고 심지어는 깨닫지도 못할 것입니다.
- 여러분이 좋아하는 형식으로 코드를 짜는 프로그래머를 찾았다면 그 형식
을 따라 코드를 짜보세요.

45.5 좋은 주석

- 코드는 주석이 필요 없도록 충분히 읽기 좋게 짜야 한다고 말하는 프로그
래머도 있을 거에요. 그리고는 최대한 공식적으로 들리는 목소리로 "그러
므로 주석이나 문서는 절대 쓰지 말아야 합니다. 끝."이라고 말하겠죠. 이
런 프로그래머는 다른 사람이 자기 코드를 쓰지 못하면 돈을 더 버는 컨설
턴트이거나 다른 사람과 절대로 일하지 못할 것 같은 무능력자입니다. 무
시하고 주석을 쓰세요.
- 주석을 쓸 때는 왜 그렇게 하는지, 무엇을 하는지 설명하세요. 어떻게 하는
지는 코드로 이미 썼습니다. 하지만 왜 그렇게 하는지 아는 게 더 중요합
니다.
- 함수에 문서 주석(doc comment)을 달 때는 여러분의 코드를 써야 하는
사람이 볼 주석 문서를 만드세요. 겁먹을 필요는 없어요. 그 함수로 할 수
있는 일에 대해 쓴 친절한 짧은 문장이면 충분히 도움이 됩니다.

- 주석을 쓰는 건 좋지만 너무 많으면 오히려 나쁩니다. 그리고 주석도 유지 보수해야 합니다. 주석은 비교적 짧고, 핵심에 집중해 쓰세요. 함수를 바꾸었다면 주석도 다시 보고 올바른지 확인하세요.

45.6 게임 평가하기

이제 여러분이 저를 흉내 냈으면 합니다. 코드를 인쇄하고 빨간 펜을 들고는 아주 엄격한 표정을 지으면서 찾아낸 모든 실수에 표시하세요. 이번 장은 물론 이전에 나온 모든 지침도 포함해서요. 코드에 표시를 마치고 나면 찾아낸 부분을 모두 고쳐보세요. 그리고 더 나아질 법한 부분을 찾아 몇 번 더 반복하세요. 코드를 분석하기 위한 비법을 모두 이용해 할 수 있는 한 가장 작고 세밀한 분석까지 해보세요.

클래스의 세부사항에 집중할 수 있도록 훈련하는 것이 이번 장의 목적입니다. 여러분의 코드를 모두 검토했다면 다른 사람의 코드를 보고 똑같이 해보세요. 특정 부분을 인쇄해서 살펴보고 모든 실수와 형식 오류를 찾아 지적해보세요. 그 다음에는 코드를 수정해서 여러분이 고친 내용 때문에 프로그램이 망가지지 않았는지 확인해보세요.

이번 주에는 다른 일은 하지 말고 코드를 평가하고 수정해보세요. 여러분만의 코드와 다른 사람의 코드 모두요. 아주 힘든 일이겠지만, 마치고 나면 여러분의 사고력이 권투 선수의 주먹처럼 단단히 단련되어 있을 것입니다.

연습 46

——

프로젝트 틀

이번에는 프로젝트 '틀(skeleton)' 디렉터리 만드는 법을 배웁시다. 이 틀에는 새 프로젝트를 만들고 실행하는 데 필요한 기초적인 내용을 모두 담겠습니다. 프로젝트 배치, 자동 테스트, 모듈, 스크립트 설치까지요. 새 프로젝트를 만들 때는 이 디렉터리를 복사해 이름을 바꾸고 파일을 고치며 시작하세요.

46.1 맥OS/리눅스 설정

이번 장은 준비가 필요합니다. pip라는 도구를 이용해 새 모듈을 설치하겠습니다. 파이썬 3.6을 설치하면 pip3.6도 같이 설치됩니다. 다음 명령으로 확인해보세요(python3.6 대신 python으로 파이썬을 실행하고 있다면 pip3.6 대신 pip를 실행하세요).

```
$ pip3.6 list
pip (9.0.1)
setuptools (28.8.0)
$
```

deprecation 경고는 무시해도 됩니다. 다른 도구도 설치되어 있을지도 모르지만, 기본적으로 pip와 setuptools는 있어야 합니다.

venv라는 도구도 쓰겠습니다. '모조' 파이썬을 만들어 설치하는 도구인데요. 서로 다른 프로젝트에서 패키지 버전 충돌을 막아주어 쉽게 관리할 수 있게 됩니다. 먼저 다음 명령을 실행해보세요. 설명은 이어서 하겠습니다.

```
$ mkdir ~/.venvs
$ python -m venv ~/.venvs/lpthw
$ . ~/.venvs/lpthw/bin/activate
(lpthw) $
```

한 줄씩 자세히 살펴보겠습니다.

1. 홈 디렉터리(~/)에 .venvs라는 디렉터리를 만들었습니다. 모든 가상 환경을 저장할 공간이지요.

2. 파이썬에 내장된 venv 명령을 실행해 ~/.venvs/lpthw 위치에 가상환경을 만들었습니다.

3. bash에서 .(점) 연산자를 이용해 ~/.venvs/lpthw/bin/activate 스크립트를 'source'했습니다.

4. 셸 프롬프트에 (lpthw)가 덧붙었습니다. 가상환경 안에 들어와 있다는 표시입니다.

파이썬이 설치된 경로를 확인해봅시다.

```
(lpthw) $ which python
/Users/zedshaw/.venvs/lpthw/bin/python
(lpthw) $ python
Python3.6.0rc2 (v3.6.0rc2:800a67f7806d, Dec 16 2016, 14:12:21)
[GCC 4.2.1 (Apple Inc. build 5666) (dot 3)] on darwin
Type "help", "copyright", "credits" or "license" for more information.
>>> quit()
(lpthw) $
```

Python이 원래 위치가 아닌 /Users/zedshaw/.venvs/lpthw/bin/python에 있다고 나옵니다. python 3.6도 마찬가지입니다.

```
$ which python3.6
/Users/zedshaw/.venvs/lpthw/bin/python3.6
(lpthw) $
```

마찬가지로 pip 명령도 확인해보세요. 마지막 단계는 pytest를 설치하는 것입니다. 앞으로 사용할 테스트 프레임워크예요.

```
$ pip install pytest
Collecting pytest
    Downloading pytest-3.0.1-py3-none-any.whl (154kB)
        100% |||||||||||||||||||||||||||||||||||| 163kB 3.2MB/s

Installing collected packages: pytest
Successfully installed pytest-3.0.1
(lpthw) $
```

46.2 윈도우 10 설정

윈도우 10 설정은 비교적 단순하지만, 파이썬이 딱 하나만 깔려있는 경우에만 적용됩니다. 파이썬 3.6과 2.7이 함께 설치되어 있다면 엄청나게 어려운 다중 설치 관리를 여러분 스스로 해내야 합니다. 책대로만 따라 했다면 파이썬 3.6만 설치되어 있을 테니 다음 내용대로만 하면 됩니다. 먼저 홈 디렉터리로 가서 파이썬 버전부터 확인합시다.

```
> cd ~
> python
Python3.6.0 (v3.6.0:41df79263a11, Dec 23 2016, 08:06:12)
        [MSC v.1900 64 bit (AMD64)] on win32
Type "help", "copyright", "credits" or "license" for more information.
>>> quit()
```

다음으로 pip를 실행해 기본적인 패키지가 설치되었나 확인합시다.

```
> pip list
pip (9.0.1)
setuptools (28.8.0)
```

deprecation 경고는 무시해도 됩니다. 다른 도구도 설치되어 있을지도 모르지만, 기본적으로 pip와 setuptools는 있어야 합니다.

```
> mkdir .venvs
> python -m venv .venvs/lpthw
Using base prefix

        'c:\\users\\zedsh\\appdata\\local\\programs\\python\\python36'
New python executable in

        C:\Users\zedshaw\.venvs\lpthw\Scripts\python.exe
Installing setuptools, pip, wheel…done.
```

1. 홈 디렉터리에 .venvs라는 디렉터리를 만들었습니다. 모든 가상환경을 저장할 공간이지요.
2. 파이썬에 내장된 venv 명령을 실행해 홈 디렉터리의 .venvs/lpthw 위치에 가상환경을 만들었습니다.

```
> .\.venvs\lpthw\Scripts\activate
```

파워셸에서 activate 스크립트를 실행합니다. 현재 셸에서 lpthw 가상환경을 쓰도록 설정하지요. 책에 나오는 소프트웨어를 쓰기 전에는 항상 이 명령을 실행해야 합니다. 셸 프롬프트에 사용중인 가상환경 이름을 알려주는 (lpthw)가 덧붙었습니다. 마지막으로 앞으로 쓸 테스트 프레임워크인 pytest를 설치합니다.

```
(lpthw) > pip install pytest
Collecting pytest

   Downloading pytest-3.0.1-py3-none-any.whl (154kB)
      100% ||||||||||||||||||||||||||||||||| 163kB 1.2MB/s

Installing collected packages: pytest
Successfully installed nose-3.0.1
(lpthw) >
```

파이썬의 시스템 패키지 디렉터리 대신 .venvs/lpthw 가상환경에 pytest를 설치했습니다. 이 방법대로 하면 시스템 설정에 아무런 영향도 끼치지 않고서도 각 프로젝트마다 서로 다른 버전의 패키지를 설치할 수 있습니다.

46.3 프로젝트 틀 디렉터리

먼저 아래 명령으로 프로젝트 틀의 구조를 만듭시다.

```
$ mkdir projects
$ cd projects/
$ mkdir skeleton
$ cd skeleton
$ mkdir bin NAME tests docs[1]
```

저는 작업물을 모두 projects라는 디렉터리에 저장합니다. 이 디렉터리에는 기본 프로젝트를 담아 둔 프로젝트 틀(skeleton) 디렉터리가 있습니다. NAME 이라는 디렉터리는 이 틀을 쓸 때 프로젝트의 주 모듈 이름으로 바꿀 것입니다.

---

1 (옮긴이) 윈도우 10에서는 bin, NAME, tests, docs 디렉터리를 하나씩 따로 만들어야 합니다.

다음으로 초기 파일을 만들어야 합니다. 리눅스/맥OS에서는 이렇게 하세요.

```
$ touch NAME/__init__.py
$ touch tests/__init__.py
```

윈도우 파워셸에서는 이렇게 하세요.

```
$ new-item -type file NAME/__init__.py
$ new-item -type file tests/__init__.py
```

앞으로 코드를 넣을 빈 파이썬 모듈 디렉터리를 준비했습니다. 다음으로는 프로젝트를 설치할 수 있도록 해주는 setup.py 파일을 만들어 필요할 때 설치할 수 있도록 합니다.

setup.py

```
1   try:
2       from setuptools import setup
3   except ImportError:
4       from distutils.core import setup
5
6   config = {
7       'description': '새 프로젝트',
8       'author': '내 이름',
9       'url': '프로젝트 URL',
10      'download_url': '내려받을 수 있는 곳.',
11      'author_email': '내 이메일',
12      'version': '0.1',
13      'install_requires': ['pytest'],
14      'packages': ['NAME'],
15      'scripts': [],
16      'name': 'ProjectName', # 한글을 쓸 수 없습니다
17  }
18
19  setup(**config)
```

이 파일을 자신의 정보에 맞게 고쳐서 복사만 하면 쓸 수 있도록 준비합니다.

마지막으로 간단한 테스트 파일의 틀인 tests/NAME_test.py도 필요합니다.

NAME_test.py

```
1    import NAME
2
3    def setup():
4        print("SETUP!")
5
6    def teardown():
7        print("TEAR DOWN!")
8
9    def test_basic():
10       print("실행!")
```

46.3.1 디렉터리 구조 결과

모든 설정을 마치고 나면 여러분이 만든 디렉터리와 제가 만든 디렉터리는 비슷하게 보여야 합니다.

```
skeleton/
    setup.py
    bin/
    docs/
    NAME/
        __init__.py
    tests/
        __init__.py
        NAME_test.py
```

지금부터 여러분은 디렉터리의 가장 상단에서만 명령을 실행해야 합니다. ls -R을 실행했을 때 똑같은 구조가 보이지 않는다면 틀린 지점에 있는 것입니다.

46.4 설정 테스트하기

모두 바르게 설치했다면 다음과 같이 되어야 합니다.

```
$ pytest
==== test session starts ====
platform darwin — Python3.6.0, pytest-3.4.2, py-1.5.2, pluggy-0.6.0
rootdir: ~/projects/skeleton, inifile:
collected 1 item
```

```
tests/NAME_test.py .      [100%]

==== 1 passed in 0.01 seconds ====
```

pytest를 쓰는 법은 다음 장에서 설명하겠습니다. 지금 당장은 이런 결과가
보이지 않으면 무언가 잘못되었다는 것을 알아차리기만 하면 됩니다. tests
디렉터리에 __init__.py 파일을 넣고 tests/NAME_test.py를 올바르게 만들
었나 확인하세요.

> 파이썬 3에서는 보통은 더 이상 내용이 없는 빈 __init__.py 를 만들 필요가 없습니다. 하지만
> 아직 pytest는 __init__.py 파일에 의존하는 경우가 있어서, 경우에 따라 tests 디렉터리에만은
> __init__.py 파일이 필요할 수 있습니다. 나중에는 pytest가 업데이트되면서 더 이상 __init__.
> py 파일이 필요하지 않을 수도 있습니다.

46.5 틀 사용하기

이제 야크 털을 거의 다 깎았습니다. 새 프로젝트를 시작하는 방법을 알려드
릴게요.

1. 프로젝트 틀 디렉터리를 복사하세요. 그리고 새 프로젝트 이름을 지으
   세요.
2. NAME 디렉터리의 이름을 프로젝트 이름이나 최상위 모듈로 부르고 싶은
   이름으로 바꾸세요(디렉터리를 이동하세요).
3. setup.py를 프로젝트에 맞게 고치세요.
4. tests/NAME_test.py를 모듈 이름에 맞게 바꾸세요.
5. pytest를 다시 실행해 모두 돌아가나 확인하세요.
6. 코딩을 시작하세요.

46.6 쪽지 시험

이번 장에는 '더 해보기' 대신 시험이 있습니다.

1. 설치한 소프트웨어 사용법을 써보세요.

2. setup.py 파일이란 무엇이고 이 파일은 어떤 일을 하는지도 써보세요(경고: setup.py는 아주 잘 설계된 편은 아니라서 쓰는 법이 이상할 수도 있습니다).

3. 프로젝트를 만들고 모듈에 코드를 넣어서 모듈이 동작하게 하세요.

4. bin 디렉터리에 실행할 수 있는 스크립트를 넣으세요. 파이썬 스크립트를 여러분의 환경에서 실행할 수 있도록 만드는 방법에 대해 써보세요.

5. setup.py를 수정해서 bin에 만든 스크립트도 같이 설치되도록 하세요.

6. setup.py로 새로 만든 모듈을 설치해 보고 잘 돌아가는지 확인하세요. 확인했으면 pip로 지우세요.

46.7 자주 묻는 질문

Q. 윈도우에서도 이 설명대로 되나요?

A. 그래야 하지만 윈도우 버전에 따라 다릅니다. 잘되게 하려면 꽤나 고생해가며 설정을 고쳐야 할 수도 있습니다. 계속 조사하면서 될 때까지 시도해보거나 파이썬+윈도우 경험이 더 많은 친구에게 도움을 구해보세요.

Q. setup.py의 config 사전에는 무엇을 넣어야 하나요?

A. distutils의 문서를 꼭 읽어보세요. *http://docs.python.org/distutils/setupscript.html*

Q. NAME 모듈을 불러오지 못하는 것 같아요. 그냥 ImportError만 나와요.

A. NAME/__init__.py 파일을 만들었나 확인하세요. 윈도우에서라면 파일 이름을 NAME/__init__.py.txt로 만들지는 않았나 확인하세요. 편집기에 따라 이런 일도 일어날 수 있습니다.[2]

Q. 왜 bin/ 폴더가 필요한가요?

A. 그냥 그게 명령줄에서 스크립트를 실행하는 표준 위치이기 때문입니다. 모듈을 두는 위치 대신에요.

---

2 (옮긴이) NAME 디렉터리에 파일을 만들어야 합니다.

Q. pytest를 실행하면 테스트를 하나만 실행한 것으로 나와요. 맞나요?

A. 네. 제가 실행한 결과도 그렇습니다.

연습 47

자동 테스트

똑바로 동작하나 확인하느라 게임에 명령을 반복적으로 넣어 보는 일은 번거롭습니다. 코드를 테스트하는 코드를 조금 짜는 편이 더 낫지 않을까요? 코드를 바꿀 때나 새 기능을 추가할 때 '테스트 실행'만 하면 모든 것이 잘 돌아가나 확인하는 일은 테스트의 몫이 되지요. 자동 테스트로 모든 버그를 찾을 수는 없지만, 반복해서 입력하고 코드를 실행해 보는 시간은 줄여줄 것입니다.

이번 장만 마치면 다음부터는 '실행 결과'를 확인하는 절이 없습니다. 대신 테스트하는 절이 있죠. 지금부터 여러분은 모든 코드에 자동 테스트를 짜야 합니다. 자동 테스트를 만들다 보면 더 나은 프로그래머가 될 것입니다.

왜 자동 테스트를 짜야 하는지 설명하지는 않겠습니다. 여러분은 프로그래머가 되려고 하고 있고, 프로그래머는 지겨운 작업을 자동화한다고만 말할게요. 소프트웨어를 테스트하는 것은 분명히 지겨운 일이므로, 코드를 조금 짜는 편이 여러분을 위해 더 낫습니다.

여러분에게 필요한 설명은 이것으로 끝입니다. 단위 테스트(unit test)를 짜면서 프로그래밍에 익숙해질 것입니다. 여러분은 이 책을 보는 내내 무언가 하는 코드를 만들어왔습니다. 이제 다음 단계로 도약해서, 여러분이 만든 코드를 잘 이해하고 있는 테스트 코드를 작성할 차례입니다. 테스트 코드를 만드는 과정은 여러분이 만든 코드를 명확히 이해할 수 있게 합니다. 정확히 무슨 일을 하는지, 왜 그게 동작하는지 정확히 알 수 있게 해주고, 세부에 더욱 집중할 수 있도록 도와줍니다.

47.1 테스트 항목 작성

간단한 코드 토막을 만들고 간단한 테스트도 하나 짜봅시다. 이 테스트는 프로젝트 틀로 만든 새 프로젝트를 바탕으로 만들어봅시다.

먼저 프로젝트 틀에서 ex47 프로젝트를 만드세요. 그리고 다음 순서대로 따라하세요. 이 설명은 터미널에 입력할 명령 대신 말로 설명하겠습니다. 어떻게 할지는 직접 알아내보세요.

1. skeleton 디렉터리를 ex47로 복사합니다.
2. NAME을 ex47로 이름을 바꿉니다.
3. 모든 파일에 있는 NAME을 ex47로 바꿉니다.
4. 마지막으로 __pycache__ 디렉터리를 지워 깔끔하게 만듭니다.

막힌다면 돌아가서 46장을 참고하세요. 쉽게 못하겠으면 몇 번 연습해도 좋습니다.

 테스트를 실행하려면 pytest 명령을 실행해야 하는 것을 잊지 마세요.

다음으로 테스트할 코드를 둘 파일 ex48/game.py를 만드세요. 테스트 코드를 짜기 위해 만드는 아주 단순한 클래스입니다.

game.py

```
1    class 방(object):
2
3        def __init__(self, 이름, 설명):
4            self.이름 = 이름
5            self.설명 = 설명
6            self.길들 = {}
7
8        def 이동(self, 방향):
9            return self.길들.get(방향, None)
10
11       def 길_추가(self, 길들):
12           self.길들.update(길들)
```

파일을 만들고 나면 단위 테스트도 바꾸세요.

ex47_test.py

```
1    from ex47.game import 방
2
```

```
3
4   def test_방():
5       황금 = 방("황금방",
6                """이 방에는 주워 담을 수 있는 금이 있습니다. 북쪽에는 문이
7                있습니다""")
8       assert 황금.이름 == "황금방"
9       assert 황금.길들 == {}
10
11  def test_방_길들():
12      중앙 = 방("중앙", "중앙의 테스트 방.")
13      북쪽 = 방("북쪽", "북쪽의 테스트 방.")
14      남쪽 = 방("남쪽", "남쪽의 테스트 방.")
15
16      중앙.길_추가({'북쪽': 북쪽, '남쪽': 남쪽})
17      assert 중앙.이동('북쪽') == 북쪽
18      assert 중앙.이동('남쪽') == 남쪽
19
20  def test_지도():
21      시작 = 방("시작", "서쪽이나 구멍 아래로 갈 수 있습니다.")
22      서쪽 = 방("나무", "나무가 있습니다. 동쪽으로 갈 수 있습니다.")
23      아래 = 방("던전", "아래는 어둡습니다. 위로 갈 수 있습니다")
24
25      시작.길_추가({'서쪽': 서쪽, '아래': 아래})
26      서쪽.길_추가({'동쪽': 시작})
27      아래.길_추가({'위': 시작})
28
29      assert 시작.이동('서쪽') == 서쪽
30      assert 시작.이동('서쪽').이동('동쪽') == 시작
31      assert 시작.이동('아래').이동('위') == 시작
```

ex47.game 모듈에서 **방** 클래스를 가져와서 테스트하는 파일입니다. 이름이 test_로 시작하는 테스트 함수가 몇 개 있습니다. 각 테스트 항목(test case) 에는 방을 만들고 의도대로 동작하나 확인하는 코드도 있습니다. 각 항목은 기초적인 방의 기능, 경로, 전체 지도를 순서대로 테스트합니다.

assert가 중요한 기능입니다. 이 함수는 변수나 방에서 만든 경로가 정말로 생각한 대로 설정되어 있는지 확인합니다. 틀린 결과가 나온다면 이유를 찾을 수 있도록 pytest에서 오류 메시지를 출력해 줍니다.

47.2 테스트 지침

테스트를 만들 때는 다음의 느슨한 지침을 따르세요.

1. 테스트 파일은 '어쩌고_test.py'로 이름 지어 tests/에 넣어야 합니다. 이
   방식대로 넣지 않으면 pytest에서 테스트를 실행하지 않습니다. 다른 코
   드와 테스트가 충돌하는 것도 방지합니다.

2. 모듈을 만들 때마다 테스트 파일도 하나 만드세요.

3. 테스트 항목(함수)은 짧게 유지하되 조금 지저분하더라도 걱정하지 마세
   요. 테스트는 보통 지저분합니다.

4. 테스트 항목이 원래 지저분하더라도 할 수 있는 한 깔끔하게 만들고 반복
   되는 코드도 없애보세요. 중복 코드를 지우려면 보조(helper) 함수를 만
   드세요. 코드도 바꾸고 테스트도 바꿔야 할 때면 고마운 마음이 들 거에
   요. 중복된 코드는 테스트를 고치기 더 어렵게 만듭니다.

5. 마지막으로 테스트에 너무 얽매이지 마세요. 가끔은 모두 지워버리고 다
   시 시작하는 것도 좋은 방법입니다.

47.3 실행 결과

Exercise 47 Session

```
$ pytest
tests/ex47_test.py...
----------------------------------------------------------------
3 passed in 0.008s
```

모두 바르게 동작한다면 나올 결과입니다. 오류도 한번 만들어보고 어떤 결
과가 나오나 확인해보세요. 확인 후에는 다시 고쳐보세요.

47.4 더 해보기

1. pytest에 대해 더 읽어보세요. 대안(alternative)도 함께 찾아 읽어보세요.

2. 파이썬의 'doctests'에 대해 공부하고 이 편이 더 마음에 드는지도 살펴보
   세요.

3. 방을 더 발전시키세요. 수정된 **방**으로 게임도 다시 한번 만들어보세요.
   단, 이번에는 단위 테스트도 같이 만들어보세요.

47.5 자주 묻는 질문

Q. pytest를 실행하면 구문 오류(syntax error)가 나요.

A. 그런 오류가 생기면 오류 내용을 확인하고 코드에서 해당 줄이나 그 윗줄을 고치세요. pytest 같은 도구는 여러분의 코드를 실행하고 테스트합니다. 그러므로 파이썬으로 실행할 때와 마찬가지 방식으로 구문 오류를 찾습니다.

Q. ex47.game을 임포트할 수 없어요.

A. pip3.6 install -e .명령으로 현재 프로젝트를 설치해보세요. 그냥 파이썬이 아니라 pytest로 테스트를 실행했는지도 꼭 확인하세요.

연습 48

사용자 입력 고급

앞에서 만든 게임에서 사용자는 반드시 정해진 문자열을 정확히 입력해 넣어야 했습니다. "달리기"라는 선택지가 있으면 사용자는 "달리기"라고만 입력해야 게임이 진행되는 거죠. "빨리 달리기" 같은 비슷한 단어를 넣으면 실패할 겁니다. 이번에는 사용자가 다양한 방식으로 문장을 입력해 넣어도 컴퓨터가 이해할 수 있도록 바꿔보려 합니다. 이를테면 다음 문장들이 모두 같은 동작을 하면 좋겠어요.

- 문 열기
- 문을 연다
- 문을 통해 나간다
- 곰 공격
- 곰의 얼굴을 공격한다

사용자는 말이 되는 건 뭐든 써넣을 수 있어야 하고, 게임은 그게 무슨 의미인지 알아내야 합니다. 이 기능을 하는 모듈을 만들 거에요. 이 모듈은 클래스 두어 개로 구성될 것이고, 사용자 입력을 처리하고 게임에서 믿고 쓸 수 있는 결과로 바꿔주는 역할을 합니다.

언어를 다루는 간단한 규칙은 다음과 같습니다.

- 단어는 공백으로 나눈다.
- 문장은 단어로 구성된다.
- 문법은 문장에서 의미를 알아낼 수 있는 구조다.

이 모듈을 만들려면 사용자에게 단어를 어떻게 받아오는지, 어떤 단어가 있는지 알아내는 데서 출발하는 게 가장 좋은 방법입니다.

48.1 게임 어휘집

게임에서 쓰는 단어로 어휘집(lexicon)을 만들어야 합니다.

- 방향: 북, 남, 동, 서, 아래, 위, 왼, 오른, 뒤
- 동사: 이동, 정지, 공격, 섭취
- 제외: 이, 그, 저
- 명사: 문, 곰, 공주, 수납장
- 숫자: 0과 9 사이의 문자로 이루어진 아무 문자열

명사는 방마다 다른 명사 집합을 받아야 한다는 문제가 조금 있습니다. 하지만 지금은 여기서 정한 단어만 받게 만들고 나중에 개선해봅시다.

48.1.1 문장 나누기

어휘집을 만들었으면 문장을 쪼개서 각 요소가 무엇인지 알아내야 합니다.

　여기서는 '공백으로 나뉘어진 단어'로 문장을 정의했기 때문에 해야 할 일은 다음 코드 정도입니다.

```
문장 = input('> ')
단어 = 문장.split()
```

지금은 이 정도만 고려해도 충분합니다. 게다가 한동안은 만족스럽게 동작할 것입니다.

48.1.2 어휘집 튜플

문장을 단어로 쪼갤 수 있으니, 다음은 단어 리스트를 돌며 그 '유형(type)'을 알아낼 차례입니다. 이 작업은 '튜플(tuple)'이라는 간편하고 아담한 파이썬 자료구조를 이용해서 해봅시다. 튜플은 변경할 수 없는 리스트와 거의 같습니다. 튜플을 만들려면 리스트와 마찬가지로 소괄호 () 사이에 쉼표로 구분한 자료를 넣으세요.

```
첫째_단어 = ('방향', '북쪽')
둘째_단어 = ('방향', '서쪽')
```

```
셋째_단어 = ('동사', '이동')
문장 = [첫째_단어, 둘째_단어, 셋째_단어]
```

단어를 찾고 처리할 수 있도록 (유형, 단어) 짝을 만드는 코드입니다.

위에서 다룬 코드는 예제일 뿐이었지만 사실 결과나 마찬가지입니다. 사용자에게 입력을 받아서 split으로 단어로 쪼개고(split) 유형을 식별(identify)하도록 분석하고 문장으로 만들면 됩니다.

48.1.3 입력 스캔

이제 스캐너를 만들 준비가 되었습니다. 스캐너는 사용자 입력을 문자열 상태 그대로 받습니다. 그리고 문자열을 바탕으로 (토큰, 단어) 튜플의 리스트로 구성된 문장을 만들어 반환할 것입니다. 어휘집에 없는 단어라도 반환을 하기는 하겠지만 단어에 있는 토큰은 오류 토큰이 됩니다. 오류 토큰은 사용자가 어떤 잘못을 했는지 알려줍니다.

지금부터가 재미있는 부분이지만, 어떻게 만드는지는 알려주지 않을게요. 대신 단위 테스트를 만들어볼 테니, 이 단위 테스트를 통과하는 스캐너는 여러분이 직접 만들어보세요.

48.1.4 예외와 숫자

먼저 가르쳐드릴 게 하나 있어요. 바로 숫자 변환입니다. 숫자 변환은 꼼수로 예외를 써서 해봅시다. 예외란 여러분이 실행한 함수에서 내는 오류입니다. 함수를 실행하는 도중 오류를 만나면 예외가 일어나고(raise), 그럼 여러분은 예외를 처리해야 합니다. 예를 들어 파이썬을 실행하고 이렇게 입력해 보세요.

```
~/projects/ex48 $ python
>>> int("hell")
Traceback (most recent call last):
  File "<stdin>", line 1, in <module>
ValueError: invalid literal for int() with base 10: 'hell'
>>
```

ValueError는 int() 함수가 받은 값이 숫자가 아닐 때 내는 예외입니다. 오류가 있다는 표시를 하려면 다른 값을 반환하는 방법도 있지만, int() 함수는 정수만 반환하기 때문에 그렇게 하기도 어렵습니다. 예를 들어 오류라는 표시로 -1을 반환할 수는 없습니다. -1도 숫자니까요. 따라서 오류가 있을 때 어떤 값을 반환할지 알아내는 대신, int() 함수는 여러분이 직접 처리할 수 있는 ValueError 예외를 일으킵니다.

try와 except 예약어로 예외를 다룰 수 있습니다.

```
def 숫자_변환(s):
    try:
        return int(s)
    except ValueError:
        return None
```

쓰고 싶은 코드를 try 블록에 넣고, 오류가 있을 때 실행할 코드를 except 블록에 넣습니다. 이 경우 숫자인지 아닌지 모르는 값을 넣어 int()를 호출해 봅니다. 오류가 있다면 잡아서(catch) None을 반환합니다.

여러분이 만든 스캐너에서는 이 함수로 값이 숫자가 맞는지 검사해야 합니다. 입력된 단어에 오류가 있나 마지막에 검사할 내용이기도 합니다.

48.2 테스트 먼저 짜기

테스트를 먼저 만든다는 말은 코드가 돌아갈 것 같은 자동화된 테스트를 먼저 짜고 실제 테스트에 들어갈 코드는 나중에 만드는 전략입니다. 이 기법은 코드를 어떻게 구현할지 떠오르지 않지만 코드가 어떻게 돌아가야 하는지는 알 수 있을 때 유용합니다. 예를 들어 다른 모듈에 있는 새 클래스를 쓰는 방법은 떠오르지만 어떻게 구현해야 할지 생각나지 않으면 테스트부터 먼저 짜세요.

테스트를 하나 만들어두었으니 테스트에 맞게 돌아가는 코드를 짜보세요. 다음 절차를 따라야 합니다.

1. 책에 있는 테스트 가운데 일부를 먼저 만드세요.
2. 테스트가 동작하고 실패하는지 확인해보세요. 실제로 기능을 검증하는

데 쓸 수 있나 점검하는 과정입니다.

3. lexicon.py 소스 파일을 열고 테스트를 통과시킬 수 있는 코드를 짜세요.

4. 테스트의 모든 내용을 구현할 때까지 반복하세요.

3번을 마치고 나면 다른 방법과 결합해 보아도 좋습니다.

1. 필요한 함수나 클래스 구조를 만드세요.

2. 함수가 하는 일을 주석으로 쓰세요.

3. 주석이 설명하는 대로 코드를 짜세요.

4. 코드와 중복되는 주석은 지우세요.

이 코드 작성 기법은 '의사 코드(psuedo code)'라 부릅니다. 구현하는 방법은
떠오르지 않아도 말로 설명할 수는 있을 때 쓰기 좋은 방법입니다.

'테스트 먼저 짜기'와 '의사 코드' 전략을 결합하면 다음과 같은 간소화된 절
차가 생깁니다.

1. 실패하는 테스트를 짜세요.

2. 테스트에서 요구하는 함수/모듈/클래스 구조를 만드세요.

3. 구조에 동작을 설명하는 설명을 주석으로 써 넣으세요.

4. 테스트에 통과할 때까지 주석을 코드로 바꿔 나가세요.

5. 반복

그럼 책에 있는 테스트로 lexicon.py 모듈을 동작하게 만들면서 이 기법을 연
습해봅시다.

48.3 테스트

테스트에 쓸 tests/lexicon_test.py 파일입니다. 한 번에 모두 베껴 쓰지는
마세요.

lexicon_test.py

```
1    from ex48 import lexicon
2
```

```
3
4    def test_directions():
5        assert lexicon.스캔("북") == [('방향', '북')]
6        결과 = lexicon.스캔("북 남 동")
7        assert 결과 == [('방향', '북'),
8                        ('방향', '남'),
9                        ('방향', '동')]
10
11   def test_verbs():
12       assert lexicon.스캔("이동") == [('동사', '이동')]
13       결과 = lexicon.스캔("이동 공격 섭취")
14       assert 결과 == [('동사', '이동'),
15                       ('동사', '공격'),
16                       ('동사', '섭취')]
17
18
19   def test_stops():
20       assert lexicon.스캔("그") == [('제외', '그')]
21       결과 = lexicon.스캔("이 그 저")
22       assert 결과 == [('제외', '이'),
23                       ('제외', '그'),
24                       ('제외', '저')]
25
26
27   def test_nouns():
28       assert lexicon.스캔("곰") == [('명사', '곰')]
29       결과 = lexicon.스캔("곰 공주")
30       assert 결과 == [('명사', '곰'),
31                       ('명사', '공주')]
32
33   def test_numbers():
34       assert lexicon.스캔("1234") == [('숫자', 1234)]
35       결과 = lexicon.스캔("3 91234")
36       assert 결과 == [('숫자', 3),
37                       ('숫자', 91234)]
38
39
40   def test_errors():
41       assert lexicon.스캔("ㅁㄴㅇㄹ") == [('오류', 'ㅁㄴㅇㄹ')]
42       결과 = lexicon.스캔("곰 공주 멇다")
43       assert 결과 == [('명사', '곰'),
44                       ('명사', '공주'),
45                       ('오류', '멇다')]
```

47장에서 한 대로 skeleton 프로젝트에서 새 프로젝트를 만들고 이 테스트
파일과 실제 코드가 들어갈 lexicon.py 파일을 추가하세요. 테스트 맨 위에서
lexicon.py를 임포트하고 있는 부분을 보고 어디 넣어야 할지 알아내세요.

다음으로는 앞에서 본 절차를 따라 하면서 한번에 조금씩 테스트를 써보세요. 저라면 이런 식으로 하겠어요.

1. 첫 행에서 문자셋 설정과 임포트를 하고 동작하나 확인합니다.
2. 첫 테스트 test_directions를 내용은 비워둔 채 만들고 동작하나 확인합니다.
3. test_directions의 첫 줄을 쓰고 실패하나 확인합니다.
4. lexicon.py 파일을 열고 내용은 없는 **스캔** 함수를 만듭니다.
5. 테스트를 실행해 테스트가 실패하더라도 최소한 **스캔**이 실행되는지는 확인합니다.
6. test_directions를 통과시키려면 **스캔**이 어떻게 동작해야 하는지 의사코드를 써 넣습니다.
7. test_directions가 통과할 때까지 주석에 맞는 코드를 짜 넣습니다.
8. test_directions로 돌아가 나머지 부분도 써 넣습니다.
9. lexicon.py의 **스캔**으로 돌아와 새 테스트 코드도 통과하게 만듭니다.
10. 첫 테스트가 통과했으면 다음 테스트에서 반복합니다.

조금씩 조금씩 이 절차를 따르기만 한다면 어떤 큰 문제도 도전해볼 만한 작은 문제로 쪼갤 수 있습니다. 큰 산을 조그만 언덕 여러 개로 나누어 오르는 것과 비슷한 이치에요.

한국어 구문 분석은 조사(은/는, 이/가 등) 때문에 영어보다 까다로워서, 책에서 의도한 만큼 쉽게 풀기는 어려울 것입니다. 한국어로 문제를 풀고 싶은 독자를 위한 도움말과 책에서 의도한 대로 쉬운 문제를 풀고 싶은 독자를 위한 영어 테스트를 추가합니다.

1. 한국어 사용을 제약해서 풀기

한국어 분석 문제를 영어 분석 문제와 같은 난이도로 풀려면 한국어를 조사를 무시할 수 있는 언어로 제약하면 충분합니다. 조사가 없는 한국어는 한국어 문장으로서는 조금 부자연스러워지겠지만, 게임에서 쓰는 게임만의 한국어를 만드는 셈입니다. 예를 들어, '왼쪽으로 이동한다'는 '왼쪽 이동', '곰을 공격한다'는 '곰 공격'과 같이 쓸 수 있습니다. 이렇게 언어 사용을 제약하고 어순을 주어-목적어-동사로 고정하면 영어와 비슷한 난이도로 문제를 풀 수 있습니다.
책의 49장은 '2. 한국어를 해석해 풀기' 기준으로 번역했지만, 조사는 쉽게 뗄 수 있으니 그대로 진행할 수 있습니다.

2. 한국어를 해석해 풀기

한편 조사 처리를 적당히 피해갈 수 있는 쉬운 방법도 있습니다. 조사는 항상 단어 끝에 붙으므로, 단어 첫머리가 일치하면 같은 단어로 판별하는 방법입니다. 예를 들어 '곰을', '곰이', '곰으로'는 모두 '곰'으로 시작하는 단어를 찾아서, '공주를', '북쪽으로'는 '공주', '북'으로 시작하는 단어를 찾아서 판별할 수 있습니다. 모두 후보 단어가 입력 문자열의 앞부분과 일치하는지 검사하는 방식이니 같은 코드로 검사할 수 있겠죠.

파이썬에는 문자열에 문자열 시작 부분이 특정 문자열과 같은지 판별할 때 쓰는 startswith라는 함수(메서드)가 있습니다. 이 함수를 이용하면 단어가 든 변수 word가 있으면 word == '곰'으로 같은지 판단하는 대신 word.startswith('곰')을 사용해 '곰'으로 시작하는 모든 문자열을 찾아낼 수 있죠. 터미널에서 파이썬을 실행해 'Hello, World!'.startswith('Hello')나 '파이썬'.startswith('파이') 같은 코드를 테스트해보세요.

한 가지 도움말을 덧붙이면, 게임에서 '~하다' 꼴로 마치는 동사만 사용하면 쉽습니다. 곰을 때리고 싶을 때 '때리다'라는 말을 쓴다면, '때림', '때린다', '때려' 등에 효과적으로 대응할 수 있는 코드를 짜기 어렵습니다. 반면 '공격'을 쓴다면, '공격', '공격한다', '공격해' 같이 다양한 형태를 '공격'만 처리해 대응할 수 있습니다.

3. 영어로 풀기

영어로 풀려면 다음 테스트를 통과하는 코드를 짜세요.

```
1   from ex48 import lexicon
2
3
4   def test_directions():
5       assert_equal(lexicon.scan("north"), [('direction', 'north')])
6       result = lexicon.scan("north south east")
7       assert_equal(result, [('direction', 'north'),
8                             ('direction', 'south'),
9                             ('direction', 'east')])
10
11  def test_verbs():
12      assert_equal(lexicon.scan("go"), [('verb', 'go')])
13      result = lexicon.scan("go kill eat")
14      assert_equal(result, [('verb', 'go'),
15                            ('verb', 'kill'),
16                            ('verb', 'eat')])
17
18
19  def test_stops():
20      assert_equal(lexicon.scan("the"), [('stop', 'the')])
21      result = lexicon.scan("the in of")
22      assert_equal(result, [('stop', 'the'),
23                            ('stop', 'in'),
24                            ('stop', 'of')])
25
26
```

```
27 def test_nouns():
28     assert_equal(lexicon.scan("bear"), [('noun', 'bear')])
29     result = lexicon.scan("bear princess")
30     assert_equal(result, [('noun', 'bear'),
31                           ('noun', 'princess')])
32
33 def test_numbers():
34     assert_equal(lexicon.scan("1234"), [('number', 1234)])
35     result = lexicon.scan("3 91234")
36     assert_equal(result, [('number', 3),
37                           ('number', 91234)])
38
39
40 def test_errors():
41     assert_equal(lexicon.scan("ASDFADFASDF"),
42                  [('error', 'ASDFADFASDF')])
43     result = lexicon.scan("bear IAS princess")
44     assert_equal(result, [('noun', 'bear'),
45                           ('error', 'IAS'),
46                           ('noun', 'princess')])
```

48.4 더 해보기

1. 어휘집의 더 많은 부분을 테스트하도록 단위 테스트를 개선하세요.

2. 어휘집을 늘리고 단위 테스트도 갱신하세요.

3. 문자열을 숫자로 바꾸는 다른 방법을 찾아보세요.

4. 제 풀이는 40줄이었네요. 더 긴가요? 짧은가요?

위에서 '영어로 풀기'를 선택했다면, 해볼 게 하나 더 있습니다.

5. 사용자 입력이 대문자든 소문자든 스캐너가 처리할 수 있게 해보세요. 정말로 잘 되나 확인할 수 있도록 테스트도 갱신하세요.

48.5 자주 묻는 질문

Q. 왜 계속 ImportError가 나죠?

A. ImportError는 보통 세 가지 이유로 발생합니다. (1) 모듈이 든 디렉터리를 pip3.6으로 설치하지 않았습니다. (2) 잘못된 디렉터리에서 작업하고 있습니다. (3) 철자 오류로 틀린 모듈을 임포트하고 있습니다.

Q. try-except와 if-else는 어떻게 다르죠?

A. try-except 구조는 모듈이 일으키는 예외를 처리할 때만 쓰세요. 절대 if-else 대신으로 쓰면 안 됩니다.

Q. 사용자 입력을 기다리는 동안 게임을 계속 실행시킬 방법이 있나요?

A. 사용자가 재빨리 응답하지 않으면 괴물이 공격하는 게임을 만들고 싶은가 보네요. 가능은 하지만 이 책의 범위에서 벗어나는 모듈과 기술을 써야 합니다.

연습 49

문장 만들기

앞에서 만든 게임 어휘 스캐너는 다음과 같이 리스트를 반환해야 합니다.

```
>>> from ex48 import lexicon
>>> lexicon.스캔("북쪽으로 이동")
[('방향', '북'), ('동사', '이동')]
>>> lexicon.스캔("그 공주를 공격한다")
[('제외', '그'), ('명사', '공주'), ('동사', '공격')]
>>> lexicon.스캔("곰을 섭취한다")
[('명사', '곰'), ('동사', '섭취')]
```

lexicon.스캔("문을 열고 곰의 코를 강타한다") 같이 더 긴 문장에 대해서도 동작해야
합니다.

영어 테스트에 맞게 만들었다면, 반환된 리스트는 다음과 같습니다.

```
>>> from ex48 import lexicon
>>> print lexicon.scan("go north")
[('verb', 'go'), ('direction', 'north')]
>>> print lexicon.scan("kill the princess")
[('verb', 'kill'), ('stop', 'the'), ('noun', 'princess')]
>>> print lexicon.scan("eat the bear")
[('verb', 'eat'), ('stop', 'the'), ('noun', 'bear')]
>>>
```

이제 이 결과를 이용해 게임이 쓸 수 있는 **문장** 클래스 같은 것을 만들어봅
시다.

학교 국어 시간에 배운 내용에 따르면 문장을 다음과 같이 간단한 구조로
표현할 수 있습니다.

주어–목적어–동사
(영어로 풀이 중이라면, 주어–동사–목적어)

물론 실제로는 훨씬 복잡하고, 문장 구조에 대한 수업도 훨씬 오랫동안 들었

지만요. 일단은 튜플의 리스트를 주어, 목적어, 동사가 있는 그럴싸한 문장 객체로 바꾸고 싶습니다.

49.1 맞춰보기와 미리보기

다섯 가지 도구가 필요합니다.

1. 튜플의 리스트를 순회(loop)하는 방법(쉽습니다)
2. 서로 다른 유형의 튜플을 주어-목적어-동사 설정의 기댓값에 맞추는 (match) 방법
3. 결정을 내리기 위해 후보 튜플을 미리 보는(peek) 방법
4. 제외어 같은 불필요한 단어를 건너뛰는 방법
5. 결과를 넣을 문장 객체

함수를 테스트할 수 있도록 ex48/parser.py 파일에 parser 모듈을 만들어 넣읍시다. **미리보기** 함수로는 튜플 리스트의 다음 원소를 살펴보고 **맞춰보기** 함수로는 원하는 값과 맞춰 보는 작업을 합니다.

49.2 문장 문법

코드를 짜기 전에 한국어 문장의 문법구조부터 알아야 합니다. 구문분석기(parser)에서는 세 가지 속성(attribute)을 가진 **문장** 객체를 만듭니다.

문장.주어

문장의 주어입니다. '북쪽으로 이동' 같은 문장에서 '플레이어가 북쪽으로 이동'과 같이 주어가 플레이어라는 뜻을 내포하기 때문에 기본값이 '플레이어'가 될 수 있습니다. 명사입니다.

문장.목적어

문장의 동사가 가리키는 목적어로써 또 다른 명사입니다. 우리 게임에서는 목적어가 될 수 있는 방향을 구분합니다. '북쪽으로 이동'에서 '북쪽'이 목적어가 됩니다. '곰을 타격'에서는 '곰'이 목적어이지요.

문장.동사

문장의 행위입니다. '북쪽으로 이동'에서 '이동'에 해당하지요. 동사입니다.

우리가 만드는 구문분석기는 앞에서 설명한 함수와 스캔한 문장을 사용해 사용자 입력에 상응하는 문장 객체를 만들어내야 합니다.

 한국어 문법에서 엄밀하게는 '북쪽으로'에서의 '북쪽'은 목적격이 아닌 부사격에 해당하므로 목적어가 아닙니다. 비록 문법적으로는 틀린 접근이지만, '간단한 문장 해석하기'라는 주어진 문제를 쉽게 풀 수 있는 방법으로 생각해주세요.

49.3 예외에 관한 한 마디

예외(exception)에 대해 어렴풋이 배우기는 했지만 아직 예외를 일으키는 (raise) 법은 모릅니다. 이 코드는 **구문분석기_오류**라는 예외를 일으키는 법을 포함하고 있습니다. Exception이라는 자료형의 클래스를 이용한다는 점을 봐두세요. raise라는 예약어를 사용해 예외를 일으키는 부분도 봐두세요.

테스트에서도 이런 예외를 사용하고 싶을 텐데, 어떻게 하는지 보여드리겠습니다.

49.4 구문분석기 코드

한 단계 더 높은 수준으로 도전해보고 싶다면, 여기서 멈추고 지금까지의 설명을 바탕으로 코드를 짜보세요. 막힌다면 그때 돌아와서 제 방식을 확인할 수 있겠지만, 여러분 스스로 구문분석기를 만들어보는 건 정말 좋은 연습거리입니다. 이제 ex48/parser.py 파일을 확인해봅시다. 구문분석기 오류에 사용할 예외부터 정의하고 시작합니다.

ex48/parser.py

```
1    class 구문분석기_오류(Exception):
2        pass
```

구분분석기_오류 클래스를 정의하는 방법입니다.

다음으로는 **문장** 객체에 쓸 클래스를 만듭니다.

parser.py(계속)

```
5    class 문장(object):
6
7        def __init__(self, 주어, 목적어, 동사):
8            # 실행인자로 ('명사', '공주') 같은 튜플을 받아 변환합니다.
9            self.주어 = 주어[1]
10           self.목적어 = 목적어[1]
11           self.동사 = 동사[1]
```

새로운 내용은 없습니다. 우리가 아는 방식대로 클래스를 만들었습니다. 요구사항에서 언급한 도구 중 단어를 미리볼 수 있는 **미리보기** 함수가 있었습니다.

parser.py(계속)

```
14   def 미리보기(단어_리스트):
15       if 단어_리스트:
16           단어 = 단어_리스트[0]
17           return 단어[0]
18       else:
19           return None
```

다음 단어의 정보를 가져와 미리 알아보고 지금 다루고 있는 문장이 어떤 유형인지 결정할 때 유용한 함수입니다. 결정하고 나면 단어를 소모하는 함수를 이용해 다음 단어로 넘어갑니다. 단어를 소모할 때는 기대값에 맞는 단어인지 확인하고 리스트에서 제거한 뒤 반환하는 **맞춰보기** 함수를 이용합니다.

parser.py(계속)

```
22   def 맞춰보기(단어_리스트, 기대값):
23       if 단어_리스트:
24           단어 = 단어_리스트.pop(0)
25
26           if 단어[0] == 기대값:
27               return 단어
28           else:
29               return None
30       else:
31           return None
```

맞춰보기 함수도 우리가 익히 아는 대로 정의했습니다. 잘 따라오고 있죠? 또 제가 왜 이런 구현을 택했는지도 이해하면 좋겠습니다. 어떤 문장인지 확인하기 위해 먼저 단어를 하나 꺼내서 미리보기할 필요가 있었고, 문장을 만들기 위해서 맞춰보기도 해야 했습니다.

마지막으로 문장 구성에 별 도움이 안 되는 단어를 제거하는 방법도 만듭니다. '그' 같은 단어를 '제외 단어' 라고 이름 붙이고 '제외' 유형으로 분류했습니다.

parser.py(계속)

```
34    def 건너뛰기(단어_리스트, 단어_유형):
35        while 미리보기(단어_리스트) == 단어_유형:
36            맞춰보기(단어_리스트, 단어_유형)
```

건너뛰기 함수는 한 단어만 건너뛰는 게 아닙니다. 제외 단어가 있으면 모두 다 건너뛰려고 하지요.

여기까지가 기초적인 구문분석기의 기능입니다. 이것들을 이용해 어떤 문장이든 분석할 수 있지요. 우리가 만들 구문분석기는 간단하기 때문에, 이제 남은 함수는 몇 개 안 됩니다. 먼저 동사 분석입니다.

parser.py(계속)

```
39    def 동사_분석(단어_리스트):
40        건너뛰기(단어_리스트, '제외')
41
42        if 미리보기(단어_리스트) == '동사':
43            return 맞춰보기(단어_리스트, '동사')
44        else:
45            raise 구문분석기_오류("동사가 나올 차례입니다.")
```

제외 단어는 모두 건너뛰고 다음 단어를 **미리보기**해서 '동사' 유형인지 확인했습니다. 아니라면 이유와 함께 **구문분석기_오류** 예외를 일으켰어요. '동사'인지 확인하고 **맞춰보기**한 다음 리스트에서 제거합니다. 목적어도 비슷하게 다룹니다.

parser.py(계속)

```
48    def 목적어_분석(단어_리스트):
49        건너뛰기(단어_리스트, '제외')
50        다음_단어 = 미리보기(단어_리스트)
51
52        if 다음_단어 == '명사':
53            return 맞춰보기(단어_리스트, '명사')
54        elif 다음_단어 == '방향':
55            return 맞춰보기(단어_리스트, '방향')
56        else:
57            raise 구문분석기_오류("명사나 방향이 나올 차례입니다.")
```

마찬가지로 제외 단어를 건너뛴 다음 맨 앞 단어를 미리보기하고 기대값과 맞
는지 확인합니다. 다만 목적어_분석에서는 '명사'와 '방향'을 모두 가능한 단어로
받습니다. 주어도 비슷하지만, 암시적으로 표현된 '플레이어' 정보도 처리할
수 있도록 미리보기 함수를 이용합니다.

parser.py(계속)

```
60    def 주어_분석(단어_리스트):
61        건너뛰기(단어_리스트, '제외')
62        다음_단어 = 미리보기(단어_리스트)
63
64        if 다음_단어 == '명사':
65            return 맞춰보기(단어_리스트, '명사')
66        elif 다음_단어 == '동사':
67            return ('명사', '플레이어')
68        else:
69            raise 구문분석기_오류("명사가 나올 차례입니다.")
```

거의 끝나갑니다. 이제 마지막 함수인 문장_분석 함수를 만들 차례입니다.

parser.py(계속)

```
72    def 문장_분석(단어_리스트):
73        주어 = 주어_분석(단어_리스트)
74        try:
75            목적어 = 목적어_분석(단어_리스트)
76        except 구문분석기_오류:
77            # 명사가 하나면 주어가 아닌 목적어로 간주
78            목적어 = 주어
79            주어 = ('명사', '플레이어')
80        동사 = 동사_분석(단어_리스트)
81
82        return 문장(주어, 동사, 목적어)
```

주어와 목적어가 모두 명사일 수 있기 때문에, 문장 분석 단계에서 약간의 처리를 더 해줍니다. 명사가 하나뿐이면 주어보다는 목적어일 가능성이 높으니 주어를 플레이어로 바꾸고 목적어로 바꿔주는 코드입니다.

49.5 실행 결과

어떻게 동작하나 확인해봅시다.

Exercise 49a Python Session

```
>>> from ex48.parser import *
>>> 글 = 문장_분석([('방향', '북'), ('동사', '이동')])
>>> 글.주어
'플레이어'
>>> 글.동사
'이동'
>>> 글.목적어
'북'
>>> 글 = 문장_분석([('제외', '그'), ('명사', '곰'), ('명사', '꿀'), ('동사', '섭취')])
>>> 글.주어
'곰'
>>> 글.목적어
'꿀'
>>> 글.동사
'섭취'
```

문장을 넣으면 각 단어를 품사와 맞춰줍니다. 그럼 "곰이 남쪽으로 이동한다" 라는 문장을 넣으면 어떻게 될까요?

49.6 테스트

49장 과제로는 모든 코드가 잘 동작하나 확인하는 완전한 테스트를 짜보세요. tests/parser_test.py에 지난 장과 비슷한 방법으로 테스트를 만들어 넣으세요. 구문분석기에 틀린 문장을 넣었을 때 오류가 올바르게 발생하는지도 테스트하세요.

pytest 문서를 보고 pytest.raises 함수를 이용해 예외를 확인하세요. 아주 중요한 부분입니다. 테스트가 실패하리라 예상될 때 테스트하는 방법을 배워두세요. pytest 문서를 보고 이 함수에 대해 (다른 함수도 같이) 배우세요.

테스트를 다 짜고 나면 이 코드의 동작 원리도 이해할 수 있어요. 설령 코드를 짠 사람이 원하지 않더라도, 다른 사람의 코드에 테스트를 짜넣는 방법도 알게 되었겠지요. 저를 믿으세요. 알아두면 아주 편리한 기술입니다.

49.7 더 해보기

1. _분석 메서드를 그냥 메서드가 아니라 클래스에 들어가도록 바꾸어 보세요. 어떤 설계가 더 마음에 드나요?
2. 사용자가 어휘집에 없는 낱말을 써도 번거로운 일이 생기지 않도록 오류에 대비해서 더 튼튼하게 구문분석기를 고쳐보세요.
3. 숫자 같이 더 많은 문법 요소를 처리할 수 있도록 문법을 개선해보세요.
4. **문장** 클래스와 사용자 입력을 이용해 게임에서 어떤 재미있는 일을 더 할 수 있을지 생각해보세요.

연습 50
_____

처음 만드는 웹사이트

마지막 세 장은 매우 어렵고 시간도 꽤 걸릴 거에요. 첫 단계로 지금까지 만든 게임 중 하나를 간단한 웹 버전으로 만들어봅시다. 이번 장에 도전하기 전에 '반드시' 46장을 성공적으로 마쳤어야 합니다. 설치된 pip도 잘 동작해서 패키지를 직접 설치할 수 있어야 하고, 프로젝트 디렉터리 틀을 이용해 프로젝트를 만들 줄도 알아야 합니다. 어떻게 해야 하는지 기억나지 않으면 46장으로 돌아가서 처음부터 다시 한번 해보세요.

50.1 flask 설치하기

첫 번째 웹 애플리케이션을 만들려면 먼저 flask라는 '웹 프레임워크(web framework)'를 설치해야 합니다. '프레임워크'라는 용어는 보통 '내가 무언가를 만드는 데 더 편하게 만들어주는 어떤 패키지'라는 뜻이에요. 웹 애플리케이션의 세계에서는 웹사이트를 직접 만들 때 마주칠 수 있는 어려운 문제를 대신 풀어 주는 '웹 프레임워크'를 만듭니다. 웹 프레임워크는 이런 일반적인 해법을 패키지 꼴로 공유합니다. 이 패키지를 내려받아서 나만의 프로젝트를 시작할 수 있습니다.

여기서는 flask 프레임워크를 사용하지만 세상에는 골라 쓸 수 있는 다른 웹 프레임워크가 아주, 아주, **아주** 많습니다. 일단은 flask를 먼저 배우고, 준비가 되면 다른 것도 도전해봅시다(아니면 그냥 flask를 계속 써도 됩니다. 충분히 좋으니까요).

pip를 사용해 flask를 설치합니다.

```
$ pip3.6 install flask
Downloading/unpacking flask
  Running setup.py egg_info for package flask
```

```
Installing collected packages: flask
  Running setup.py install for flask

Successfully installed flask
Cleaning up...
```

그래도 안 된다면 46장으로 돌아가서 제대로 할 수 있도록 연습하세요.

50.2 간단한 'Hello World' 프로젝트 만들기

flask를 사용하는 아주 간단한 'Hello World' 웹 애플리케이션과 프로젝트 디렉터리를 만들어봅시다. 먼저 프로젝트 디렉터리를 만드세요.

```
$ cd projects
$ mkdir gothonweb
$ cd gothonweb
$ mkdir bin gothonweb tests docs templates
$ touch gothonweb/__init__.py
$ touch tests/__init__.py
```

43장에서 게임을 가져와 웹 애플리케이션에 넣어야 합니다. 디렉터리 이름이 gothonweb인 이유이죠. 그 전에 아주 기초적인 flask 애플리케이션을 먼저 만들어야 합니다. 다음 코드를 app.py에 쓰세요.

ex50.py

```
1    from flask import Flask
2    app = Flask(__name__)
3
4    @app.route('/')
5    def index():
6        인사말 = "World"
7        return f'Hello, {인사말}!'
8
9    if __name__ == "__main__":
10       app.run()
```

그리고 애플리케이션을 실행합니다.

```
$ python3.6 app.py
```

마지막으로 웹 브라우저를 실행해 http://localhost:5000/에 접속한 다음 두 가지를 확인해야 합니다. 첫째, 브라우저에서 'Hello, world!'가 나오는지 확인합니다. 둘째, 터미널에서 다음과 비슷한 출력이 나오는지 확인합니다.

```
$ python app.py
 * Running on http://127.0.0.1:5000/ (Press CTRL+C to quit)
127.0.0.1 - - [14/Mar/2018 01:36:01] "GET / HTTP/1.1" 200 -
127.0.0.1 - - [14/Mar/2018 01:36:01] "GET /favicon.ico HTTP/1.1" 404 -
```

이 출력은 flask의 로그 메시지입니다. 이 로그를 보고 서버가 동작한다는 것도 알 수 있고 웹 브라우저가 남몰래 무엇을 하는지도 알 수 있습니다. 로그 메시지는 문제가 있을 때 문제를 찾고 디버그하는 것을 도와줍니다. 예를 들어 이 로그에서는 브라우저가 /favicon.ico를 받아가려 했지만 파일이 없기 때문에 404 Not Found 상태 코드를 돌려주었다는 것을 알 수 있습니다.

　아직 웹과 관련된 것은 아무것도 설명하지 않았습니다. 다음 두 장에서 더 잘 설명할 수 있도록 일단은 애플리케이션이 돌아가게 준비를 했으면 좋겠습니다. flask 애플리케이션이 어떤 식으로 구성되었나 알 수 있도록 다양한 방법으로 망가뜨리고 고쳐보며 이 목표를 달성해봅시다.

50.3 무슨 일이 일어나죠?

웹 브라우저가 애플리케이션에 접근하면 다음과 같은 일이 일어납니다.

1. 브라우저가 여러분의 컴퓨터와 네트워크 연결을 만듭니다. localhost라고 부르는데, 이 이름은 '네트워크에서 내 컴퓨터를 일컫는' 표준 방법입니다. 그리고 포트는 5000을 쓰고 있습니다.

2. 연결되면 app.py 애플리케이션으로 HTTP 요청을 보내면서 일반적으로 웹사이트에서 첫 번째 URL인 / URL을 열어 달라고 합니다.

3. app.py 안에는 URL 목록과 각 URL에 대응하는 클래스가 있습니다. 지금 딱 하나 있는 대응은 '/', 'index'입니다. 웹 브라우저로 /를 열려는 요청을 할 때마다 flask가 index 클래스를 찾아 불러온다는 뜻입니다.

4. 이제 flask가 index 함수를 찾아 호출합니다. 이 함수를 실행하면 flask가

브라우저로 보내야 할 문자열을 반환합니다.

5. 마침내 flask가 요청을 처리해 만든 응답을 여러분이 보고 있는 브라우저
   로 보냅니다.

이 과정을 잘 이해해두세요. 정보가 브라우저에서 flask로, index 함수로 흐르
고 브라우저로 되돌아오는 과정을 도표로 그려보세요.

50.4 오류 고치기

먼저 **인사말** 변수를 대입하는 6줄을 지우고 브라우저에서 새로고침을 해보
세요. 그리고 CTRL-C를 눌러 flask를 죽이고 다시 실행합시다. 다시 실행
한 후에 브라우저에서 또 새로고침을 해보면, 'Internal Server Error'라는 오
류를 볼 수 있습니다. 터미널로 돌아가면 다음과 같은 오류가 보일거예요.
([VENV]는 여러분의 .venvs/ 디렉터리입니다)

```console
.. code-block:: console

   (lpthw) $ python app.py
    * Running on http://127.0.0.1:5000/ (Press CTRL+C to quit)
   [2017-02-22 14:35:54,256] ERROR in app: Exception on / [GET]
   Traceback (most recent call last):
     File "[VENV]/site-packages/flask/app.py",
       line 1982, in wsgi_app
       response = self.full_dispatch_request()
     File "[VENV]/site-packages/flask/app.py",
       line 1614, in full_dispatch_request
       rv = self.handle_user_exception(e)
     File "[VENV]/site-packages/flask/app.py",
       line 1517, in handle_user_exception
       reraise(exc_type, exc_value, tb)
     File "[VENV]/site-packages/flask/_compat.py",
     line 33, in reraise
       raise value
     File "[VENV]/site-packages/flask/app.py",
     line 1612, in full_dispatch_request
       rv = self.dispatch_request()
     File "[VENV]/site-packages/flask/app.py",
     line 1598, in dispatch_request
       return self.view_functions[rule.endpoint](**req.view_args)
     File "app.py", line 6, in index
       return f'Hello, {인사말}!'
```

```
NameError: name '인사말' is not defined
127.0.0.1 - - [22/Feb/2017 14:35:54] "GET / HTTP/1.1" 500 -
```

이걸로도 충분하긴 하지만 Flask에는 '디버그 모드'도 있습니다. 더 쓸모 있는
오류 화면이 나와서 더 쓸모 있는 정보를 보여주지요. 디버그 모드의 문제는
인터넷상에서 운영하면 안전하지 않다는 점입니다. 그래서 다음과 같이 명시
적으로 실행하는 과정이 필요합니다.

```
(lpthw) $ export FLASK_DEBUG=1
(lpthw) $ python app.py
 * Running on http://127.0.0.1:5000/ (Press CTRL+C to quit)
 * Restarting with stat
 * Debugger is active!
 * Debugger pin code: 222-752-342
```

이 다음 브라우저에서 새로고침을 누르면 애플리케이션 디버그에 유용한 훨
씬 자세한 정보가 보이고, 더 자세히 조사하는 데 쓸 수 있는 웹 콘솔도 보입
니다.

> ❗ Flask의 디버그 콘솔과 향상된 정보 출력은 네트워크로 연결된 인터넷상에서는 정말로 위험한
> 기능입니다. 이 기능이 열려 있으면 외부의 공격자가 여러분의 컴퓨터를 원격으로 마음대로 다
> 룰 수 있어요. 여러분의 웹 애플리케이션이 인터넷에 공개적으로 연결되어 있다면, **절대로** 디버
> 그 모드를 켜지 마세요. 사실 저라면 쉽게 디버그 모드를 켤 수 있는 FLASK_DEBUG를 만들지 않
> 았을 거에요. 개발 도중 서버를 실행할 때 할 일을 한 단계를 더 줄여 보고 싶은 마음이 들 수 있
> 습니다. 약간의 기교면 가능한 유혹적인 발상이지요. 하지만 그런 기교는 피곤에 찌든 날 하룻
> 밤의 게으름 피우기로 그치지 않고 결국 진짜 서버에까지 배포되어 해킹을 당하게 됩니다.

50.5 기본 템플릿 만들기

이제 flask 애플리케이션을 망가뜨릴 줄 알게 되었습니다. 그런데 'Hello
World'는 썩 좋은 HTML 페이지는 아닌 것 같지 않나요? 웹 애플리케이션은
깔끔한 HTML로 응답해야 합니다. 'Hello World'를 커다란 녹색 글꼴로 보여
주는 간단한 템플릿을 만들어봅시다.

첫 걸음으로 templates/index.html 파일을 다음처럼 만드세요.

index.html

```
1    <html>
2        <head>
3            <meta charset="utf-8" />
4            <title>페르칼 25번 행성의 고던족</title>
5        </head>
6    <body>
7
8    {% if 인사말 %}
9        그냥 할말이 있었어요.
10       <em style="color: green; font-size: 2em;">{{ 인사말 }}</em>.
11   {% else %}
12       <em>안녕</em>, 세상!
13   {% endif %}
14
15   </body>
16   </html>
```

> 💡 로마자 외에 다른 문자를 섞어 쓸 때 알아볼 수 없게 깨져서 나온다면 〈head〉 안에 다음 내용을 추가하세요.
>
> <meta charset="utf-8">
>
> 이 코드는 웹 브라우저에 문서가 UTF-8이라고 알려줍니다. 내 웹 브라우저에서는 정상적으로 문자가 표시되더라도, 다른 사람이 다른 웹 브라우저를 쓰면 똑바로 보이지 않을 수도 있습니다. 하지만 이 부분을 추가해 두면 어떤 웹 브라우저로 열어도 항상 올바르게 UTF-8로 문서를 읽습니다.

HTML이 무엇인지 안다면 아주 익숙한 내용이지요. 모른다면 HTML에 대해 조사해 보고 웹페이지 몇 장을 손으로 만들어보며 어떻게 동작하나 알아보세요. flask가 넘겨준 변수에 따라 텍스트에서 '빈틈'을 채워 준다고 해서 이 HTML 파일은 '템플릿(template)'이라고 부릅니다. {{인사말}}이 보이는 모든 자리는 템플릿으로 넘길 변수가 되어 내용을 대신하게 됩니다.

　app.py에 flask 템플릿을 불러와 채워 넣도록 하는 코드를 짜야 합니다. 파일을 열고 다음과 같이 고쳐보세요.

app.py

```
1    from flask import Flask
2    from flask import render_template
3
4    app = Flask(__name__)
```

```
5
6    @app.route("/")
7    def index():
8        인사말 = "Hello, World!"
9        return render_template("index.html", 인사말=인사말)
10
11   if __name__ == "__main__":
12       app.run()
```

모두 수정하고 브라우저에서 웹페이지를 새로 불러오면 녹색 글씨로 바뀐 메시지를 볼 수 있습니다. 브라우저로 페이지에서 소스 보기를 해서 올바른 HTML인지 확인할 수도 있습니다.

지금까지 정신 없이 달려왔으니 이제 템플릿이 어떻게 동작하는지 설명하겠습니다.

1. app.py의 최상단에서 render_template이라는 함수를 임포트합니다. 처음 쓰는 함수입니다.

2. render_template 함수는 .html 파일을 templates/ 디렉터리에서 읽어옵니다. Flask의 기본 설정에 따른 동작입니다.

3. 브라우저를 통해 index 함수가 실행될 때, 코드에서는 **인사말**이라는 문자열을 바로 돌려주는 대신 render_template에 인사말 변수를 넘겨 실행합니다.

4. render_template 메서드는 (templates를 직접 알려주지 않아도) templates/index.html 파일을 읽어와 처리합니다.

5. templates/index.html 파일은 보통의 HTML처럼 보이지만, 두 가지 방식의 표식을 달고 있는 '코드'가 있습니다. 하나는 {% %}인데, '실행하는 코드'를 가리키는 표식입니다. (if문, for 순환문 등). 다른 하나는 {{ }}인데, 텍스트로 변환할 수 있는 변수를 가리키는 표식이고 HTML로 대체됩니다. 실행하는 코드인 {% %}는 HTML로는 보이지 않습니다. 이 템플릿 언어에 대해 더 알고 싶으면 'Jinja2 Documentation'을 검색해 문서를 읽어 보세요.

더 자세히 알아보려면 **인사말** 변수와 HTML을 바꾸고 어떤 일이 벌어지나 살퍼보세요. 또 templates/foo.html라는 다른 템플릿을 만들고 이 파일도 렌더링해보세요.

50.6 더 해보기

1. *http://flask.pocoo.org/docs/latest*에서 문서를 읽어보세요.
2. 예제 코드를 포함해 여러분이 발견한 모든 내용에 대해 실험해보세요.
3. HTML5와 CSS3에 대해 읽고 다른 .html이나 .css 파일을 연습 삼아 만들어보세요.
4. 장고(Django)에 대해 아는 친구가 있고 도움을 받을 수 있다면 장고에 대해서 알아볼 겸 50, 51, 52장을 장고로도 해보세요.

50.7 자주 묻는 질문

Q. http://localhost:5000/에 접속할 수 없는 것 같아요.

A. 대신 http://127.0.0.1:5000/에 접속해보세요.

Q. 왜 템플릿을 호출할 때 인사말=인사말 같이 대입하는 거죠?

A. 인사말에 대입하는 것이 아닙니다. 템플릿에 이름 붙인 매개변수(named parameter)를 설정해 넘겨주는 것이에요. 대입의 일종이지만 그 템플릿 함수 호출에만 영향을 끼칩니다.

Q. 5000 포트를 사용할 수 없어요.

A. 안티 바이러스 프로그램이 5000 포트를 쓸 수도 있습니다. 다른 포트를 써보세요.

연습 51

웹 브라우저에서 입력 받기

웹 브라우저에서 'Hello, World'를 출력하는 것도 재미있지만, 사용자에게 애플리케이션에 있는 입력 폼(form)으로 텍스트를 받으면 더 재미있습니다. 이번 장에서는 처음 만든 웹 애플리케이션에서 폼을 이용하고 사용자 정보를 '세션(session)'에 저장하도록 개선해봅시다.

51.1 웹 동작 방식

지겨운 시간이 돌아왔습니다. 폼을 만들려면 웹이 어떻게 동작하는지 조금 더 이해해야 해요. 완벽하지는 않겠지만, 그래도 정확하게 여러분이 애플리케이션에서 무엇이 잘못되었나 알아내는 데는 도움이 되는 내용입니다. 이해하고 나면 폼 만들기도 쉬워질 거에요.

웹 요청과 정보 흐름이 어떻게 다른지 보여주는 간단한 개념도로 시작합시다.

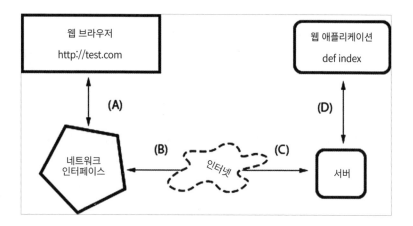

선을 따라 일반적인 HTTP 요청 과정을 차례로 설명합니다.

1. `http://test.com/`을 웹 브라우저에 입력하면 웹 브라우저가 (A) 선을 따라 컴퓨터의 네트워크 인터페이스로 요청을 보냅니다.
2. 요청이 (B) 선을 따라 인터넷으로 나가서 자신의 서버가 있는 (C) 선으로 갑니다.
3. 컴퓨터가 요청을 받으면, 웹 애플리케이션이 (D) 선을 따라 그 요청을 받고 파이썬 코드에서 `def index` 함수를 실행합니다.
4. 결과를 반환하면 파이썬 서버에서 응답이 나와 (D) 선을 따라 웹 브라우저로 돌아갑니다.
5. 사이트를 운용 중인 서버는 (D) 선에서 응답을 받아 (C)를 통해 인터넷으로 돌려보냅니다.
6. 서버에서 온 응답이 인터넷에서 (B) 선을 따라 오면 컴퓨터의 네트워크 인터페이스가 (A) 선을 따라 웹 브라우저로 보내줍니다.
7. 웹 브라우저가 응답을 보여줍니다.

설명 중 웹 애플리케이션을 다루면 흔히 언급되는 꼭 알아둬야 할 용어가 몇 개 나왔습니다.

웹 브라우저(browser)

웹 브라우저는 여러분이 매일 쓰는 소프트웨어입니다. 대부분의 사람들은 웹 브라우저가 진짜로 하는 일은 모릅니다. 보통 '인터넷'이라 부르죠. URL 막대에 입력하는 주소(예: *http://test.com*)를 받아 그 정보를 이용해 해당 주소에 있는 서버로 요청을 보냅니다.

주소(address)

보통 *http://test.com/* 같은 형식으로 웹 브라우저가 열어볼 URL(Uniform Resource Locator)을 가리킵니다. 첫 부분인 http는 사용할 프로토콜(protocol, 규약)을 가리킵니다. '하이퍼-텍스트 전송 프로토콜(Hyper-Text Transport Protocol, HTTP)'이죠. *ftp://ibiblio.org/*에 들어가서 '파일 전송 프로토콜(File Transport Protocol, FTP)'이 어떻게 동작하나 볼 수

도 있습니다. test.com은 '호스트 이름(hostname)'으로 사람이 읽을 수 있는 주소이고 각 호스트 이름은 IP 주소라는 전화번호와 비슷한 숫자로 연결됩니다. 마지막으로는 *http://test.com/book/*의 /book/처럼 딸린 경로도 있을 수 있습니다. 이 경로는 서버에 요청으로 받아올 수 있는 파일이나 어떤 자원을 가리킵니다. 다른 부분도 많지만, 주요한 부분은 이 정도입니다.

접속(connection)

웹 브라우저가 사용하려는 프로토콜이 무엇인지 접속하려는 서버(test.com)와 서버에서 어떤 자원을 받아올지 알고 나면 접속을 해야 합니다. 웹 브라우저는 운영체제(operating system, OS)에 '포트(port)'를 열어 달라고 요청합니다. 보통 80 포트에요. 접속을 시작하면 운영체제는 프로그램에 파일 비슷한 것을 전달합니다. 실제로는 여러분의 컴퓨터와 'test.com' 컴퓨터 사이를 연결하는 네트워크 회선으로 자료를 보내고 받는 것이지만요. *http://localhost:5000/*의 경우도 똑같은 일이 일어나지만 이 경우 브라우저에서 여러분의 컴퓨터(localhost)로 80 포트 대신 5000 포트를 이용해 접속하라고 요청합니다. *http://test.com:80/*으로 접속하면 기본 포트 대신 명시적으로 80 포트를 쓰도록 요청하지만 다른 점이 없으므로 똑같은 결과를 받아옵니다.

요청(request)

웹 브라우저에서 입력한 주소를 이용해 접속하고 나면, 이제 필요한 자원을 원격 서버에서 요청해야 합니다. URL 끝에 /book/을 붙이면 /book/에 있는 파일(자원)이 필요하다는 뜻입니다. 그럼 서버 대부분은 실제로는 book/index.html에 있는 파일을 이용하면서 그런 파일은 없는 척합니다. 웹 브라우저는 이 자원을 받아오려고 서버에 요청을 보냅니다. 정확히 어떻게 하는지는 설명하지 않을게요. 그래도 요청을 서버에 보내려면 웹 브라우저가 무언가 해야 한다는 점은 이해해두세요. 이 '자원'이 꼭 파일일 필요는 없다는 점이 흥미롭습니다. 예를 들어 여러분이 만든 애플리케이션은 웹 브라우저에서 요청을 받으면 파이썬 코드가 생성한 결과를 반환합니다.

서버(server)

서버는 웹 브라우저의 파일이나 자원 요청에 응답할 기능을 갖춘, 접속의 종단점입니다. 웹 서버 대부분은 요청대로 파일을 보내고 실제로 트래픽의 대부분을 차지해요. 여러분은 자원 요청을 다루는 법을 아는 서버를 파이썬으로 만들었기 때문에, 파이썬으로 문자열을 만들어 반환합니다. 이 과정에서 서버는 웹 브라우저에 파일을 보내는 척 하지만, 실제로는 그냥 코드입니다. 50장에서 보듯 코드 약간으로 응답이 만들어졌습니다.

응답(response)

웹 브라우저의 요청에 대한 응답으로 서버가 반환하려 하는 HTML(CSS, 자바스크립트, 이미지)입니다. 파일이라면 디스크에서 읽어 브라우저로 보내지만, 디스크 내용을 특별한 '헤더(header)'로 감싸 무엇을 보내고 있는지 알려주어야 합니다. 여러분의 애플리케이션도 역시 같은 내용이 담긴 헤더를 붙여 보내지만 자료는 파이썬 코드로 바로 생성해 보냅니다.

지금까지 웹 브라우저로 인터넷의 서버에 접근하는 방법을 정복하는 가장 빠른 방법이었습니다. 이 내용만으로도 이번 장을 이해하기에 충분해야 하지만, 아니라면 이해할 수 있을 때까지 이 내용에 대해 가능한 한 많이 읽어보세요. 그 가운데 정말 좋은 방법은 개념도를 보면서 50장에서 만든 웹 애플리케이션을 한 부분씩 이해해 나가는 것입니다. 개념도를 보고 애플리케이션을 분해해 나갈 수 있으면, 동작 원리도 이해할 수 있습니다.

51.2 폼 동작 방식

폼을 다루는 데 익숙해지려면 폼 데이터를 다루는 코드를 짜서 어떤 일을 할 수 있나 보는 게 가장 좋습니다. app.py 파일을 열어 다음 예제처럼 수정하세요.

form_test.py

```
1   from flask import Flask
2   from flask import render_template
3   from flask import request
4
5   app = Flask(__name__)
6
7   @app.route("/hello")
8   def index():
9       이름 = request.args.get('name', '아무개')
10
11      if 이름:
12          인사말 = f'안녕, {이름}'
13      else:
14          인사말 = '안녕, 여러분'
15
16      return render_template("index.html", 인사말=인사말)
17
18  if __name__ == "__main__":
19      app.run()
```

확실하게 새로 불러오도록 재시작하세요(Ctrl+C를 누르고 다시 실행하세요). 웹 브라우저로 *http://localhost:5000/hello*로 접속하면 "안녕, 아무개"라고 표시됩니다. 다음으로 URL을 *http://localhost:5000/hello?name=Frank*로 바꾸면 "안녕, Frank"라고 보입니다. 마지막으로 name=Frank를 여러분의 이름으로 바꿔보세요. 여러분에게 인사할 것입니다.

 여러분의 이름을 한글로 쓸 경우 웹 브라우저 설정에 따라 올바르게 표시되지 않을 수도 있습니다. 로마자로 쓰거나 웹 브라우저에서 보기→인코딩→UTF-8을 선택해 문자셋 설정을 해보세요(정확한 메뉴 이름은 웹 브라우저에 따라 다를 수 있습니다).

스크립트가 어떻게 수정되었는지 분석해봅시다.

1. 단순히 **인사말**이라는 문자열을 쓰는 대신 이제 웹 브라우저에서 데이터를 받아 오는 request.args를 쓰고 있습니다. 폼의 값을 **키=값** 쌍으로 갖고 있는 dict입니다.
2. 다음으로 **이름**에서 **인사말**을 만듭니다.
3. 이 파일의 나머지 모든 부분은 이전과 같습니다.

URL에는 매개변수를 하나만 넣을 수 있다는 제한 같은 것도 없습니다.

*http://localhost:8080/hello?name=Frank&greet=Hola*와 같이 변수를 두 개 받도록 예제를 고쳐보세요. 다음과 같이 코드도 name과 greet을 받게 고쳐보세요.

```
인사 = request.args.get('greet','안녕')
```

URL에서 greet과 name 매개변수를 '빼고'도 열어봅시다. *http://localhost:5000/hello*로만 접속하면 'name'의 기본값은 '아무개'이고 'greet'의 기본값은 '안녕'입니다.

51.3 HTML 폼 만들기

URL에 매개변수를 넘기는 것도 잘되긴 하지만, 보기 흉한데다 보통 사람들은 쓰기도 쉽지 않습니다. 여러분이 정말로 쓰고 싶어 할 방법은 'POST 폼'이라는 <form>태그가 든 특별한 HTML 파일이에요. 이 폼도 사용자에게 정보를 수집해 앞에서 한 것과 똑같은 방식을 통해 웹 애플리케이션으로 보냅니다.

　동작 방식을 확인할 수 있도록 재빨리 하나 만들어봅시다. 다음 내용을 templates/hello_form.html 파일로 새로 만드세요.

hello_form.html

```
1    <html>
2        <head>
3            <meta charset="utf-8" />
4            <title>웹 폼 예제</title>
5        </head>
6    <body>
7
8    <h1>이 폼을 채우세요</h1>
9
10   <form action="/hello" method="POST">
11       인사말: <input type="text" name="greet">
12       <br/>
13       이름: <input type="text" name="name">
14       <br/>
15       <input type="submit">
16   </form>
```

```
17
18    </body>
19    </html>
```

다음에는 app.py도 바꾸어야 합니다.

app.py

```
1     from flask import Flask
2     from flask import render_template
3     from flask import request
4
5     app = Flask(__name__)
6
7     @app.route("/hello", methods=['POST', 'GET'])
8     def index():
9         인사말 = "Hello World"
10
11        if request.method == "POST":
12            이름 = request.form['name']
13            인사 = request.form['greet']
14            인사말 = f"{인사}, {이름}"
15            return render_template("index.html", 인사말=인사말)
16        else:
17            return render_template("hello_form.html")
18
19
20    if __name__ == "__main__":
21        app.run()
```

모두 만들었으면 이전처럼 웹 애플리케이션을 다시 시작하고 웹 브라우저로 열어보세요.

이번에는 '**인사말**'과 '**이름**'을 물어 보는 폼이 보일 겁니다. 폼에서 [submit] 버튼을 누르면 이전에 본 것과 똑같은 인사를 받습니다. 하지만 웹 브라우저에서 URL을 살펴보세요. 이번에는 매개변수를 보냈는데도 *http://localhost: 5000/hello*로 보일 것입니다.

hello_form.html 파일의 <form action="/hello" method="POST"> 부분 때문에 그렇게 동작합니다. 웹 브라우저는 그 정보를 어떻게 해석하는지 봅시다.

1. 폼 안의 폼 필드를 이용해 사용자에게 데이터를 수집합니다.
2. POST 유형의 요청을 이용해 서버로 보냅니다. POST 요청은 웹 브라우저

에서 폼 필드를 '숨겨서' 보내는 요청 방식입니다.

3. /hello URL로 그 내용을 보냅니다(action="/hello" 부분에 보이는 대로요).

이제 새 코드에서 두 변수와 <input>의 name이 짝지어진다는 걸 알아볼 수 있을 것입니다. index 함수에서 request.args를 쓰는 대신 request.form을 쓰는 것도요. 새 애플리케이션은 다음과 같이 동작합니다.

1. 보통 요청이 index()로 갑니다. if문이 있어서 request.method를 보고 "POST" 메서드인지 "GET" 메서드인지 구분한다는 점은 다릅니다. 이런 방법으로 브라우저에서는 app.py에 폼을 제출한 것인지 URL 매개변수를 사용한 것인지 알려줍니다.

2. request.method가 "POST"면 폼을 채우고 보낸 것처럼 동작하여 올바른 인사말을 돌려줍니다.

3. request.method가 다른 값이면 사용자가 폼을 채울 수 있도록 hello_form.html을 그대로 돌려줍니다.

연습으로 template/index.html 파일에 그냥 /hello로 돌아가는 링크를 만들어보세요. 반복해서 폼을 채우고 결과를 볼 수 있도록요. 링크는 어떻게 동작하고 어떤 식으로 template/index.html과 templates/hello_form.html을 번갈아 보여주는지, 방금 바뀐 파이썬 코드 안에서는 어떻게 실행되는지 확실히 설명할 수 있도록 공부해두세요.

51.4 레이아웃 템플릿 만들기

다음 장에서 게임을 만들려면 작은 HTML 페이지를 잔뜩 만들어야 합니다.

매번 웹페이지 전체를 새로 만들려면 금방 지겨워져요. 다행히도 머리말과 꼬리말을 포함하는, 다른 페이지를 모두 감쌀 수 있는 레이아웃 템플릿(또는 뼈대)를 만들 수 있습니다. 좋은 프로그래머는 반복을 줄이려고 하므로 좋은 프로그래머가 되려면 레이아웃은 필수입니다.

templates/index.html을 다음과 같이 바꾸세요.

index_laid_out.html

```
1    {% extends "layout.html" %}
2
3    {% block content %}
4
5    {% if 인사말 %}
6        그냥 할말이 있었어요.
7        <em style="color: green; font-size: 2em;">{{ 인사말 }}</em>.
8    {% else %}
9        <em>Hello</em>, world!
10   {% endif %}
11
12   {% endblock %}
```

templates/hello_form.html도 바꾸세요.

hello_form_laid_out.html

```
1    {% extends "layout.html" %}
2
3    {% block content %}
4
5    <h1>이 폼을 채우세요</h1>
6
7    <form action="/hello" method="POST">
8        인사말: <input type="text" name="greet">
9        <br/>
10       이름: <input type="text" name="name">
11       <br/>
12       <input type="submit">
13   </form>
14
15   {% endblock %}
```

모든 페이지마다 머리 꼭대기부터 발끝까지 붙은 표준 양식(boilerplate)을 벗겨 내는 과정입니다. 지금부터는 이 내용을 다시 templates/layout.html 파일 하나에 넣어 다루겠습니다.

　모두 바꿨다면 다음 내용으로 templates/layout.html 파일을 만드세요.

layout.html

```
1    <html>
2    <head>
3        <meta charset="utf-8" />
4        <title>페르칼 25번 행성의 고던족</title>
5    </head>
6    <body>
7
8    {% block content %}
9
10   {% endblock %}
11
12   </body>
13   </html>
```

다른 템플릿의 내용(content)을 넘겨 받아 '감싼다'는 점만 빼면 보통 템플릿처럼 생긴 파일입니다. 이 파일에 든 내용은 다른 템플릿에는 쓸 필요가 없습니다.

플라스크는 다른 HTML 템플릿을 {% block content %} 자리에 끼워 넣습니다. 다른 템플릿 맨 위에 넣은 {% extends "layout.html" %}라는 부분을 보고 알게 되는 것이지요.

51.5 폼 자동 테스트

웹 브라우저 새로고침을 눌러 웹 애플리케이션을 테스트하기는 쉽지만, 들어보세요. 우린 이제 프로그래머예요. 애플리케이션을 테스트할 코드를 짤 수 있는데 왜 반복 작업을 해야 하죠? 다음으로는 47장에서 배운 내용을 바탕으로 웹 애플리케이션 테스트를 짜보세요. 47장이 기억나지 않는다면 다시 보고 오세요.

다음 내용으로 새 파일 tests/app_test.py를 만드세요.

app_test.html

```
1    from app import app
2
3    app.config['TESTING'] = True
4    web = app.test_client()
5
6    def test_index():
```

```
7        rv = web.get('/', follow_redirects=True)
8        assert rv.status_code == 404
9
10       rv = web.get('/hello', follow_redirects=True)
11       assert rv.status_code == 200
12       assert "이 폼을 채우세요" in rv.data.decode()
13
14       data = {'name': '제드', 'greet': 'Hello'}
15       rv = web.post('/hello', follow_redirects=True, data=data)
16       assert "제드" in rv.data.decode()
17       assert b"Hello" in rv.data
```

마지막으로 pytest를 이용해 테스트 설정을 실행하고 웹 애플리케이션을 테스트하세요.

```
$ pytest
.
───────────────────────────────────────────────
1 passed in 0.059s
```

여기서는 app.py에서 전체 애플리케이션을 '임포트'하고 수동으로 실행하고 있습니다. flask 프레임워크에서 요청을 처리하는 API는 아주 간단합니다. 어떻게 생겼나 봅시다.

```
data = {'name': '제드', 'greet': 'Hello'}
rv = web.post('/hello', follow_redirects=True, data=data)
```

post() 메서드를 이용하면 POST 요청을 보낼 수 있고, dict로 폼 데이터를 넘기면 된다는 뜻입니다. 나머지는 web.get() 요청으로 테스트할 때와 똑같습니다.

tests/app_test.py의 자동 테스트에서는 먼저 / URL이 "404 NOT FOUND" 응답을 하는지 확인합니다. 없는 URL이니까요. 다음으로는 /hello가 GET과 POST 양쪽 모두에 대해 동작하는지 확인합니다. 이어지는 테스트는 뭔지 정확히 이해하지는 못하더라도 알아볼 수는 있을 겁니다.

마지막 애플리케이션은 시간을 들여 꼼꼼히 살펴보세요. 특히 자동 테스트 부분을요. app.py에서 애플리케이션을 임포트하고 자동 테스트에서 바로 실행하는 방법은 확실히 알아두세요. 더 많은 내용을 배울 수 있도록 이끌어 주는 중요한 내용입니다.

51.6 더 해보기

1. HTML에 대해 더 많이 읽어보고 앞에서 만든 간단한 폼에 더 나은 레이아웃을 만들어주세요. 원하는 내용을 종이에 그린 다음 HTML로 구현해 보면 도움이 됩니다.

2. 어려운 일이지만, 그림을 올려서 디스크에 저장할 수 있도록 사용자가 파일을 올리려면 어떻게 해야 하는지 알아내보세요.

3. 더 어렵고 고통스러운 일이지만, HTTP RFC(HTTP 동작을 설명하는 문서)를 찾아서 읽을 수 있는 만큼 읽어보세요. 정말로 지겹지만 어쩌다 한 번씩은 편한 부분도 있습니다.[1]

4. 역시 정말로 어려운 일이지만, Apache, Nginx 같은 웹 서버를 설정할 수 있게 도와줄 사람을 찾아보세요. 성공인지 확인하려면 설치한 웹 서버로 .html과 .css 파일 몇 개를 서브해보세요. 못하더라도 걱정하지 마세요. 웹 서버는 좀 구리거든요.

5. 모두 마쳤다면 조금 쉬면서 할 수 있는 한 다양한 웹 애플리케이션을 만들어보세요. 사용자의 상태를 저장하는 방법을 이해할 수 있도록 flask의 세션(session)에 대해서는 꼭 읽어보아야 합니다.

51.7 망가뜨리기

웹 애플리케이션을 망가뜨려 보기 딱 좋은 자리입니다. 다음과 같은 것들을 실험해보세요.

1. FLASK_DEBUG 설정을 통해 얼마나 큰 피해를 입힐 수 있을까요? 직접 해보세요. 돌이킬 수 없을 만큼 치명적인 피해를 입히지 않도록 주의하세요.

2. 폼에 매개변수 기본 값을 넣어두지 않았다고 가정해봅시다. 어떤 문제가 생길 수 있을까요?

---

[1] (옮긴이) RFC는 공식적으로 영어로만 쓰여 있지만 한국어로 번역된 비공식 문서도 쉽게 찾을 수 있습니다. 어느 쪽이든 할 수 있는 만큼 시도해 보세요.

3. 코드에서 POST인지 먼저 확인해 POST 동작을, '나머지 모두'에 대해 GET
   동작을 했습니다. curl 명령줄 도구를 이용해 GET도 POST도 아닌 다른
   메서드로 요청을 만들 수 있습니다. 어떤 일이 일어나나요?

연습 52
—

웹 게임 시작

이 책의 막바지에 다다르고 있습니다. 이번에는 정말로 도전적인 과제를 드릴게요. 모두 마치고 나면 여러분은 상당히 능숙한 파이썬 입문자가 될 거에요. 여전히 책도 몇 권 더 보고 프로젝트도 몇 개 더 해보아야 하겠지만, 모두 마칠 수 있는 능력은 갖추었을 것입니다. 여러분을 막는 것은 시간, 동기, 자원뿐인 거죠.

이번 장에서는 게임을 완벽하게 만들지는 않겠습니다. 대신 47장에서 만든 게임을 웹 브라우저에서 실행할 수 있는 '엔진'을 만들겠습니다. 이 과정에는 43장 코드를 리팩터링하고, 47장의 구조를 섞고, 자동 테스트를 추가하고, 마지막으로 게임을 실행하는 웹 엔진을 만드는 일이 포함됩니다.

이번 장은 할 일이 아주 많아서, 제 생각에는 일주일에서 한 달은 써야 할 것 같습니다. 매일 밤마다 작은 뭉치를 공략해 조금씩 해나가고, 다른 일을 시작하기 전에 시간을 충분히 들여서 모두 돌아가도록 만드는 편이 가장 좋습니다.

52.1 43장 게임 리팩터링

여러분은 두 개 장에 걸쳐 gothonweb 프로젝트를 바꿔왔습니다. 이번 장에서도 한 번 더 하겠지요. 여러분이 배운 기술을 '리팩터링(refactoring)'이라 부릅니다. 제가 좋아하는 식으로는 '내용 고치기'라고도 하죠. 리팩터링은 프로그래머들이 사용하는 용어로 옛 코드를 보고 새 기능을 추가하거나 깔끔하게 정리하기 위해 바꾸는 과정을 가리킵니다. 여러분은 리팩터링이 뭔지도 몰랐지만 지금까지 해왔습니다. 리팩터링은 소프트웨어를 만드는 두 번째 본성이거든요.

이번에는 47장에서 테스트를 만들어본 '지도'와 43장의 게임을 결합해 새 게임 구조를 만들어보세요. 새 게임은 내용은 같지만 그냥 더 나은 구조로 '리 팩터링한' 것입니다.

첫 단계로는 ex47/game.py에서 코드를 가져와 gothonweb/planisphere.py 로 복사하고 tests/ex47_test.py 파일도 tests/planisphere_test.py로 복사 하세요.

pytest를 다시 실행해 잘 동작하나 확인하세요.

 지금부터는 테스트 실행의 출력은 보여드리지 않겠습니다. 테스트는 항상 해야 하고, 그 결과는 오류가 없는 한 지금까지 본 출력과 같아야 합니다.

47장 코드를 모두 복사했으면 43장의 지도를 합치도록 리팩터링할 시간입 니다. planisphere.py와 planisphere_test.py 파일을 완성시키는 숙제를 내 겠습니다. 제가 만든 기초적인 구조로 시작해서 여러분이 완성하는 방식입 니다.

지금과 같이 **방** 클래스를 이용해 지도의 기초적인 구조를 배치하세요.

 'planisphere'는 'map'의 다른 이름입니다. 파이썬 내장 함수 가운데 map이라는 함수가 있어 겹 치지 않도록 바꾸었습니다. 동의어/유의어 사전을 잘 써먹읍시다.

planisphere.py

```
1    class 방(object):
2
3        def __init__(self, 이름, 설명):
4            self.이름 = 이름
5            self.설명 = 설명
6            self.길들 = {}
7
8        def 이동(self, 방향):
9            return self.길들.get(방향, None)
10
11        def 길_추가(self, 길들):
12            self.길들.update(길들)
13
14
15    중앙_복도 = 방("중앙 복도",
```

```
16      """
17      페르칼 25번 행성의 고던족은 여러분의 우주선에 침략하고 모든
18      승무원을 죽였습니다. 당신은 마지막 생존자이며 마지막 임무로
19      무기고에서 중성자파괴탄을 가져와 함교에 설치하고 구명정에 타기
20      전에 우주선을 폭파해야합니다.
21
22      붉은 비늘 피부, 시커먼 때가 낀 이빨, 증오로 가득 찬 몸에서 물
23      흐르듯 이어지는 사악한 광대 복장의 고던인이 뛰쳐 나오는 동안
24      당신은 중앙 복도에서 무기고로 내달리고 있습니다. 고던인은
25      무기고로 가는 문을 가로막고 당신을 날려버리려 무기를 겨누는
26      참입니다.
27      """)
28
29
30      레이저_무기고 = 방("레이저 무기고",
31      """
32      운좋게도 당신은 학교에서 고던어 욕설을 배웠습니다. 아는
33      고던 농담을 하나 합니다.
34      Lbhe zbgure vf fb sng, jura fur fvgf nebhaq gur ubhfr,
35      fur fvgf nebhaq gur ubhfr.
36      고던인은 멈춰서서 웃지 않으려 애쓰지만, 결국 웃음보가
37      터지자 꼼짝도 하지 못합니다. 당신은 고던인이 웃어대는
38      틈에 뛰쳐나가 정통으로 머리를 맞춰 쓰러뜨리고 무기고의
39      문으로 뛰어듭니다.
40
41      당신은 무기고로 뛰어 들어 구르고는 쪼그려 앉아 혹시
42      숨어있을지도 모르는 고던인을 찾아 방을 살핍니다. 쥐 죽은
43      듯이, 지나칠 만큼 조용합니다. 일어서서는 문 건너편으로
44      달려 보관함에서 중성자파괴탄을 찾습니다. 보관함은
45      비밀번호로 잠겨 있고 중성자파괴탄을 꺼내려면 비밀번호를
46      알아내야만 합니다. 비밀번호를 10번 틀리면 자물쇠는
47      영원히 잠기고 폭탄은 꺼낼 수 없습니다. 비밀번호는 3자리
48      수입니다.
49      """)
50
51
52      함교 = 방("함교",
53      """
54      보관함이 철컥하며 열리며 밀폐가 풀리자 공기가
55      새어나옵니다. 중성자파괴탄을 움켜쥐고 설치해야 할 장소인
56      함교를 향해 할 수 있는 한 가장 빠른 속도로 내달립니다.
57
58      겨드랑이에 중성자파괴탄을 끼고 함교로 뛰어들어 우주선
59      조종권을 탈취하던 고던인 5명을 놀래킵니다. 그 모두가
60      아까 본 고던인보다도 더 흉측한 광대 복장을 하고
61      있습니다. 고던인들은 아직 무기를 뽑지는 않았는데,
62      활성화된 폭탄을 든 걸 보자 더욱이 터뜨리지 않고
63      싶어합니다.
64      """)
```

```
65
66
67   구명정 = 방("구명정",
68   """
69   폭탄을 광선총으로 겨누자 고던인들은 두 손을 들고
70   삐질삐질 땀을 흘리기 시작합니다. 당신은 문 뒤에
71   바짝 붙어서는, 문을 열고, 광선총을 그대로 겨눈 채로,
72   조심스레 폭탄을 바닥에 설치합니다. 곧 이어 문 밖으로
73   뛰쳐나와 닫기 단추를 두들기고는 잠금장치를 쏴 갈겨
74   고던인들이 빠져 나올 수 없도록 만들어버립니다.
75   이제 폭탄은 설치되었고, 이 깡통에서 벗어나도록
76   구명정으로 내달립니다.
77
78   우주선이 통째로 폭발하기 전에 구명정에 닿기 위해
79   우주선을 가로질러 필사적으로 달립니다. 우주선에는
80   고던인이 거의 없어 방해 받지 않고 질주합니다. 구명정이
81   있는 방에 도달한 당신은 어떤 걸 탈지 하나를 골라야
82   합니다. 이 가운데 몇 개는 손상되었을 수도 있지만 살펴볼
83   시간이 없습니다. 구명정은 5대가 있습니다. 몇 번을
84   타겠습니까?
85   """)
86
87
88   결말_승리 = 방("결말",
89   """
90   2번 구명정으로 뛰어들어 탈출 단추를 누릅니다.
91   구명정은 가볍게 우주로 미끄러져 나가며 아래의
92   행성으로 향합니다. 행성으로 향하는 동안 뒤를 돌아보자
93   당신네 우주선이 붕괴했다가는 밝은 별처럼 폭발하며 고던
94   우주선까지 휩쓸어 버리는 것을 확인합니다. 승리!
95   """)
96
97
98   결말_패배 = 방("결말",
99   """
100  아무 구명정으로 뛰어들어 탈출 단추를 누릅니다.
101  구명정이 우주의 진공으로 나아가자마자, 선체가
102  파열해 찌그러져 들며 당신을 곤약처럼 으스러뜨립니다.
103  """
104  )
105
106  구명정.길_추가({
107      '2': 결말_승리,
108      '*': 결말_패배
109  })
110
111  일반_사망 = 방("사망", "죽었습니다.")
112
113  함교.길_추가({
```

```
114        '폭탄 던지기': 일반_사망,
115        '천천히 폭탄 설치하기': 구명정
116  })
117
118  레이저_무기고.길_추가({
119        '0132': 함교,
120        '*': 일반_사망
121  })
122
123  중앙_복도.길_추가({
124        '발사!': 일반_사망,
125        '회피!': 일반_사망,
126        '농담하기': 레이저_무기고
127  })
128
129  시작_이름 = '중앙_복도'
130
131  def 방_가져오기(이름):
132        """
133        여기에는 잠재적인 보안 문제가 있습니다.
134        이름은 누가 정한 걸까요? 변수를 노출시킬 수 있을까요?
135        """
136        return globals().get(이름)
137
138  def 방_이름(방):
139        """
140        똑같은 보안 문제가 있습니다. '방'은 안전한 값이라고 믿을 수 있나요?
141        globals에서 찾는 것보다 나은 방법은 무엇일까요?
142        """
143        for key, value in globals().items():
144            if value == 방:
145                return key
```

방 클래스와 지도에는 몇 가지 문제점이 보입니다.

1. 각 방에 들어갈 때마다 출력하는 if-else 절 안에 있는 텍스트를 각 방의 요소로 넣어야 합니다. 지도를 섞을 수 없다는 뜻인데 이번에 고치세요.

2. 원래 게임에는 폭탄의 번호판을 바꾸거나 망가지지 않은 구명정 번호를 고치는 코드를 실행하는 부분이 있었습니다. 지금은 그냥 기본값을 정하고 그대로 합시다. 나중에 '더 해보기'에서 다시 고쳐주세요.

3. 사용자가 나쁜 결정을 할 때마다 공통으로 쓸 수 있는 결말인 **일반_사망**을 만들었습니다. 여러분이 완성해주세요. 되돌아가서 모든 원래 결말에 추가하고 잘 돌아가는지 확인해야 합니다.

4. 엔진에서 **모두_처리** 액션에 쓰일 예정인 ***이라는** 딱지를 붙인 새로운 화면 전환을 만들었습니다.

기본적인 코드 쓰기를 마쳤으면 자동화 테스트 tests/planisphere_test.py는 여러분 스스로 만들어야 합니다.

planisphere_test.py

```
1    from gothonweb.planisphere import *
2
3
4    def test_방():
5        황금 = 방("황금방",
6                """이 방에는 주워 담을 수 있는 금이 있습니다. 북쪽에는 문이
7                있습니다""")
8        assert 황금.이름 == "황금방"
9        assert 황금.길들 == {}
10
11   def test_방_길들():
12       중앙 = 방("중앙", "중앙의 테스트 방.")
13       북쪽 = 방("북쪽", "북쪽의 테스트 방.")
14       남쪽 = 방("남쪽", "남쪽의 테스트 방.")
15
16       중앙.길_추가({'북쪽': 북쪽, '남쪽': 남쪽})
17       assert 중앙.이동('북쪽') == 북쪽
18       assert 중앙.이동('남쪽') == 남쪽
19
20   def test_지도():
21       시작 = 방("시작", "서쪽이나 구멍 아래로 갈 수 있습니다.")
22       서쪽 = 방("나무", "나무가 있습니다. 동쪽으로 갈 수 있습니다.")
23       아래 = 방("던전", "아래는 어둡습니다. 위로 갈 수 있습니다")
24
25       시작.길_추가({'서쪽': 서쪽, '아래': 아래})
26       서쪽.길_추가({'동쪽': 시작})
27       아래.길_추가({'위': 시작})
28
29       assert 시작.이동('서쪽') == 서쪽
30       assert 시작.이동('서쪽').이동('동쪽') == 시작
31       assert 시작.이동('아래').이동('위') == 시작
```

지도를 완성하고 지도 전체를 완전히 검사하는 자동화 테스트를 만드세요. **일반_사망** 객체 대신 진짜 결말로 모두 고치는 것도 포함합니다. 테스트는 반드시 잘 돌아가야 하고 가능한 완전해야 합니다. 나중에 지도를 바꿀 때 지도가 계속 동작하는지 테스트로 확인하려고 하거든요.

52.2 엔진 만들기

게임 지도도 잘 돌아가고 단위 테스트도 잘 만들었어야 합니다. 이제 방을 실행하고, 사용자 입력을 수집하고, 게임의 어느 부분을 진행하고 있는지 추적하는 간단한 게임 엔진을 만들고 싶네요. 막 배운 세션을 이용해 간단한 게임엔진을 만들어봅시다.

1. 새 사용자에게 새 게임 시작시키기
2. 사용자에게 방 보여주기
3. 사용자에게 입력 받기
4. 게임으로 사용자 입력 실행하기
5. 결과 보여주고 사용자가 죽을 때까지 진행하기

이 목표를 달성하기 위해 여러분이 잘 만들어둔 app.py를 이용해봅시다. 모든 기능이 동작하는 세션 기반 게임을 만들어보세요. 제가 기초적인 HTML 파일을 아주 간단히 만들어드리면 여러분이 완성하는 것이 문제입니다. 기본 엔진을 보여드릴게요.

app.py

```
1    from flask import Flask, session, redirect, url_for, escape, request
2    from flask import render_template
3    from gothonweb import planisphere
4
5    app = Flask(__name__)
6
7    @app.route("/")
8    def index():
9        # 시작할 때 세션에 시작 값을 미리 넣어둔다
10       session['방_이름'] = planisphere.시작_이름
11       return redirect(url_for("game"))
12
13   @app.route("/game", methods=['GET', 'POST'])
14   def game():
15       방_이름 = session.get('방_이름')
16
17       if request.method == "GET":
18           if 방_이름:
19               방 = planisphere.방_가져오기(방_이름)
20               return render_template("show_room.html", 방=방)
```

```
21          else:
22              # 왜 여기 넣었을까요? 꼭 필요한가요?
23              return render_template("you_died.html")
24      else:
25          행동 = request.form.get('action')
26
27          if 방_이름 and 행동:
28              방 = planisphere.방_가져오기(방_이름)
29              다음_방 = 방.이동(행동)
30
31              if not 다음_방:
32                  session['방_이름'] = planisphere.방_이름(방)
33              else:
34                  session['방_이름'] = planisphere.방_이름(다음_방)
35
36          return redirect(url_for("game"))
37
38
39  # 인터넷에 올리려면 secret_key를 반드시 변경해야 합니다.
40  app.secret_key = 'A0Zr98j/3yX R~XHH!jmN]LWX/,?RT'
41
42  if __name__ == "__main__":
43      app.run()
```

이 스크립트에도 또 새로운 내용이 있습니다. 게다가 놀랍게도 웹 기반 게임 엔진 전체가 이 작은 파일 안에 들어 있죠.

다음으로는 templates/hello_form.html과 templates/index.html을 지우고 코드에서 언급한 템플릿 두 개를 만듭시다. 아주 간단한 버전의 templates/show_room.html 파일입니다.

show_room.html

```
1   {% extends "layout.html" %}
2
3   {% block content %}
4
5   <h1> {{ 방.이름 }}  </h1>
6
7   <pre>
8   {{ 방.설명 }}
9   </pre>
10
11  {% if 방.이름 in ["사망", "결말"] %}
12      <p><a href="/">다시 하기</a></p>
13  {% else %}
```

```
14        <p>
15        <form action="/game" method="POST">
16            - <input type="text" name="action"> <input type="SUBMIT">
17        </form>
18        </p>
19    {% endif %}
20
21
22    {% endblock %}
```

게임에서 돌아다닐 때 방을 보여주는 템플릿입니다. 다음으로는 지도의 막다른 길에 다다랐을 때 죽었다고 알려줄 방이 필요합니다. templates/you_died.html 템플릿입니다.

you_died.html

```
1    <h1>사망!</h1>
2
3    <p>당신은 고꾸라졌습니다.</p>
4    <p><a href="/">다시 하기</a></p>
```

모든 파일을 제자리에 두고 나면 이제 이런 일을 할 수 있겠네요.

1. 게임을 테스트할 수 있도록 tests/app_test.py 테스트가 다시 돌아가게 고치세요. 세션 때문에 클릭 몇 번 말고는 게임에서 할 수 있는 일이 없겠지만, 기초적인 테스트는 할 수 있어야 합니다.

2. app.py 스크립트를 실행하고 게임을 테스트하세요.

보통 때처럼 새로고침하며 게임을 고칠 수 있어야 합니다. 여러분이 하고 싶은 걸 다 할 때까지 게임 HTML과 엔진도 더 만들어보세요.

52.3 마지막 시험

한번에 엄청난 정보가 쏟아진 것처럼 느껴지나요? 좋아요. 여러분이 기술을 갈고 닦는 동안 만지작거릴 숙제가 있었으면 하거든요. 이번 장에서는 마지막 숙제 몇 개를 스스로 끝내보세요. 여러분이 만든 게임이 썩 잘 만들어지지는 않았다는 것을 알게 될 거에요. 첫 버전일 뿐이에요. 앞으로 다음 작업을 하면서 게임을 더 완전하게 만드세요.

1. 코드에서 말한 버그를 모두 고치고, 빠뜨린 나머지 버그도 모두 고치세요. 새 버그를 찾으면 제게 알려주세요.
2. 애플리케이션의 더 많은 부분을 테스트하도록 자동 테스트를 개선하고, 브라우저보다는 테스트를 이용해 점검해 가며 작업하세요.
3. HTML을 더 보기 좋게 만드세요.
4. 로그인(login)에 대해 연구하고 회원 체계를 만드세요. 사람들이 로그인하고 최고 점수를 기록할 수 있게요.
5. 게임 지도를 완성하고, 가능한 큼직하게 만들고, 방마다 기능을 만들어주세요.
6. 게임에서 방마다 무엇을 할 수 있는지 물어볼 수 있도록 사용자에게 '도움말'을 만들어주세요.
7. 여러분만의 기능을 생각해 내서 추가하세요.
8. 여러 '지도'를 만들어서 하고 싶은 게임을 사용자가 고르게 해주세요. 여러 게임을 지원할 수 있도록요. app.py 엔진에서 어떤 지도든 실행할 수 있어야 합니다.
9. 마지막으로 48장과 49장에서 배운 내용을 이용해 입력 처리를 개선하세요. 필요한 코드는 이미 대부분 있습니다. 문법을 개선하고 여러분의 입력 폼과 게임 엔진으로 이어 붙이기만 하면 됩니다.

행운을 빌어요!

52.4 자주 묻는 질문

Q. 게임에 세션을 쓰고 있는데 pytest로 테스트할 수가 없어요.

A. Flask 테스트 문서에서 "Other Testing Tricks"를 읽어보세요(*http://flask. pocoo.org/docs/0.12/testing/#other-testing-tricks*). 테스트에서 가짜 세션을 만들어 쓰는 방법을 소개하고 있습니다. 한국어로 검색해 보면 이전 버전의 문서이지만 한국어로 번역된 문서도 찾을 수 있습니다.

Q. 'ImportError'가 발생해요.

A. 틀린 디렉터리거나 틀린 파이썬 버전, pip install -e를 하지 않았거나 import를 오타낸 것 중 하나일 겁니다.

연습 53

다음 단계

여러분은 아직 프로그래머는 아닙니다. 저는 이 책이 여러분에게 '프로그래밍 검은 띠'를 주는 책이라고 여기고는 해요. 다른 프로그래밍 책을 보기에 충분할 만큼 알고, 괜찮게 다룰 수도 있다는 뜻입니다. 이 책이 많은 파이썬 책을 보고, 실제로 무언가를 배울 때 필요한 정신적인 능력과 태도를 길러 주었으면 합니다. 어쩌면 다른 책을 쉽게 읽을 수 있도록 해줄 수도 있고요.

이 프로젝트 가운데 몇 개를 조사해 보고 무언가 만들면서 활용해 보기를 권합니다.

- The Django Tutorial(*https://docs.djangoproject.com/en/2.0/intro/*)을 보고, 장고 웹 프레임워크(Django Web Framwork, *https://www.djangoproject.com*)로 웹 애플리케이션을 만들어보세요.
- SciPy(*http://www.scipy.org*)는 과학, 수학, 공학에서 유용합니다.
- PyGame(*http://www.pygame.org/*)으로 그래픽과 사운드가 있는 게임을 만들 수 있는지 해보세요.
- Pandas(*http://pandas.pydata.org*)는 데이터를 조작하고 분석하는 데 씁니다.
- Natural Language Tool Kit(*http://www.nltk.org*)으로는 작성된 글을 분석하고 스팸 필터나 채팅 봇을 만듭니다.
- Requests(*http://docs.python-requests.org/en/latest/index.html*)로 HTTP와 웹의 클라이언트 쪽을 배우세요.
- ScraPy(*http://scrapy.org*)로 웹사이트를 스크랩해 정보를 받아오세요.
- Kivy(*http://kivy.org*)로는 데스크톱이나 모바일 플랫폼에서 사용자 인터페이스를 만들 수 있어요.

• 『간간하게 배우는 C』(*http://c.learncodethehardway.org*)도 파이썬에 익숙해 진 다음 보세요. 천천히 해보세요. C는 파이썬과 다르지만, 배워두면 아주 좋습니다.

위 프로젝트 가운데 하나를 골라 튜토리얼과 문서를 따라 해보세요. 따라 하 는 동안 모든 코드를 직접 쓰고 돌아가도록 만드세요. 저를 비롯한 다른 모든 프로그래머도 그렇게 합니다. 프로그래밍 문서를 읽는 것만으로는 배우기에 충분하지 않아요. 해보아야 합니다. 프로젝트에 있는 튜토리얼과 다른 문서 를 따라 해보고 나면 코드를 짜세요. 뭐든 좋습니다. 다른 누군가가 이미 만 든 것이라도요. 그냥 뭐라도 만드세요.

아마도 여러분이 만든 코드는 형편없을 텐데, 그냥 받아들이세요. 그래도 괜찮습니다. 저도 모든 프로그래밍 언어를 처음 쓰기 시작할 때면 항상 형편 없었습니다. 초보일 때부터 흠잡을 데 없는 코드를 쓰는 사람은 아무도 없습 니다. 혹시 그랬다고 하는 사람은 엄청난 거짓말쟁이에요.

53.1 다른 프로그래밍 언어를 배우는 방법

나중에 배우고 싶어질 수 있는 많은 프로그래밍 언어를 배우는 방법을 가르 쳐 드릴게요. 이 책은 저나 다른 프로그래머들이 새 언어를 배우는 방법에 바 탕을 두고 구성했습니다. 저는 보통 다음과 같은 과정을 따라 합니다.

1. 언어에 대한 책이나 입문용 글을 찾습니다.
2. 책을 따라 하며 모든 코드를 쓰고 돌아가게 만듭니다.
3. 코드를 써가며 책을 읽고 메모합니다.
4. 다른 언어로는 친숙한 작은 프로그램 몇 개를 새로 배우는 언어로 구현해 봅니다.
5. 다른 사람이 해당 언어로 짠 코드를 읽고 그 패턴을 따라 해봅니다.

이 책에서는 여러분이 위 과정을 아주 천천히, 조금씩 나누어 따라 하도록 시 켰습니다. 다른 책은 이 같은 방식으로 구성되지 않았어요. 이 책에서 여러분 이 해야 하는 일을 추측해서 다른 책의 내용 구성에 적용해야 한다는 뜻이죠.

책을 훑어보고 모든 주요 코드 구간을 목록으로 만드는 게 가장 좋습니다. 책의 목차를 바탕으로 이 목록을 연습 목록으로 바꾸고 단순하게 한 번에 하나씩 순서대로 하도록 하세요.

이 과정은 읽을 책이 있는 새 기술에도 적용할 수 있습니다. 책이 없다면 온라인 문서나 소스 코드를 입문용으로 삼아 똑같이 할 수 있어요.

새 언어를 배울 때마다 여러분은 더 나은 프로그래머가 되고, 더 많이 배울 때마다 더 배우기 쉬워집니다. 세 번째나 네 번째 언어를 배울 때는 비슷한 언어를 일주일이면 익히고 낯선 언어라면 조금 더 걸리게 되겠죠. 여러분은 파이썬을 알기 때문에 루비와 자바스크립트는 상대적으로 아주 빠르게 배울 수 있어요. 그 이유는 단순하게도 많은 언어가 비슷한 개념을 공유하고, 한 언어에서 배운 개념은 다른 언어에서도 쓰이기 때문입니다.

새 언어를 배우면서 마지막으로 기억할 점은 '어리석은 관광객이 되지 말라.'입니다. 어리석은 관광객은 다른 나라에 가서는 음식이 집에서 먹던 음식과 같지 않다고 불평해요. "이 바보 같은 나라에서는 왜 그 좋은 햄버거를 먹을 수 없지!?" 새 언어를 배울 때는 그런 상황이 바보 같은 게 아니라 다르다고 여기고 배울 수 있도록 받아들이세요.

하지만 언어를 배운 다음에는 그 언어에서 문제를 다루는 방식의 노예가 되지 마세요. 때로는 어떤 프로그래밍 언어를 사용하면서, 아무 다른 이유 없이 "그게 바로 우리가 항상 사용하던 방법이야."라며 아주 멍청한 짓을 하는 몇몇 사람도 있습니다. 여러분의 방식을 더 좋아하고 다른 모두가 어떻게 하는지 안다면, 그리고 그게 문제를 개선한다면 망설이지 말고 규칙을 깨버리세요.

저는 개인적으로 새 언어 배우기가 정말로 즐겁습니다. 스스로를 '프로그래머 인류학자'라고 생각하고, 언어란 그 언어를 사용하는 프로그래머 무리에 대한 조그만 통찰이라고 여깁니다. 컴퓨터를 통해 서로와 이야기하는 데 쓰는 언어를 배우고 거기서 매력을 느껴요. 그리고 다시 한 번, 저는 이상한 사람 가운데 하나이기 때문에 그냥 배우고 싶어서 프로그래밍 언어를 배운답니다.

즐기세요! 이건 정말로 재미있는 거에요.

파이썬 프로그래밍의 세계에 첫 발을 디딘 한국어판 독자 여러분들께

지금까지는 여러분이 프로그래밍에 조금 더 집중할 수 있도록 코드를 한국어로 써 왔습니다. 하지만 책과는 달리 한국을 포함해 전 세계 어디에서나 대부분의 코드는 영어로 쓰이고 있습니다. 여러분이 프로그래밍에 익숙해졌다고 생각되면 영어로 된 진짜 코드에도 익숙해져 봅시다.

다음 주소에서 원서에 실린 코드를 볼 수 있습니다. 하고 싶은 만큼 영어로 다시 해보세요. 너무 쉬워서 지겨운 부분은 건너뛰어도 됩니다. 하지만 52장 전체를 건너뛰지는 마세요. 잊지 마세요. 복사-붙여넣기는 여전히 금지입니다.

https://github.com/zedshaw/learn-python3-thw-code

연습 54

오랜 프로그래머의 조언

여러분은 이 책을 끝냈고 프로그래밍을 계속 하기로 마음먹었습니다. 프로그래밍을 직업으로 삼을 수도 있고, 그냥 취미일 수도 있습니다. 바른 길을 걸어나가고 새로 선택한 취미를 최대한 즐기려면 약간의 조언이 필요할 것입니다.

저는 정말로 오랫동안 프로그래밍을 해왔습니다. 너무 오래해서 지겨울 정도에요. 이 글을 쓰는 지금, 저는 대략 20개의 프로그래밍 언어를 알고, 얼마나 생소하냐에 달렸지만 하루에서 일주일이면 새 언어를 배울 수 있습니다. 하지만 결국에는 이런 일이 지루해졌고, 더 이상 관심사가 아닙니다. 그렇다고 제가 프로그래밍을 지루해 한다거나 여러분도 그렇게 느끼게 될 거란 뜻이 아니라, 제 여정에서 지금은 그게 재미있지 않다는 것을 깨달았다는 의미입니다.

이 배움의 여정에서 깨달을 중요한 것은 언어가 아니라 언어로 무엇을 하느냐가 핵심이라는 점입니다. 사실은 항상 알고 있었지만 언어에 정신이 팔려 때때로 잊어버렸죠. 이제 더 이상은 잊어버리지 않고, 여러분도 역시 잊지 말아야 합니다.

여러분이 어떤 프로그래밍 언어를 배우고 쓰는지는 아무 상관이 없습니다.

프로그래밍 언어가 재미있는 일을 하기 위한 도구라는 참 목적을 가려버리는 언어 세계의 종교적 믿음에 빠지지 마세요.

지적 활동으로서의 프로그래밍은 상호작용이 가능한 예술 작품을 만들 수 있는 유일한 형태입니다. 여러분은 누군가 갖고 놀 수 있는 프로젝트를 만들 수 있고, 그들에게 간접적으로 말을 걸 수도 있어요. 다른 어떤 예술도 이만큼 상호작용할 수는 없습니다. 영화는 관중에게 일방적으로 전달될 뿐이고, 그림은 움직이지 않아요. 하지만 코드는 둘 다 가능합니다.

직업으로서 프로그래밍은 그럭저럭 재미있을 뿐입니다. 좋은 직업일 수 있지만 패스트푸드점을 차려 같은 돈을 벌며 더 행복해질 수 있습니다. 다른 직업에서 프로그래밍을 자신의 비밀 무기로 삼는 편이 프로그래머로 사는 것보다 훨씬 낫습니다.

기술 산업 세계에서 코드를 짤 수 있는 사람은 흔해빠진데다 존중 받지도 못합니다. 그러나 생물학, 의학, 정부, 사회학, 물리학, 역사학, 수학 세계에서 코드를 짤 수 있는 사람은 존중도 받고 그 분야의 진보를 일으키는 놀라운 일도 할 수 있습니다.

물론 이런 조언은 전부 할 필요도 없는 것들이죠. 이 책을 보며 프로그래밍 배우는 것을 좋아했다면, 할 수 있는 한 어떻게든 여러분의 인생을 더 낫게 하는 데 쓰도록 노력해야 합니다. 밖으로 나가 지난 50년 사이에는 거의 아무도 탐험할 수 없었던 이 이상하고 멋지고 새로운 지적 세계를 탐험하세요. 즐길 수 있는 동안은 즐기는 것도 좋고요.

마지막으로, 소프트웨어 만들기를 배우는 것은 여러분을 다른 사람으로 바꾼다고 말하고 싶습니다. 좋거나 나빠지는 게 아니라 그냥 다르게요. 소프트웨어를 만들 수 있다는 이유만으로 '괴짜(nerd)' 같은 말도 쓰며 여러분을 거칠게 대하는 사람들을 만날지도 모릅니다. 여러분이 그들의 논리를 난도질할 수 있기 때문에 그들이 여러분과 논쟁하기 싫어한다는 걸 알게 될 수도 있습니다. 심지어 그저 컴퓨터가 어떻게 동작하는지 아는 것만으로도 누군가에겐 짜증나고 이상한 사람이 된다는 것을 발견할 수도 있습니다.

여기에서 제 조언은 한 가지입니다. 그들에게 지옥에나 가라고 하는 것이죠. 세상에는 사물의 동작 원리를 알고 있고, 또 모조리 알아내고 싶어하는 '이상한' 사람들이 더 필요합니다. 다른 사람이 여러분을 그렇게 대한다면, 그저 여러분의 여행은 그들의 여행이 아니라는 것만 기억하세요. 서로 다른 것은 죄가 아닙니다. 그들이 그렇게 말하는 것은 자신들은 그저 헛된 망상에서조차 생각할 수 없는 기술을 여러분이 가진 것이 샘나는 것뿐입니다.

여러분은 코드를 짤 수 있습니다. 그 사람들은 못해요. 이건 정말 끝내주게 멋진 겁니다.[1]

---

1 이 장의 번역은 블로그 '메아리 저널'의 「오랜 프로그래머로부터의 조언」(*http://j.mearie.org/post/6038530297*)을 참고했습니다.

부록
——

명령줄 완전 정복

소개 : 불평하지 말고 셸을 해보세요

이 부록은 컴퓨터로 작업을 할 때 쓰는 명령줄(Command Line)에 대한 집중 훈련입니다. 부록에서는 제가 쓴 다른 책과 달리 자세히 설명하거나 많은 내용을 다루지 않습니다. 컴퓨터를 겨우 진짜 프로그래머처럼 쓰기 시작할 정도로만 다루었어요. 이 부록을 마치고 나면 셸 사용자가 매일 쓰는 기본 명령은 모두 다룰 수 있습니다. 또한 디렉터리에 대한 기초와 몇몇 다른 개념도 배웁니다.

　여러분에게 할 유일한 조언입니다.

　"불평하지 말고 그냥 모두 다 해보세요."

　무례하게 굴어서 미안해요. 그래도 이렇게 해야만 합니다. 명령줄에 대해 비이성적인 공포를 느낀다면 불평하는 대신 맞서 싸우는 것만이 정복할 수 있는 방법입니다.

　여러분의 컴퓨터는 망가지지 않습니다. 마이크로소프트 레드먼드 캠퍼스 밑바닥의 감옥으로 내던져지지도 않아요. 괴짜가 된다고 친구들이 비웃지도 않을 거에요. 명령줄이 두렵다고 느끼는 온갖 어리석고 이상한 이유는 그냥 무시하세요.

　왜냐고요? 코드 짜는 법을 배우려면 실행할 줄 알아야죠. 프로그래밍 언어는 언어로 컴퓨터를 다루는 고급 기술입니다. 명령줄은 프로그래밍 언어의 어린 동생과 같아요. 명령줄을 배우면 언어로 컴퓨터를 다루는 법도 배웁니다. 명령줄을 마치고 나면 코딩을 시작할 수 있고, 방금 산 기계 뭉치도 진짜 내 것처럼 느껴집니다.

부록 사용법

이 부록을 가장 잘 활용하는 방법을 소개합니다.

- 작은 공책과 펜을 준비합니다.
- 처음부터 시작해 장마다 정확히 시키는 대로 합니다.
- 이상해 보이거나 이해가 안 되는 부분이 있으면 공책에 적습니다. 답을 쓸 공간을 조금 비워두세요.
- 한 장을 마칠 때마다 공책으로 돌아가 문제를 다시 봅니다. 인터넷에서 검 색하거나 답을 알 만한 친구에게 물어보세요. help@learncodethehardway. org로 이메일을 보내면 저도 도와드리겠습니다.(영어)

이 과정만 계속 반복하세요. 궁금한 점이 있으면 써두고, 나중에 되돌아와서 답할 수 있는 문제에 답해보세요. 이렇게 할 때마다 명령줄에 대해 생각보다 훨씬 더 많이 알게 됩니다.

내용을 암기하세요

여러분이 내용을 똑바로 기억하도록 경고 한마디를 하며 시작하겠습니다. 괴 로워하는 사람도 있지만, 암기는 무언가에 익숙해지는 가장 빠른 방법입니 다. 맞서 싸우고 어쨌든 해내세요. 암기는 학습에서 중요한 기술이므로 두려 움을 극복해야 합니다.

암기하는 방법을 소개합니다.

- 그냥 열심히 하겠다고 다짐하세요. 특별한 비법이나 쉬운 방법을 찾지 말 고 앉아서 외우세요.
- 암기 카드에 외우고 싶은 내용을 쓰세요. 배울 내용 절반은 앞면에 쓰고 나 머지 절반은 뒷면에 쓰세요.
- 매일 15~30분 동안 암기 카드를 보고 연습하세요. 그리고 하나씩 기억해

보세요. 맞추지 못한 카드만 따로 모으세요. 모은 카드로 지겨워질 때까지 연습하세요. 다시 모든 카드로 점검해 보고 더 나아졌나 확인하세요.

- 자기 전에 5분 정도 틀린 카드만 공부하세요.

다른 기법으로는 공부할 내용을 백지에 쓰고 화장실 벽에 붙이는 방법도 있습니다. 목욕하는 동안 보지 않으면서 생각해 보고, 막히면 훑어보며 기억을 상기하세요.

매일 한다면 한 주에서 한 달이면 배우는 내용 대부분을 외울 수 있습니다.

한번 외우고 나면 다른 모든 것도 직관적으로 쉽게 알게 되죠. 그게 바로 암기의 목적입니다. 추상적인 개념을 가르치는 대신 기초를 터득해서 직관적으로 깨달으면 생각할 필요가 없습니다. 기초를 암기하고 나면 더 어려운 추상적인 개념을 배울 때 속도가 빨라집니다.

01 설정

부록은 세 단계로 진행하겠습니다.

- 셸(명령줄, 터미널, 파워셸)에서 연습해 봅니다.
- 무슨 연습을 했는지 배웁니다.
- 스스로 더 해봅니다.

먼저 뒤의 내용을 계속 진행할 수 있으려면 터미널을 열고 실행시킬 수 있어야 합니다.

할 일

멀쩡한지 확인하고 바르게 접근할 수 있도록 준비합니다.

맥OS

맥OS에서는 다음과 같이 하세요.

- command 키(⌘)를 누른 상태에서 스페이스를 누르세요.

- '검색 막대'가 뜹니다.
- '터미널' 또는 'terminal'이라고 입력합니다.
- 검은 상자처럼 생긴 터미널 애플리케이션을 누릅니다.
- 터미널이 열립니다.
- Dock에서 Ctrl키를 누른 채 클릭해서 메뉴를 연 다음 [옵션]-[Dock에 유지] 를 선택합니다.

이제 터미널이 열렸고 Dock에서도 쓸 수 있습니다.

리눅스

리눅스를 쓴다면 터미널 켜는 법은 안다고 생각하겠습니다. 창 관리자 메뉴 에서 '셸'이나 '터미널'이라는 이름을 찾아보세요.

윈도우

윈도우에서는 파워셸을 쓰겠습니다. 보통은 cmd.exe라는 프로그램을 쓰는 데, 이건 파워셸만큼 쓸 만하지 않습니다. 윈도우7 이상 버전을 쓰고 있다면 다음과 같이 하세요.

- 시작을 누르세요.
- '프로그램 및 파일 찾기'에서 powershell이라고 검색하세요.
- 엔터 키를 누르세요.

윈도우7 이전 버전이라면 업그레이드를 진지하게 고려하세요. 그래도 업그 레이드하기 싫다면 마이크로소프트 다운로드 센터에서 설치할 수 있습니다. 인터넷에서 'powershell 다운로드'라고 검색해서 여러분의 윈도우 버전에 맞 는 파워셸을 찾아보세요. 저는 윈도우 XP를 갖고 있지 않아서 도와드릴 수는 없지만, 파워셸 실행법은 비슷할 겁니다.

배운 내용

나머지 내용을 계속 진행할 수 있도록 터미널 여는 법을 배웠습니다.

리눅스를 이미 알고 있는 진짜로 똑똑한 친구가 있더라도 Bash 대신 다른 셸을 쓰라는 말은 무시하세요. 저는 Bash를 가르칠 겁니다. 친구는 zsh를 쓰면 IQ가 30은 높아지고 주식으로 1억은 벌 거라고 하겠죠. 하지만 무시하세요. 지금 수준에서의 목표는 쓸 만큼만 아는 것이고, 셸 종류는 상관없습니다. 그리고 IRC든 다른 곳이든 '해커'가 나타나는 데는 가지 마세요. 컴퓨터를 망가뜨릴 만한 명령을 알려주면서 재미있어 하는 사람들이 있습니다. rm -rf /는 고전적으로 절대 입력하지 말아야 할 명령입니다. 그냥 피하세요. 도움이 필요하면 인터넷에 있는 멍청이 대신 믿을 수 있는 사람을 찾으세요.

더 해보기

이번 '더 해보기'는 내용이 아주 많습니다. 다른 장에서는 이 정도는 아니지만, 조금 암기를 해서 뒤 내용을 진행할 만큼 머리를 예열해봅시다. 믿으세요.

이대로 하면 앞으로 할 일도 비단결처럼 부드럽게 넘어갈 수 있습니다.

리눅스/맥OS

여기 있는 명령으로 암기 카드를 만들어서 왼쪽에 있는 이름을 앞면에 쓰고 오른쪽에 있는 설명을 뒷면에 씁시다. 부록을 배우는 동안 매일 공부하세요.

- pwd: 작업 디렉터리 출력(print working directory)
- hostname: 내 컴퓨터의 네트워크 주소
- mkdir: 디렉터리 만들기(make directory)
- cd: 디렉터리 바꾸기(change directory)
- ls: 디렉터리 내용 보기(list directory)
- rmdir: 디렉터리 지우기(remove directory)
- pushd: 디렉터리 쌓기(push directory)
- popd: 디렉터리 빼기(pop directory)
- cp: 파일이나 디렉터리 복사하기(copy)
- mv: 파일이나 디렉터리 옮기기(move)
- less: 파일을 페이지 단위로 보기
- cat: 파일 전체 출력하기
- xargs: 실행인자 실행하기

- find: 파일 찾기

- grep: 파일 내용 찾기

- man: 설명 문서(manual) 읽기

- apropos: 알맞은 설명 문서 찾기

- env: 환경(environment) 살펴보기

- echo: 실행 인자 출력하기

- export: 새 환경 변수 내보내기(export)/설정하기

- exit: 셸에서 나가기(exit)

- sudo: 관리자 계정(super user)으로 변경하기(위험!)

윈도우

윈도우에서 쓸 수 있는 명령 목록입니다.

- pwd: 작업 디렉터리 출력(print working directory)

- hostname: 내 컴퓨터의 네트워크 주소

- mkdir: 디렉터리 만들기(make directory)

- cd: 디렉터리 바꾸기(change directory)

- ls: 디렉터리 내용 보기(list directory)

- rmdir: 디렉터리 지우기(remove directory)

- pushd: 디렉터리 쌓기(push directory)

- popd: 디렉터리 빼기(pop directory)

- cp: 파일이나 디렉터리 복사하기(copy)

- mv: 파일이나 디렉터리 옮기기(move)

- less: 파일을 페이지 단위로 보기

- robocopy: 안전한 복사(robust copy)

- mv: 파일이나 디렉터리 옮기기(move)

- more: 파일을 페이지 단위로 보기

- type: 파일 전체 출력하기

- forfiles: 많은 파일(file)에서 명령 실행하기

- dir -r: 파일 찾기
- select-string: 파일 내용 찾기
- help: 설명 문서 읽기
- helpctr: 알맞는 설명 문서 찾기
- echo: 실행 인자 출력하기
- set: 새 환경 변수 내보내기/설정하기(set)
- exit: 셸에서 나가기(exit)
- runas: 관리자 계정(super user)으로 변경하기(위험!)

연습하고, 연습하고, 연습하세요! 명령어만 보면 무엇인지 설명할 수 있을 때까지 연습하세요. 그 다음에는 설명만 보면 어떤 명령을 써야 할지 알 수 있게 반대로 연습하세요. 어휘력을 쌓아 나가는 과정입니다. 하지만 지겨워질 만큼 너무 많이 하지는 마세요.

02 경로, 폴더, 디렉터리(pwd)

이번에는 pwd 명령으로 작업 중인 디렉터리를 출력하는 방법을 배웁시다.

할 일

앞으로 보게 될 '세션' 읽는 법을 가르쳐 드릴게요. 책에 나오는 내용을 따라 쓸 필요는 없습니다. 그 중 일부만 직접 써 보면 돼요.

- 맨 앞에 $(유닉스)나 >(윈도우)가 없으면 입력하는 내용이 아닙니다. 여러 분이 확인할 수 있도록 실행 결과를 보여드리는 부분입니다.
- $나 >가 있으면 그 다음 내용을 입력한 다음 엔터 키를 누릅니다. $ pwd라 고 쓴다면 pwd라고만 쓰고 엔터 키를 누르는 것이죠.
- 그럼 다른 $나 >가 따라 나오는 출력 결과를 볼 수 있습니다. 그 내용이 출 력이고 똑같은 내용이 나와야 합니다.

이해를 돕기 위해 간단한 명령을 입력해봅시다.

Exercise 2 Session

```
$ pwd
/Users/zedshaw
$
```

Exercise 2 Windows Session

```
PS C:\Users\zed> pwd
Path
————
C:\Users\zed
PS C:\Users\zed>
```

 공간을 절약해야 하기 때문에 중요한 세부 사항에만 집중할 수 있어야 합니다. 앞으로는 프롬프트의 첫 부분(위에서 PS C:\Users\zed 부분)은 떼고 > 부분만 남겨 두겠습니다. 여러분의 프롬프트가 책과 다르게 보일 텐데, 그래도 걱정하지 마세요.
지금부터는 프롬프트라는 뜻으로 >만 쓰겠다는 점만 기억해두세요.
유닉스 프롬프트에서도 똑같이 하겠습니다. 하지만 유닉스 프롬프트는 너무 다양하기 때문에 대부분은 $를 그냥 '프롬프트'로 받아들입니다.

배운 내용

여러분의 프롬프트는 책의 세션과는 다르게 보일 것입니다. $ 앞에 사용자 이름이나 컴퓨터 이름이 붙어 있을 수 있습니다. 윈도우에서도 다르게 보일 수 있습니다. 핵심은 다음과 같은 패턴이 있다는 점입니다.

- 프롬프트라는 것이 있다.
- 프롬프트에서는 명령을 입력한다. 이번에는 pwd이다.
- 명령을 하면 출력을 한다.
- 반복한다.

지금 막 pwd가 무슨 일을 하는지 배웠습니다. '현재 디렉터리 출력(print working directory)'이에요. 디렉터리는 무엇인가요? 폴더입니다. 폴더와 디렉터리는 같습니다. 서로 바꿔 쓸 수 있는 말이에요. 그래픽 사용자 인터페이스(GUI)로 파일 브라우저를 열어 보고 있다면, 현재 폴더를 보는 중인 것입니다. 그 폴더가 바로 지금 다루는 '디렉터리'입니다.

더 해보기

- pwd라고 20번 치면서 매번 '작업 디렉터리 출력'이라고 말하세요.
- 출력되는 경로를 쓰세요. 그래픽 파일 브라우저에서 그 디렉터리를 찾아 보세요.
- 명령어를 치면서 크게 소리 내어 진지하게 '작업 디렉터리 출력'이라고 말 하세요.

03 길을 잃었을 때

따라 하다 보면 지금 어디 있는지 모를 때도 있습니다. 내가 어디 있는지, 파 일이 어디 있는지도 모르고 어떻게 계속 해야 할지 모를 수 있어요. 이 문제 를 해결하도록 길을 찾는 명령을 알려드리겠습니다.

어디인지 모를 때는 보통 명령을 입력하다 어디까지 했나 잊어버렸기 때문 입니다. 그럴 땐 pwd를 입력해서 현재 디렉터리를 출력하면 됩니다. 그럼 어 디 있는지 알 수 있습니다.

다음으로는 안전한 홈 디렉터리로 돌아갈 수 있어야 합니다. cd ~라고 입 력하면 홈 디렉터리로 돌아갈 수 있습니다.

언제든 어디인지 모르겠으면 다음과 같이 하면 됩니다.

```
pwd
cd ~
```

첫 명령 pwd는 현재 어디 있는지를 알려줍니다. 두 번째 명령 cd ~는 홈 디렉 터리로 이동해 다시 할 수 있게 합니다.

할 일

pwd와 cd ~를 이용해 현재 위치를 알아내고 홈 디렉터리로 가보세요. 이제 항 상 올바른 곳으로 갈 수 있습니다.

배운 내용

어딘지 모르겠을 때 홈 디렉터리로 돌아가는 방법

04 디렉터리 만들기(mkdir)

mkdir 명령으로 새 디렉터리(directory, 폴더) 만드는(make) 법을 배웁시다.

할 일

잊지 마세요! 먼저 홈 디렉터리로 가야 합니다! 시작하기 전에 먼저 pwd를 입력하고 cd ~부터 하세요. 부록에 있는 모든 연습은 반드시 홈 디렉터리로 가서 하세요!

Exercise 4 Session

```
$ pwd
$ cd ~
$ mkdir temp
$ mkdir temp/stuff
$ mkdir temp/stuff/things
$ mkdir -p temp/stuff/things/orange/apple/pear/grape
$
```

Exercise 4 Windows Session

```
> pwd
> cd ~
> mkdir temp

    Directory: C:\Users\zed

Mode              LastWriteTime      Length Name
----              -------------      ------ ----
d----        12/17/2011   9:02 AM           temp

> mkdir temp/stuff

    Directory: C:\Users\zed\temp

Mode              LastWriteTime      Length Name
----              -------------      ------ ----
d----        12/17/2011   9:02 AM           stuff

> mkdir temp/stuff/things

    Directory: C:\Users\zed\temp\stuff

Mode              LastWriteTime      Length Name
----              -------------      ------ ----
```

```
d----        12/17/2011   9:03 AM                things

> mkdir temp/stuff/things/orange/apple/pear/grape

    Directory: C:\Users\zed\temp\stuff\things\orange\apple\pear

Mode              LastWriteTime      Length Name
----              -------------      ------ ----
d----        12/17/2011   9:03 AM                grape

>
```

이번 예제만 pwd와 cd ~ 명령을 썼습니다. 이 명령은 장마다 언제나 해야 한다고 가정합니다. 항상 하세요.

배운 내용

이번에는 명령을 여러 줄 써보았습니다. 각각의 줄은 mkdir을 실행하는 다양한 방법입니다. mkdir은 무엇을 하나요? 디렉터리를 만듭니다. 왜 물어 보았을까요? 암기 카드를 써서 이미 외웠어야 하는 명령이기 때문입니다. "mkdir은 디렉터리를 만듭니다."를 아직 모른다면 더 암기하세요.

디렉터리를 만든다는 건 무슨 뜻인가요? 디렉터리는 '폴더'라고 부를 수도 있습니다. 같은 거에요. 앞에서 한 일은 전부 디렉터리 안의 디렉터리 안에 더 많은 디렉터리를 만든 것입니다. 경로(path)'라고 부르는데, "먼저 temp, 다음엔 stuff, 다음엔 things, 이제 내가 원하는 자리네."라고 전달하는 방법이에요. 경로는 항목을 넣고 싶은 폴더(디렉터리)의 트리에 있는 위치를 가리킬 때 컴퓨터에서 쓰는 방향의 집합으로, 컴퓨터에서 하드 디스크를 구성합니다.

 부록에서 모든 경로는 /(슬래시) 문자를 이용해 나타내고 있습니다. 이 문자를 쓰면 모든 컴퓨터에서 똑같이 돌아가기 때문이죠. 하지만 윈도우 사용자는 \(역슬래시) 문자도 쓸 수 있습니다. 일반적인 윈도우 사용자는 역슬래시를 쓴다는 점도 알아 둘 필요가 있습니다.

더 해보기

· '경로'의 개념은 아직 헷갈릴 수도 있습니다. 걱정하지 마세요. 앞으로 훨

씬 더 많이 쓸 거고, 그럼 이해하게 됩니다.

- temp 디렉터리 안에서 다양한 수준으로 디렉터리를 20개 더 만들어보세요. 폴더 탐색기로도 살펴보세요.

- 주위에 따옴표를 둘러 이름에 공백이 들어간 디렉터리도 만들어보세요. mkdir "재미있는 디렉터리"처럼요.

- temp 디렉터리가 이미 있다면 오류가 납니다. cd를 이용해 명령이 통하는 작업 디렉터리로 옮기고 해당 위치에서 해보세요. 윈도우 바탕 화면도 좋은 위치입니다.

05 디렉터리 바꾸기(cd)

이번에는 한 디렉터리에서 다른 디렉터리(directory)로 cd 명령을 써서 바꿔 가는(change) 법을 배웁니다.

할 일

이번 항목을 위해 한 번 더 같은 설명을 하겠습니다.

- $(유닉스)나 >(윈도우)가 없으면 입력하지 않습니다. 여러분이 볼 수 있도록 결과를 보여드리는 것입니다.

- $나 >가 있으면 그 다음 내용을 입력한 다음 엔터 키를 누릅니다. $ pwd라고 쓰여 있다면 pwd라고만 쓰고 엔터키를 누르세요.

- 그럼 다른 $나 >가 따라 나오는 출력 결과를 볼 수 있습니다. 그 내용이 출력이고 똑같은 내용이 나와야 합니다.

- 항상 홈 디렉터리로 먼저 가세요! 시작 지점으로 돌아갈 수 있도록 pwd하고 cd ~을 입력하세요.

Exercise 5 Session

```
$ cd temp
$ pwd
~/temp
$ cd stuff
$ pwd
```

```
~/temp/stuff
$ cd things
$ pwd
~/temp/stuff/things
$ cd orange/
$ pwd
~/temp/stuff/things/orange
$ cd apple/
$ pwd
~/temp/stuff/things/orange/apple
$ cd pear/
$ pwd
~/temp/stuff/things/orange/apple/pear
$ cd grape/
$ pwd
~/temp/stuff/things/orange/apple/pear/prape
$ cd ..
$ cd ..
$ pwd
~/temp/stuff/things/orange/apple
$ cd ..
$ cd ..
$ pwd
~/temp/stuff/things
$ cd ../../..
$ pwd
~/
$ cd temp/stuff/things/orange/apple/pear/prape
$ pwd
~/temp/stuff/things/orange/apple/pear/prape
$ cd ../../../../../../../
$ pwd
~/
$
```

Exercise 5 Windows Session

```
> cd temp
> pwd

Path
----

C:\Users\zed\temp
> cd stuff
> pwd

Path
----

C:\Users\zed\temp\stuff
> cd things
```

```
> pwd

Path
────
C:\Users\zed\temp\stuff\things
> cd orange
> pwd

Path
────
C:\Users\zed\temp\stuff\things\orange
> cd apple
> pwd

Path
────
C:\Users\zed\temp\stuff\things\orange\apple
> cd pear
> pwd

Path
────
C:\Users\zed\temp\stuff\things\orange\apple\pear
> cd grape
> pwd

Path
────
C:\Users\zed\temp\stuff\things\orange\apple\pear\grape
> cd ..
> cd ..
> cd ..
> pwd

Path
────
C:\Users\zed\temp\stuff\things\orange
> cd ../..
> pwd

Path
────
C:\Users\zed\temp\stuff
> cd ..
> cd ..
> cd temp/stuff/things/orange/apple/pear/grape
> cd ../../../../../../
> pwd
```

```
Path
————
C:\Users\zed
>
```

배운 내용

이 디렉터리는 모두 지난 장에서 만들었습니다. 이제는 그 안에서 cd 명령으로 여기저기 돌아다니고 있죠. 앞의 세션에서는 어디 있는지 확인하려고 pwd도 썼습니다. 그러니까 pwd 명령의 출력은 따라서 입력하지 말아야 한다는 점을 잊지 마세요. 예를 들어 3행에는 ~/temp가 보이지만 이 내용은 그 위 프롬프트의 pwd 명령의 출력 결과입니다. 입력하지 마세요.

경로 트리 '위로' 갈 때는 어떻게 했는지도 봐두어야 합니다. '..'를 썼어요.

더 해보기

그래픽 사용자 인터페이스(Graphical User Interface, GUI)와 명령줄 인터페이스(Command Line Interface, CLI)를 함께 쓰는 법을 배울 때 가장 중요한 부분은 어떻게 함께 동작하는지 알아내는 것입니다. 제가 컴퓨터를 처음 쓸 때는 'GUI'라는 게 없었고 DOS(바로 CLI) 프롬프트로 뭐든 해야 했습니다. 나중에 컴퓨터가 충분히 강력해지고 나서야 그래픽이란 것을 쓸 수 있었죠. 그래서 저는 CLI 디렉터리와 GUI 창과 폴더를 연결해 이해할 수 있었습니다.

하지만 오늘날 대부분의 사람들은 CLI, 경로, 디렉터리에 대해 모릅니다. 사실 그런 것을 가르치기도 어렵죠. 그 관계를 배우는 유일한 방법은 어느 날 갑자기 GUI에서 하던 일이 CLI에도 보이는 순간이 올 때까지 꾸준히 CLI로 작업하는 것뿐입니다.

시간을 들여서 GUI 파일 브라우저로 디렉터리를 찾아보고, CLI로 찾아보다 보면 됩니다. 다음 연습도 해보세요.

- 명령 한번으로 apple 디렉터리로 cd해보세요.
- 명령 한번으로 temp로 돌아가보세요. 그 이상으로 올라가진 마세요.
- '홈 디렉터리'로 명령 한 번에 cd하는 법을 찾아보세요.
- 문서 디렉터리로 cd해 GUI 파일 브라우저로 찾아보세요(Finder, 윈도우

탐색기 등).

• 내려받기 디렉터리로 cd하고 파일 브라우저로 열어보세요.

• 파일 브라우저로 다른 디렉터리를 찾아 그곳까지 cd해보세요.

• 공백이 들어간 디렉터리 주위에는 따옴표를 찍었죠? 다른 명령을 쓸 때도 똑같이 할 수 있습니다. 예를 들어 재미있는 디렉터리라는 디렉터리가 있다면 cd "**재미있는 디렉터리**" 같이 쓸 수 있습니다.

06 디렉터리 내용 보기(ls)

이번에는 ls 명령으로 디렉터리(directory) 내용을 나열하는(list) 법을 배웁니다.

할 일

시작하기 전에 cd를 해서 temp 위의 디렉터리로 돌아가세요. 어디 있는지 모르겠으면 pwd를 써서 알아내고 이동하세요.

Exercise 6 Session

```
$ cd temp
$ ls
stuff
$ cd stuff
$ ls
things
$ cd things
$ ls
orange
$ cd orange
$ ls
apple
$ cd apple
$ ls
pear
$ cd pear
$ ls
$ cd grape
$ ls
$ cd ..
$ ls
grape
```

```
$ cd ../../../
$ ls
orange
$ cd ../../
$ ls
stuff
$
```

Exercise 6 Windows Session

```
> cd temp
> ls
```

    Directory: C:\Users\zed\temp

Mode	LastWriteTime		Length	Name
d----	12/17/2011	9:03 AM		stuff

```
> cd stuff
> ls
```

    Directory: C:\Users\zed\temp\stuff

Mode	LastWriteTime		Length	Name
d----	12/17/2011	9:03 AM		things

```
> cd things
> ls
```

    Directory: C:\Users\zed\temp\stuff\things

Mode	LastWriteTime		Length	Name
d----	12/17/2011	9:03 AM		orange

```
> cd orange
> ls
```

    Directory: C:\Users\zed\temp\stuff\things\orange

Mode	LastWriteTime		Length	Name
d----	12/17/2011	9:03 AM		apple

```
> cd apple
> ls
```

Directory: C:\Users\zed\temp\stuff\things\orange\apple

Mode	LastWriteTime		Length	Name
d----	12/17/2011	9:03 AM		pear

```
> cd pear
> ls
```

Directory: C:\Users\zed\temp\stuff\things\orange \apple\pear

Mode	LastWriteTime		Length	Name
d----	12/17/2011	9:03 AM		grape

```
> cd grape
> ls
> cd ..
> ls
```

Directory: C:\Users\zed\temp\stuff\things\orange\apple\pear

Mode	LastWriteTime		Length	Name
d----	12/17/2011	9:03 AM		grape

```
> cd ..
> ls
```

Directory: C:\Users\zed\temp\stuff\things\orange\apple

Mode	LastWriteTime		Length	Name
d----	12/17/2011	9:03 AM		pear

```
> cd ../../..
> ls
```

Directory: C:\Users\zed\temp\stuff

Mode	LastWriteTime		Length	Name
d----	12/17/2011	9:03 AM		things

```
> cd ..
> ls
```

Directory: C:\Users\zed\temp

Mode	LastWriteTime	Length Name
d----	12/17/2011 9:03 AM	stuff

```
>
```

배운 내용

ls 명령은 현재 디렉터리의 내용을 보여줍니다. 예제에서 보듯 다른 디렉터리로 cd를 사용해 이동해서 ls를 하면 어디로 이동할지 알 수 있도록 안에 든 내용을 보여줍니다.

ls 명령에는 많은 옵션이 있지만, 다른 옵션은 도움말 명령을 배운 뒤에 찾는 법을 배우겠습니다.

더 해보기

- 명령을 모두 실행해보세요! 배우려면 진짜로 해봐야만 합니다. 그냥 읽는 것만으로는 충분하지 않아요. 이제 그만 소리 지를게요.
- 유닉스라면 temp 디렉터리 안에서 ls -lR 명령을 해보세요.
- 윈도우에서는 dir -R로 똑같이 할 수 있습니다.
- cd를 이용해 다른 디렉터리로 이동하고 ls로 무엇이 들었나 보세요.
- 공책에 새로운 질문거리를 쓰세요. 이 명령에 대해 완전히 설명하지 않았기 때문에 몇 개 정도는 있으리라 생각합니다.
- 어디인지 모르겠다면 ls와 pwd로 어디 있는지 알아내고 cd로 이동하세요.

07 디렉터리 지우기(rmdir)

이번 장에서는 빈 디렉터리(directory)를 지우는(remove) 법을 배웁시다.

할 일

Exercise 7 Session

```
$ cd temp
$ ls
stuff
```

```
$ cd stuff/things/orange/apple/pear/prape/
$ cd ..
$ rmdir grape
$ cd ..
$ rmdir pear
$ cd ..
$ ls
apple
$ rmdir apple
$ cd ..
$ ls
orange
$ rmdir orange
$ cd ..
$ ls
things
$ rmdir things
$ cd ..
$ ls
stuff
$ rmdir stuff
$ pwd
~/temp
$
```

 맥OS에서 rmdir을 하면 디렉터리가 비어 있는 것처럼 보이는데도 삭제할 수 없는 경우가 있는데, 실제로는 .DS_Store라는 파일이 있기 때문입니다. 그런 경우 rm -rf <디렉터리>로 바꿔 써 보세요(<디렉터리>는 디렉터리 이름입니다).

Exercise 7 Windows Session

```
> cd temp
> ls


    Directory: C:\Users\zed\temp

Mode                LastWriteTime     Length Name
----                -------------     ------ ----
d----        12/17/2011   9:03 AM            stuff

> cd stuff/things/orange/apple/pear/grape/
> cd ..
> rmdir grape
> cd ..
> rmdir pear
> cd ..
> rmdir apple
```

```
> cd ..
> rmdir orange
> cd ..
> ls

    Directory: C:\Users\zed\temp\stuff

Mode                LastWriteTime     Length Name
----                -------------     ------ ----
d----      12/17/2011    9:14 AM             things

> rmdir things
> cd ..
> ls

    Directory: C:\Users\zed\temp

Mode                LastWriteTime     Length Name
----                -------------     ------ ----
d----      12/17/2011    9:14 AM             stuff

> rmdir stuff
> pwd

Path
----
C:\Users\zed\temp

> cd ..
>
```

배운 내용

이제 명령을 섞어 쓰고 있습니다. 반드시 정확히 입력하고 집중하세요. 모든 실수는 충분히 집중하지 않았기 때문입니다. 실수를 많이 하고 있다면 잠시 쉬거나 오늘은 그만하세요. 내일 다시 할 수 있습니다.

이번 예제에서는 디렉터리를 지우는 법을 배웁니다. 쉬워요. 맞는 디렉터리 위로 가서 rmdir <디렉터리>라고 입력합니다. <디렉터리>는 지울 디렉터리 이름으로 바꿔서 입력하세요.

더 해보기

• 디렉터리를 20개 더 만들고 지워보세요.

- 한 디렉터리 주소가 10번 이상 들어가는 깊이가 되도록 만들었다가 앞에서 한 것처럼 한 번에 하나씩 지워보세요.
- 내용이 있는 디렉터리를 지우려면 오류가 생깁니다. 이런 디렉터리를 지우는 법은 나중에 보여드릴게요.

08 이동하기(pushd, popd)

이번 장에서는 pushd를 이용해 현재 위치를 저장하고 다른 디렉터리로 이동하는 법을 배웁니다. 다음에는 popd로 저장한 위치로 돌아오는 법을 배웁니다.

할 일

Exercise 8 Session

```
$ cd temp
$ mkdir -p i/like/icecream
$ pushd i/like/icecream
~/temp/i/like/icecream ~/temp
$ popd
~/temp
$ pwd
~/temp
$ pushd i/like
~/temp/i/like ~/temp
$ pwd
~/temp/i/like
$ pushd icecream
~/temp/i/like/icecream ~/temp/i/like ~/temp
$ pwd
~/temp/i/like/icecream
$ popd
~/temp/i/like ~/temp
$ pwd
~/temp/i/like
$ popd
~/temp
$ pushd i/like/icecream
~/temp/i/like/icecream ~/temp
$ pushd
~/temp ~/temp/i/like/icecream
$ pwd
```

```
~/temp
$ pushd
~/temp/i/like/icecream ~/temp
$ pwd
~/temp/i/like/icecream
$
```

Exercise 8 Windows Session

```
> cd temp
> mkdir -p i/like/icecream
```

    Directory: C:\Users\zed\temp\i\like

```
Mode              LastWriteTime      Length Name
----              -------------      ------ ----
d----        12/20/2011  11:05 AM           icecream

> pushd i/like/icecream
> popd
> pwd

Path
----
C:\Users\zed\temp

> pushd i/like
> pwd

Path
----
C:\Users\zed\temp\i\like

> pushd icecream
> pwd

Path
----
C:\Users\zed\temp\i\like\icecream

> popd
> pwd

Path
----
C:\Users\zed\temp\i\like

> popd
>
```

배운 내용

이 명령을 쓰면서 여러분은 프로그래머의 영역에 발을 들이게 됩니다. 아주 간편하기 때문에 가르쳐 드릴 수밖에 없죠. 임시로 다른 디렉터리로 갔다가 돌아올 수 있고, 쉽게 두 디렉터리 사이를 오갈 수 있는 명령입니다.

pushd 명령은 현재 디렉터리를 가져와서 나중에 쓸 수 있도록 목록에 '밀어넣고(push)' 다른 디렉터리로 이동합니다. "지금 위치를 기억해 두고 이동해." 같은 명령이에요.

popd 명령은 마지막으로 밀어넣은 디렉터리를 받아 와 목록에서 '빼내고(pop)' 그 자리로 돌려보냅니다.

마지막으로 유닉스 pushd는 실행인자(argument) 없이 실행한다면 현재 디렉터리와 마지막으로 밀어 넣은 디렉터리 사이를 오갑니다. 두 디렉터리 사이를 오가는 쉬운 방법이죠. 파워셸에서는 안 됩니다.

더 해보기

- 이 명령으로 컴퓨터에 있는 디렉터리 여기저기를 돌아다녀보세요.
- i/like/icecream 디렉터리는 지우고 직접 디렉터리를 만들어 그 사이를 돌아다녀보세요.
- pushd와 popd가 출력하는 내용을 스스로 설명해보세요. 스택(stack)처럼 동작하는 게 보이죠?
- 이미 아는 내용이지만, 주소에는 있지만 실제로는 없는 모든 디렉터리를 한번에 만들려면 mkdir -p를 쓴다는 점을 잊지 마세요. 이번 장 맨 처음에 했습니다.

09 빈 파일 만들기(touch, new-item)

이번에는 touch(윈도우에서는 new-item) 명령으로 빈 파일을 만드는 법을 배웁시다.

할 일

Exercise 9 Session

```
$ cd temp
$ touch iamcool.txt
$ ls
iamcool.txt
$
```

Exercise 9 Windows Session

```
> cd temp
> New-Item iamcool.txt -type file
> ls

    Directory: C:\Users\zed\temp

Mode                LastWriteTime     Length Name
----                -------------     ------ ----
-a---          12/17/2011   9:03 AM          iamcool.txt

>
```

배운 내용

빈 파일 만드는 법을 배웠습니다. 유닉스에서 touch는 빈 파일을 만들기도 하고 파일의 시각을 바꾸기도 합니다. 저는 빈 파일을 만들 때 말고는 잘 쓰지 않아요. 윈도우에는 이 명령이 없어서 그 대신 new-item 명령을 쓰는 법을 배웠습니다. 이 명령은 똑같은 일을 하지만 새 디렉터리도 만들 수 있습니다

더 해보기

- 유닉스: 디렉터리를 만들고, 이동하고, 그 안에 파일을 만드세요. 한 수준 위로 올라가 rmdir 명령으로 이 디렉터리를 지우세요. 오류가 일어납니다. 왜 오류가 일어났나 생각해보세요.
- 윈도우: 똑같이 해보세요. 하지만 오류는 일어나지 않습니다. 그 대신 정말 디렉터리를 지우는지 물어보는 프롬프트(prompt)가 뜹니다.

10 파일 복사(cp)

이번에는 cp를 이용해 한 곳에서 다른 곳으로 파일을 복사하는 법을 배워 봅시다.

할 일

Exercise 10 Session

```
$ cd temp
$ cp iamcool.txt neat.txt
$ ls
iamcool.txt neat.txt
$ cp neat.txt awesome.txt
$ ls
awesome.txt iamcool.txt neat.txt
$ cp awesome.txt thefourthfile.txt
$ ls
awesome.txt iamcool.txt neat.txt thefourthfile.txt
$ mkdir something
$ cp awesome.txt something/
$ ls
awesome.txt iamcool.txt neat.txt something thefourthfile.txt
$ ls something/
awesome.txt
$ cp -r something newplace
$ ls newplace/
awesome.txt
$
```

Exercise 10 Windows Session

```
> cd temp
> cp iamcool.txt neat.txt
> ls


    Directory: C:\Users\zed\temp


Mode                LastWriteTime      Length Name
----                -------------      ------ ----
-a---         12/22/2011    4:49 PM         0 iamcool.txt
-a---         12/22/2011    4:49 PM         0 neat.txt


> cp neat.txt awesome.txt
> ls
```

```
    Directory: C:\Users\zed\temp

Mode                LastWriteTime         Length Name
____                _____         _____ ____
-a---       12/22/2011    4:49 PM              0 awesome.txt
-a---       12/22/2011    4:49 PM              0 iamcool.txt
-a---       12/22/2011    4:49 PM              0 neat.txt

> cp awesome.txt thefourthfile.txt
> ls

    Directory: C:\Users\zed\temp

Mode                LastWriteTime         Length Name
____                _____         _____ ____
-a---       12/22/2011    4:49 PM              0 awesome.txt
-a---       12/22/2011    4:49 PM              0 iamcool.txt
-a---       12/22/2011    4:49 PM              0 neat.txt
-a---       12/22/2011    4:49 PM              0 thefourthfile.txt

> mkdir something

    Directory: C:\Users\zed\temp

Mode                LastWriteTime         Length Name
____                _____         _____ ____
d----       12/22/2011    4:52 PM                something

> cp awesome.txt something/
> ls

    Directory: C:\Users\zed\temp

Mode                LastWriteTime         Length Name
____                _____         _____ ____
d----       12/22/2011    4:52 PM                something
-a---       12/22/2011    4:49 PM              0 awesome.txt
-a---       12/22/2011    4:49 PM              0 iamcool.txt
-a---       12/22/2011    4:49 PM              0 neat.txt
-a---       12/22/2011    4:49 PM              0 thefourthfile.txt

> ls something

    Directory: C:\Users\zed\temp\something

Mode                LastWriteTime         Length Name
____                _____         _____ ____
-a---       12/22/2011    4:49 PM              0 awesome.txt
```

```
> cp -recurse something newplace
> ls newplace
```

```
    Directory: C:\Users\zed\temp\newplace


Mode                 LastWriteTime      Length Name
____                 _____      _____ ____
-a---          12/22/2011   4:49 PM          0 awesome.txt

>
```

배운 내용

이제 파일을 복사할 수 있습니다. 간단하게 그냥 파일을 하나 받아 복사해서 새로 만듭니다. 새 디렉터리를 만들어 디렉터리로 파일을 복사해 넣을 수도 있습니다.

프로그래머와 시스템 관리자에 대한 비밀을 하나 알려드리려 합니다. 그들은 게으른 사람들이에요. 저 역시 게으릅니다. 제 친구들도 게을러요. 그래서 컴퓨터를 쓰는 겁니다. 지겨운 일은 컴퓨터가 대신 해주길 바라죠. 여러분은 쓰는 법을 익히느라 연습하는 내내 지겨운 명령을 반복해서 입력해 보고 있습니다. 그런데 보통은 이렇게 반복하지 않아요. 지겹고 반복적인 일을 하고 있다는 걸 눈치챌 때쯤엔 대개 더 쉽게 하는 법을 알아내는 프로그래머가 있겠죠. 여러분은 그저 그것을 어떻게 하는지 모를 뿐입니다.

프로그래머에 대한 또 다른 진실은 그들이 여러분의 생각만큼 똑똑하지는 않다는 겁니다. 뭘 입력할지 지나치게 고민하면 잘못 쓸 수 있어요. 그 대신 어떤 명령을 써야 하나 떠올려 보고 시도해보세요. 생각나는 영어 단어나 그 단어의 줄임말과 비슷한 명령이 찾는 명령일 가능성이 높아요. 직관적으로 떠올릴 수 없다면 물어보거나 인터넷에서 검색해보세요. ROBOCOPY 같이 진짜 바보 같은 명령은 아니길!

 명령이 어떤 것을 줄인 말인지 한번씩 봐두면 기억하기 좋습니다. cp가 파일 복사이고, cd가 디렉터리 옮겨 가기라고만 외우는 것보다는, cp는 copy의 줄임말이고 cd는 change directory의 줄임말이라는 점을 함께 봐두면 훨씬 덜 헷갈려요. 1장에 있는 목록에 영문을 함께 적어 두었습니다.

하나 더, 셸 명령에서 보통 낱자로 쓰인 d는 디렉터리를 가리킵니다(cd pushd popd pwd...).

더 해보기

- cp -r 명령으로 안에 파일이 든 디렉터리를 한번에 복사해보세요.
- 파일을 홈 디렉터리나 바탕 화면으로 복사해보세요.
- 그래픽 사용자 인터페이스(GUI)에서 파일을 찾아보고 텍스트 편집기로 열어보세요.
- 디렉터리 끝에 /(슬래시)를 붙일 때가 있죠? 명령을 할 때 디렉터리라는 표시를 남겨서 그 파일이 실제로는 디렉터리가 아니라면 오류를 내도록 하는 역할입니다.

11 파일 이동하기(mv)

이번에는 mv 명령으로 한 곳에서 다른 곳으로 파일을 옮기는(move) 법을 배웁니다.

할 일

Exercise 11 Session

```
$ cd temp
$ mv awesome.txt uncool.txt
$ ls
newplace uncool.txt
$ mv newplace oldplace
$ ls
oldplace uncool.txt
$ mv oldplace newplace
$ ls
newplace uncool.txt
$
```

Exercise 11 Windows Session

```
> cd temp
> mv awesome.txt uncool.txt
> ls


    Directory: C:\Users\zed\temp

Mode                LastWriteTime      Length Name
```

```
----                ------------      -----  ----
d----     12/22/2011   4:52 PM              newplace
d----     12/22/2011   4:52 PM              something
-a---     12/22/2011   4:49 PM          0 iamcool.txt
-a---     12/22/2011   4:49 PM          0 neat.txt
-a---     12/22/2011   4:49 PM          0 thefourthfile.txt
-a---     12/22/2011   4:49 PM          0 uncool.txt

> mv newplace oldplace
> ls

    Directory: C:\Users\zed\temp

Mode                LastWriteTime     Length Name
----                -------------     ------ ----
d----     12/22/2011   4:52 PM              oldplace
d----     12/22/2011   4:52 PM              something
-a---     12/22/2011   4:49 PM          0 iamcool.txt
-a---     12/22/2011   4:49 PM          0 neat.txt
-a---     12/22/2011   4:49 PM          0 thefourthfile.txt
-a---     12/22/2011   4:49 PM          0 uncool.txt

> mv oldplace newplace
> ls newplace

    Directory: C:\Users\zed\temp\newplace

Mode                LastWriteTime     Length Name
----                -------------     ------ ----
-a---     12/22/2011   4:49 PM          0 awesome.txt

> ls

    Directory: C:\Users\zed\temp

Mode                LastWriteTime     Length Name
----                -------------     ------ ----
d----     12/22/2011   4:52 PM              newplace
d----     12/22/2011   4:52 PM              something
-a---     12/22/2011   4:49 PM          0 iamcool.txt
-a---     12/22/2011   4:49 PM          0 neat.txt
-a---     12/22/2011   4:49 PM          0 thefourthfile.txt
-a---     12/22/2011   4:49 PM          0 uncool.txt

>
```

배운 내용

파일을 이동하거나 새 이름을 지어 줍니다. 쉬워요. 원래 이름과 바꿀 이름을 넣으세요.

더 해보기

- 파일을 newplace 디렉터리에서 다른 디렉터리로 옮겼다가 다시 되돌리세요.

12 파일 보기(less, MORE)

이번에는 연습하기 전에 이미 알고 있는 명령으로 미리 작업을 합시다. 평문(.txt) 파일을 만들 수 있는 텍스트 편집기도 필요합니다. 아래와 같이 하세요.

- 텍스트 편집기를 열고 새 파일에 내용을 씁니다. Atom을 써도 됩니다. 어떤 편집기든 상관없습니다.
- 바탕 화면에 test.txt라는 이름으로 저장하세요.
- 셸에서 여러분이 아는 명령을 이용해 작업하던 temp 디렉터리로 복사하세요.

모두 했으면 이번 장을 마무리합시다.

할 일

Exercise 12 Session

```
$ less test.txt
[파일 내용을 출력합니다]
$
```
끝입니다. less에서 빠져나가려면(quit) q를 누르세요.

Exercise 12 Windows Session

```
> more test.txt
[파일 내용을 출력합니다]
>
```

예제 출력에서 프로그램이 보여주는 내용은 [파일 내용을 출력합니다]로 '줄여' 썼습니다. 앞으로도 "이 프로그램의 출력을 보여주기는 너무 복잡하니까 여러분이 본 출력을 집어넣고 책에도 그렇게 쓰여 있었던 것처럼 생각하세요."라는 뜻으로 쓰겠습니다.

배운 내용

파일 내용을 보는 방법 가운데 하나입니다. 파일이 여러 줄로 되어 있으면 한 화면에서 볼 수 있을 만큼 '나누어' 보여주기 때문에 유용합니다. '더 해보기' 절에서 더 다루어보겠습니다.

더 해보기

- 텍스트 파일을 다시 열어 50~100줄이 되도록 내용을 복사해 붙여 넣으세요.
- 내용을 볼 수 있도록 다시 temp 디렉터리로 복사해 넣으세요.
- 이번 연습을 다시 해보세요. 이번에는 페이지도 넘겨보세요. 유닉스에서는 스페이스 바와 w(w 키)를 사용해 위아래로 움직입니다. 화살표 키도 쓸 수 있어요. 윈도우에서는 스페이스 바로 내리기만 할 수 있습니다.
- 앞에서 만들었던 빈 파일도 보세요.
- cp 명령은 이미 있는 파일은 덮어씁니다. 복사할 때는 조심해서 하세요.

13 파일 스트림하기(cat)

이번에는 미리 설정을 조금 더 해야 합니다. 다른 프로그램으로 파일을 만들고 명령줄에서 접근해봅시다. 지난 번에 쓴 텍스트 편집기로 test2.txt라는 파일을 만들어보세요. 이번에는 temp 디렉터리에 바로 저장합시다.

할 일

Exercise 13 Session

```
$ less test2.txt
[파일 내용을 출력합니다]
$ cat test2.txt
I am a fun guy.
```

```
Don't you know why?
Because I make poems,
that make babies cry.
$ cat test.txt
Hi there this is cool.
$
```

Exercise 13 Windows Session

```
> more test2.txt
[파일 내용을 출력합니다]
> cat test2.txt
I am a fun guy.
Don't you know why?
Because I make poems,
that make babies cry.
> cat test.txt
Hi there this is cool.
>
```

모든 내용을 정확히 보여주는 대신 명령에서 출력되는 내용을 줄여서 [파일 내용을 출력합니다]라고 썼다는 점을 기억하세요.

배운 내용

제가 쓴 시는 마음에 들었나요? 노벨상을 받을 게 분명해요. 어쨌든 여러분은 첫 번째 명령을 이미 알고 있습니다. 파일이 제자리에 있나 확인해 본 거에요. 다음으로는 파일을 화면에 cat했습니다. cat 명령은 내용을 나누거나 멈추지 않고 모든 파일 내용을 뿌립니다. 이 기능을 시연하려고 지난 연습 때 여러 줄로 만들었던 test.txt에 써 보았습니다.

더 해보기

- 텍스트 파일을 몇 개 더 만들어 cat을 써보세요.
- 유닉스: cat test.txt test2.txt를 해보고 실행 결과를 보세요.
- 윈도우: cat test.txt,test2.txt를 해보고 실행 결과를 보세요.

14 파일 지우기(rm)

이번에는 rm 명령으로 파일을 지우는(remove) 법을 배웁시다.

할 일

Exercise 14 Session

```
$ cd temp
$ ls
uncool.txt iamcool.txt neat.txt something thefourthfile.txt
$ rm uncool.txt
$ ls
iamcool.txt neat.txt something thefourthfile.txt
$ rm iamcool.txt neat.txt thefourthfile.txt
$ ls
something
$ cp -r something newplace
$
$ rm something/awesome.txt
$ rmdir something
$ rm -rf newplace
$ ls
$
```

Exercise 14 Windows Session

```
> cd temp
> ls


    Directory: C:\Users\zed\temp


Mode                LastWriteTime     Length Name
----                -------------     ------ ----
d----        12/22/2011   4:52 PM            newplace
d----        12/22/2011   4:52 PM            something
-a---        12/22/2011   4:49 PM          0 iamcool.txt
-a---        12/22/2011   4:49 PM          0 neat.txt
-a---        12/22/2011   4:49 PM          0 thefourthfile.txt
-a---        12/22/2011   4:49 PM          0 uncool.txt


> rm uncool.txt
> ls


    Directory: C:\Users\zed\temp


Mode                LastWriteTime     Length Name
----                -------------     ------ ----
d----        12/22/2011   4:52 PM            newplace
d----        12/22/2011   4:52 PM            something
-a---        12/22/2011   4:49 PM          0 iamcool.txt
-a---        12/22/2011   4:49 PM          0 neat.txt
-a---        12/22/2011   4:49 PM          0 thefourthfile.txt
```

```
> rm iamcool.txt
> rm neat.txt
> rm thefourthfile.txt
> ls

    Directory: C:\Users\zed\temp

Mode                LastWriteTime     Length Name
----                -------------     ------ ----
d----     12/22/2011    4:52 PM              newplace
d----     12/22/2011    4:52 PM              something

> cp -r something newplace
> rm something/awesome.txt
> rmdir something
> rm -r newplace
> ls
>
```

배운 내용

지난 장에서 만들었던 파일을 지웠습니다. 안에 파일이 든 디렉터리를 rmdir
로 지워보라고 했었죠? 파일이 든 디렉터리는 지울 수 없기 때문에 그때는 실
패했습니다. 디렉터리를 지우려면 파일이나 그 안에 든 모든 내용을 되풀이
해서(recursive) 지워야 해요. 바로 이번 장에서 마지막에 한 일이죠.

더 해보기

- 연습하는 동안 temp 디렉터리 안에 만들었던 것을 모두 지워보세요.
- 파일을 되풀이해가며 지울 때는 조심해야 한다고 공책에 적어두세요.

15 터미널에서 나가기(exit)

할 일

Exercise 23 Sessoin

```
$ exit
```

Exercise 23 Windows Session

```
> exit
```

배운 내용

마지막으로 터미널을 나가는(exit) 법을 연습했습니다. 이건 아주 쉬웠지만,
더 해볼 게 있어요.

더 해보기

마지막 연습으로 도움말 시스템으로 명령을 찾아보고 스스로 조사해서 공부
하도록 합시다.

  유닉스에서는 다음 명령을 알아보세요.

- `xargs`
- `sudo`
- `chmod`
- `chown`

윈도우에서는 다음 명령을 알아보세요.

- `forfiles`
- `runas`
- `attrib`
- `icacls`

무슨 일을 하는지 알아보고 이리저리 써보세요. 암기 카드에도 추가하세요.

16 명령줄의 다음 단계

'명령줄 완전 정복'을 마쳤습니다. 이제 셸을 간신히 쓸 수 있는 사용자가 되
었어요. 아직 여러분이 모르는 엄청나게 많은 기교와 명령이 있으니, 더 알아
볼 수 있는 사이트 몇 군데를 마지막으로 알려드리겠습니다.

유닉스 배시 참고자료

여러분이 쓰는 셸은 배시(Bash)라고 부릅니다. 최고의 셸은 아니지만 어디에

나 있고 기능도 많아서 입문하기에 좋아요. 여러분이 읽어볼 만한 배시에 대한 링크 몇 개를 소개합니다.

Bash Cheat Sheet:

https://learncodethehardway.org/unix/bash_cheat_sheet.pdf(Raphael이 쓰고 CC로 라이선스)

Reference Manual:

http://www.gnu.org/software/bash/manual/bashref.html

파워셀 참고자료

윈도우에서는 파워셀뿐입니다. 파워셀과 관련된 유용한 링크입니다.[1]

Owner's Manual:

http://technet.microsoft.com/en-us/library/ee221100.aspx

Cheat Sheet:

https://download.microsoft.com/download/2/1/2/2122F0B9-0EE6-4E6D-BFD6-F9DCD27C07F9/WS12_QuickRef_Download_Files/PowerShell_LangRef_v3.pdf

Master PowerShell:

http://powershell.com/cs/blogs/ebook/default.aspx

---

[1] 프로페셔널 이상의 최신 버전의 윈도우10에는 WSL(Windows Subsystem for Linux)이라는 기능이 생겨서 윈도우에 리눅스를 올려 사용할 수 있습니다. 사용하는 윈도우가 WSL을 지원한다면 리눅스를 설치해 보고 배시도 시도해보세요.

찾아보기